锻炼孩子内心力量的13条核心法则

内心强大的父母不会做的13件事

[美] 埃米·莫林 著

迩东晨 美同 译

U0867037

中信出版集团 | 北京

图书在版编目（CIP）数据

内心强大的父母不会做的13件事 /（美）埃米·莫林著；迩东晨，美同译．-- 北京：中信出版社，2020.4（2021.9重印）

书名原文：13 Things Mentally Strong Parents Don't Do

ISBN 978-7-5217-0822-6

Ⅰ．①内… Ⅱ．①埃… ②迩… ③美… Ⅲ．①家庭教育 Ⅳ．①G78

中国版本图书馆CIP数据核字（2020）第034507号

内心强大的父母不会做的13件事

著　　者：［美］埃米·莫林
译　　者：迩东晨 美同
出版发行：中信出版集团股份有限公司
（北京市朝阳区惠新东街甲4号富盛大厦2座　邮编　100029）
承 印 者：山东韵杰文化科技有限公司

开　　本：880mm × 1230mm　1/32　　印　　张：12.75　　字　　数：300千字
版　　次：2020年4月第1版　　印　　次：2021年9月第5次印刷
京权图字：01-2019-2345
书　　号：ISBN 978-7-5217-0822-6
定　　价：49.80元

服务热线：400-600-8099
网上订购：zxcbs.tmall.com
投稿邮箱：author@citicpub.com

致所有想让孩子的人生有所不同的父母

目 录

引　言

在我很小的时候，我就在想，长大了也要帮助那些有困难的孩子。在我整个童年时代，我父母总是尽其所能地帮助所有人。他们都在邮局工作，而且似乎都有一种特殊的本事，知道谁是需要帮助的弱者。不管是向急需救助的人匿名捐款，还是向时运不济的人施以援手，他们总是不遗余力。

长大后，我和妹妹都成了社会工作者，因为我们的父母多年来都自发地承担着社会工作者的角色。而且，在我拿到社会工作执照很久之前，我就已经决定将来要领养孩子。

在成长的过程中，我逐渐了解到，有些孩子没有家人，甚至连家也没有。他们当中的许多人从未品尝过爱的滋味。于是我决定，一旦我有了自己的房子，我就会接纳那些需要家的孩子。

我上大学的时候遇到了林肯，他后来成了我的丈夫。刚开始交往的时候我就告诉他，我将来要领养孩子。幸运的是，他也觉得这是个好主意。

我们一结婚（当时我研究生还没毕业）就买

了一套四居室的房子，同时开始申请养父母资格。我们选择为那些需要帮助治疗的孩子做养父母，这意味着我们将要领养的孩子会存在严重的心理或行为问题。我们要参加一些培训课程，要通过家庭审查程序，还要把房子布置一番，这样才能达到领养许可的要求。

然而，大约一年后，就在我们即将办好领养手续的时候，我的母亲却突然因为脑动脉瘤破裂而离开了我们。在她的葬礼上，我听到很多人悼念她，说母亲曾经这样或那样地帮助过他们，虽然我与他们当中的很多人都素不相识。他们的话让我坚信，人一生中真正重要的事情是——你留下了什么。母亲的慷慨，让我帮助孩子们的愿望变得更加强烈了。

几个月后，我们终于获得了治疗性领养的许可，就要成为真正的养父母了。当时我在一家社区心理健康中心做心理治疗师，专门帮助有行为问题的孩子和这些孩子的父母。成为一名养母让我有机会把我在诊室里对那些父母讲述的育儿原则运用到自己孩子的身上。

林肯和我都喜欢这个新身份，于是我们开始讨论领养孩子的事。然而，住在我们家的孩子却没有一个想被我们领养。他们都想回到亲生父母家里，或者被其他亲戚收养。于是，我们开始查看等候者名单，想找到一个适合领养的孩子。

没想到，就在我母亲去世三周年之际，我们领养孩子的所有希望一下子都破灭了。一个星期六的晚上，林肯说他感觉不舒服，几分钟后就晕倒了。我叫了救护车，立即把他送进了医院。

我打电话给林肯的家人，并在急诊室门口见到了他们。然而这一切发生得太突然了，我不知该怎么跟他们解释。

我们在候诊室里静静坐着，直到一位医生出来招呼我们进去。但是，他没有带我们去看林肯，而是带着我们走进了一个狭小、封闭的房间，然后让我们坐下。他的话永远地改变了我的生活："我很遗憾地告诉你们，林肯已经走了。"

就这样，领养孩子的计划变成了丈夫葬礼的筹备。接下来的几个月，我都是在恍惚中度日。

后来我们得知，林肯死于心脏病发作。他只有 26 岁，而且心脏从来没出过毛病。不过，他是怎么死的并不重要，我只知道他已经离我而去。幸好，那时并没有孩子跟我们在一起。我想象得出，要是有养子女在场，他（她）的精神会遭受多么大的打击。实际上，我们已经打算在那一周靠后的几天接一个小男孩来住。得知变故后，他的监护人给他换了一个领养家庭。

一时间，我对自己是否要成为一名单身养母没了主意。我做的是全职工作，而领养孩子会生出很多事情，比如经常要约见亲生父母、监护人和律师。从现实的角度来看，这是一项艰巨的工作，而且需要投入很多感情。

我的领养工作大约中断了一年。在朋友和家人的关爱下，以及我作为治疗师所掌握的专业知识的帮助下，我逐渐回归了正常的生活。

我花了差不多一年时间才从悲伤的迷雾中走了出来。那时，我认为自己已经有能力履行父母职责了，我就立即告知领养管理机构，准备再次成为一名养母。

作为一名单身养母，我开始尝试新的领养方式，主要接受周末的临时寄养。这些孩子的全职养父母可能需要休息几天，或者家里有事，需要回避养子女。

重新做回养母的过程非常顺利，它让我对周末有了更多的期待。作为一个年纪轻轻就失去了丈夫的人，我发现打起精神过日子有时不是一件容易的事，但是照顾孩子让我的生活变得充实起来。

我花了几年时间才适应了没有林肯的生活。我喜欢跟林肯做的很多事情在他走后都不再有趣。虽然不断有人鼓励我尝试约会，可我根本提不起兴趣。

然而，当我遇到史蒂夫时，一切都变了。他跟我认识的所有人都不一样，我很快就坠入了爱河。幸运的是，他并没有因为我是个寡妇以及我想继续做一名养母而却步。

约会大约一年后，我们一起搬去拉斯维加斯，开始了新的生活。史蒂夫也得履行领养许可手续，包括接受背景调查、培训课程和家庭审查。但这一次非常顺利，因为我们已经达到了领养标准。没过几个月，史蒂夫就获得了领养资格。

我们相处得非常融洽，过了一段顺风顺水的生活。但好景不长，史蒂夫的父亲罗布得了癌症。起初，医生认为预后良好。但在多次治疗后，病情突然出现了恶化。几个月后，医生说他的病情已经到了晚期。

这个消息犹如晴天霹雳。我已经失去了母亲和林肯，而罗布和我也亲如父女，我无法想象还要失去他。我觉得这太不公平了。在这么短的时间内，我又要失去一个亲密的人。

不过，就在我即将陷入无休无止的抱怨时，我提醒自己，内心强大的人绝不会怨天尤人。我有做治疗师的经历，以前也承受过类似的痛苦，我知道，如果我放任不管，像这样怨天尤人的坏习惯就可能摧垮我的精神。于是，我坐下来，列出了内心强大的人绝不会做的 13 件事，并发布在博客里，希望能对他人有用。令我没想到的是，几天之内，我上传的清单迅速传播开来，阅读量达到了几千万。

但是几乎没有人知道，这篇文章是我在情绪极端低落的时候写给自己看的。文章在网上疯传两周后，罗布就去世了。沉浸在哀痛之中的我不断提醒自己，不要做那些内心强大的人绝不会做的事。

以那篇文章为契机，我写了一本书来讲述这 13 件事。我很荣幸能与大家分享我对坚韧不拔的感悟。我收到了很多读者提出的问题，其中有一个问题总被问起——如何把这些技能教给孩子？

我还收到许多读者反馈说："要是很久以前学到这些东西就好了。"所以，我很高兴能够写一本书来指导父母帮助孩子建立强大的内心。早日培养孩子的坚韧性格，将会使他们的未来更光明、更美好。

我从自己身为治疗师的工作经验和身为养母的亲身经历中得知，无论孩子处于哪个年龄段，来自哪种家庭背景，都有可能建立起强大的内心世界。但重要的是，父母要在生活中帮助孩子做一些能够让他们变得更加坚韧的练习。

内心强大的孩子勇于直面挑战

19 世纪美国废奴运动领袖弗雷德里克·道格拉斯曾经说过："培养坚强的孩子易，补救颓丧的成人难。"作为一名治疗师，我知道这是句大实话。在童年时期塑造坚强的内心要容易得多。而且，童年时期充满了成长的机会。

你无法把你的孩子隔离在逆境之外。他会遭遇失败和拒绝，他会经历失落和心痛，他会面对艰难和困苦。但是，如果你给予他塑造强大内心所需的工具，他就能把困境转化为机遇，让自己变得更强大、更优秀。无论未来面对什么样的风浪，他都有必胜的信心战胜逆境。

当然这并不是说，你的孩子再也不会受到情绪波动的困扰，或者从此就能轻松自如地应对压力。而是说，内心力量将帮助他积极应对困难，也会给予他勇气直面问题，增强自信，以及从失败中吸取教训。

内心力量的组成部分

随着孩子们的成长和学习，他们已经开始对自己、他人和整个世界形成一系列核心信念。然而，如果你不主动帮助孩子建立健康的信念，错误信念可能就会限制他们潜能的发挥。

核心信念会影响孩子们对各种事情的理解和他们对所处环境的反应。更重要的是，这些信念还可能变成自我实现的预言。例如，给自己贴上失败标签的孩子不会下功夫改善自己的生活，担心受人阻挠而自认无法取得成功的孩子也很难充分发挥潜能。

孩子的核心信念影响着他的想法、感受和行为。下面这个例子显示了核心信念对两名落选篮球队的孩子的影响：

孩子甲：

核心信念——我不够好。

想法——我永远都打不好篮球。我不适合参加体育运动。

感受——难过，被拒绝。

行为——不再打篮球。

孩子乙：

核心信念——我是一个有能力的人。

想法——只要多加练习，我就能做得更好。也许明年我就能入选球队。

感受——坚定而充满希望。

行为——每天放学都练习打篮球。

虽说核心信念可以在今后的人生中得以修正，但成年后再改要难得多。在秉持了几十年的某种信念之后，你很难“忘掉”那条你一直相信的“真理”。而某些强化了这一信念的有害想法、行为和感受将更加难以改变。

除了帮助孩子建立健康的核心信念之外，你还要教他如何管理自己的想法和情绪，以及如何以一种积极的方式行事。内心力量包括如下三个组成部分：

想法——极度消极的想法、严苛的自我批评和对未来的灾难性预测，都会妨碍孩子充分发挥潜能。但解决之道不仅仅是教孩子要乐观。过分自信和忽视现实危险，可能会导致孩子在面对现实生活时准备不足。你要教孩子形成现实的态度，这样他才能充分发挥自己的潜能。

行为——毫无建设性的行为（比如抱怨和躲在舒适区中）会影响孩子的教育、人际关系和未来的职业发展。教孩子挑战自己，做出正确的选择，哪怕是在他意志消沉的时候。

情绪——情绪低落、发脾气和回避恐惧，只是孩子因无法控制自身情绪而可能阻碍他未来过上富足生活的几种表现。你要教孩子管理他的情绪，他会因此而得到可以享用一生的财富，比如更好的控制力和更有效的沟通技巧。

父母为何要关注这 13 件事

在今天的美国，每 13 名儿童中就有 1 人因心理和行为问题而服用精神类药物，有 31% 的青少年反映压力巨大。很明显，当今的年轻人没有学习如何使内心强大。然而，大多数父母并不知道该怎样帮助他们的孩子做到这一点。

每周都有父母带着他们的孩子来我的办公室，反映的问题也是五花八门，比如发脾气、肥胖等。他们常常会问："你能帮帮我的孩子吗？"虽然我很乐意尝试，但教孩子改变想法、改善情绪和行为方式是一个漫长的过程，因为我一周只能见到他们一次，而且每次的治疗时间也只有1小时。但是，如果我能教会父母引导他们的孩子，他们就能更快地看到成效。

作为父母，你们有机会通过每天让孩子做练习来帮助他强大内心。而且，是你们在孩子生命中最适宜学习的阶段陪伴着他。无论是他某一天心情低落，还是因为某个问题而大伤脑筋，你们都可以当场对他加以指导。

正如我在第一本书中解释的那样，构建强大的内心就像强身健体一样。如果你想要强壮的体魄，就要养成良好的生活习惯，比如经常去健身房。同时，你还需要戒除坏习惯，比如摒弃垃圾食品。构建强大的内心也需要培养良好的习惯。与此同时，你还需要放弃那些阻碍你进步的有害想法、行为和情绪。

很多时候，父母在无意中抑制了孩子的成长。仅仅是几个不良的养育习惯，就能干扰孩子内心力量的提升。

如同体育运动能增强体质，强化内心力量的练习，也能锻炼大脑。帮助孩子做以下每一章中的练习，将有助于他增强内心力量。

如果你能听取我的建议，不去做那13件事，就能给予孩子运用内心力量的机会，而这又会使他的内心变得更为强大。改掉不良的养育习惯也能让你的努力更有成效，这样你在教孩子成长所需的技能时就能事半功倍了。

想让孩子获得强大的内心，你不能只是指出一系列坏习惯要他来改。比如说，在他情绪低落的时候，抛出一句“不要愁眉不展”，不大可能让他立即振作起来。告诉他不要在一次失败后就放弃，也并不能奇迹般增强他的自信。

但是，你可以遵循特定的步骤，告诉孩子如何避免会侵蚀他内心力量的13种坏习惯。本书介绍的养育之道，将帮助你以孩子喜闻乐见的方式，教他避免做那些内心强大的人绝不会做的事。

书中的每一章都有相应的养育策略来帮助你的孩子形成健康的核心信念，这些核心信念将使他能够以更为有效的方式增强内心力量。你还会发现一些既适合你也适合孩子做的具体练习，这些练习将帮助你的孩子充分发挥他的潜能。

第 1 章

他们绝不姑息受害者心态

“科迪有多动症，可学校根本不当回事！”科迪（14 岁）的母亲惊呼道，“他的指导老师不去帮他赶上学业，而是建议他接受治疗！”

在第一个疗程中，科迪和父母都担心老师给他布置了太多作业。科迪在学业上落后了很多，他觉得自己永远也赶不上了。科迪的父母认为他不需要接受心理治疗，但他们还是如约把他带来了。他们希望我能在学校为科迪说话。

科迪在一年前被诊断为多动症。从那以后，他的儿科医生一直在给他开药，以此来延长他的注意力的持续时间，并缓解症状。他的父亲解释说：“他一直吃药，现在安静多了。如果他忘了吃药，表现就会明显不一样。”

可是，科迪的成绩并没有提高。他还是有好几门功课不及格。他的父母埋怨学校没有给他提供足够的帮助。

他们签署了必要的文件，授权我去与他的老师和儿科医生沟通。于是在第一次治疗结束后，我就给学校打电话，想进一步了解科迪的情况。

科迪的老师们已经做了很多调整，比如让他坐在教室前排来减少分心；给他额外的时间来完成考试和课堂作业；在他的作业本上签字，以确保科迪理解他要做哪些家庭作业。此外，老师们还邀请科迪每天放学后留下来加入家庭作业俱乐部，在那里，他可以得到老师们的额外帮助。

但所有老师的反馈都是一样的——没有效果，因为他一点儿也不努力。科迪从来都完不成家庭作业，放学后也从不待在学校。而且在考试时，他从来都没有好好利用他得到的加时照顾。

我又联系了科迪的儿科医生，他证实，各方面情况都表明，科迪服用的药物是有帮助的。他在开始服药后，他的老师和父母完成了有关他行为的报告，他们都认为科迪变得更安静、更专心了。

一周后，当科迪再次来做治疗时，我把这些天了解到的情况一五一十地告诉了他的父母。他们表示认同以下事实——药物有效，学校做了调整，科迪放学后有机会留下来获得额外帮助。

“可是这些额外的时间和帮助是不够的，”他的母亲说，“他有多动症，你不能指望他跟其他孩子完成同样多的作业。”

她的这番话说明了一切。科迪的父母认为，多动症可以让科迪理所当然地不做任何作业。他们还把这个信息传达给了科迪，而他也接受了这种观念，认为自己得了多动症就意味着无法跟上其他同学的进度，因此也不再努力。

科迪的父母希望他在学校获得更好的表现。然而要想实现这个愿望，这家人必须做出重大改变。

真正的问题似乎是：

1. 科迪的父母认为得了多动症就无法在学业上取得成功。他们认为孩子的多动症意味着他无法承受和其他孩子同样的课业负担。
2. 科迪已经放弃，不再努力做功课。因为他认为自己已经不可能跟得上了。

我想在治疗中解决三大问题：

1. 科迪的父母必须支持孩子的学业。科迪的父母认为，他们督促学校做出更多改变就是在支持孩子的学业。但是，真正的改变需要从家里做起。
2. 科迪一家需要加深对多动症的理解。通过了解更多信息，科迪的父母可以学习如何帮助科迪控制他的病情。
3. 科迪必须认定自己有能力取得成功。科迪需要知道，多动症未必是成功道路上的绊脚石，而他能找到克服困难的方法。

接下来，我花了数周的时间向这对父母解释科迪的病症，告诉他们如何逐步帮助科迪获取成功。科迪惊讶地得知，大多数患有多动症的学生都能跟得上同龄人。

科迪还兴奋地发现，好几位音乐家、运动员和著名企业家也曾被诊断出患有多动症。这一点让他和他的父母重新燃起了希望——

即使患病，科迪仍然可以做他想做的任何事。

通过帮助科迪逐步补上所有落下的功课，他的父母也开始大力支持他的学业。

他们不想让科迪参加放学后的家庭作业俱乐部——因为他们认为，科迪已经在学校里憋了一整天，放了学就应该活动身体。于是他们决定，科迪放学后直接回家，先练习投篮或者骑自行车，然后再在他们的帮助下完成作业。只有完成当晚的作业和至少一项逾期未交的作业后，他才能摆弄他的电子设备。而且，他的父母每天都会检查他的作业，并且随时监控他的成绩变化。

自从父母要求科迪对自己的学业负起责任以来，科迪每天晚上都能完成作业。没过几个星期，他的学习成绩就有了提高。老师们也注意到，科迪在学校有了不同以往的表现。他不再感到自己被落下的功课压得喘不过气来，而是能更加主动、更加自如地完成作业。

由此我们可以看出，科迪一家需要做的就是转变他们的思维方式。他们不能把科迪当作多动症和被老师忽视的受害者，他们必须看到，科迪有能力面对多动症。

你能容忍受害者心态吗？

有些父母认为自己是不幸的受害者。他们关于自身无法获得成功和幸福的信念，可能来自他们的童年经历。他们甚至会觉得自己是孩子不良行为的受害者。还有一些父母虽然不觉得自己是受害者，但却在无意中认同了孩子的受害者心态，这也可能会导致严重的后果。你认同以下说法吗？

在你的个人生活中：

◎ 你认为别人或者某些不幸的事妨碍了你的成功。

◎ 你认为其他人总体上比你更幸运、更有福气。

◎ 你遇到的问题很特殊，某些解决方案对别人很管用，对你不行。

◎ 你耗费大量时间抱怨别人的行为如何妨碍了你的成功。

◎ 你认为你的生活里没有顺心的事。

在你的育儿经历中：

◎ 你认为孩子的不良行为印证了上天对你的惩罚。

◎ 你为孩子的失败或缺点寻找借口。

◎ 你为你的孩子感到难过。

◎ 你花更多的时间与孩子谈论问题本身，而不是如何解决问题。

◎ 你认为你的孩子有时非常无助。

为什么父母会以受害者心态抚养孩子？

科迪的父母不知道，问题不在多动症，而在他们对多动症的错误认识。他们不仅不鼓励科迪积极迎接挑战，反而认为所有人都要给他特殊的照顾。

他们以为，要求老师们少给孩子布置作业是正确的做法。但如此一来，他们就会向科迪传递这样的信息——他没有能力做一个好学生。

即使你的孩子没有多动症之类的疾病，在他面对困难或不公的时候，你也要注意你给予他的是什么样的人生启示。

受害者文化让所有人都成为受害者

过去，人们会在受到暴力侵害时被他人视作受害者。今天，人们还会因为房地产市场崩盘等而自认为受害者。

主流社会学家表示，我们的“受害者文化”表现为投诉越来越多。这些投诉者只要受到一丁点儿伤害就会宣称自己是受害者，他们不光要投诉，还要让别人停止冒犯他们。

2015 年圣诞节期间，由星巴克的红杯子引发的争议就是一个很好的例证。星巴克推出了一款通体都是红色，而不是以圣诞节为主题的咖啡杯，顾客们义愤填膺。突然之间，他们开始指责星巴克“向圣诞节开战”。怒不可遏的顾客因星巴克决定“让基督离开圣诞节”而感到受冒犯，并纷纷通过社交媒体来表达他们的不满。然而奇怪的是，以往在节日期间，星巴克也推出过非圣诞主题的杯子，比如印有雪花和狗拉着雪橇从山上滑下来的图案的杯子。

消费者不是要抵制星巴克，而是要公开表达愤怒。讽刺的是，他们一边乐于享受言论自由的权利，一边又试图禁止一家私人企业在自家产品上表达自己的喜好。

新闻报道中常常充斥着声称自己是“受害者”的例子，而且有些时候，对弱者的帮助很容易变成对受害者文化的鼓励。发表于《比较社会学》杂志上的一篇名为《微小冒犯与道德文化》的文章，概括了受害者心态的这一转变。

这篇文章的作者是社会学家布拉德利·坎贝尔和贾森·曼宁，他们描述了文化对应对冒犯的方式的影响。在声誉文化中，比如旧时代的西部或现代帮派，身体攻击非常常见。在尊严文化中，比如20世纪的西部，大多数人都会选择用沉默来回应轻微冒犯。轻微冒犯可能会令受冒犯的一方断绝与对方的关系，而严重冒犯则可能导致受害人报警，以便由权威人物出面解决问题。

但是，在今天的文化中，人们一遭遇轻微冒犯就会寻找第三方投诉。只要感到被冒犯，他们就会到处诉说自己的委屈，并要求获得帮助。然后，为了寻求更多人的支持，他们就说自己所遭受的轻微冒犯只是冰山一角，背后隐藏着更为严重的文化问题。

人们时常借助社交媒体来让他人把自己视为受害者。像“他们歧视我们”之类的表达，或许就是为了鼓动其他人一起呐喊。以抱团的方式反映问题或反抗不公不失为一种解决之道，但有些时候，这样的表达会导致暴民心态。

英国利兹大学的一项研究表明，少数几个人就能轻易影响一大群人。在一系列实验中，研究者要求被试者在大厅里随意走动。其中有几个人被秘密告知行走的路线，但他们不能与他人交谈。另外，被试者两两之间必须保持在一臂之内的距离。

在所有实验情形下，那几个知道行走路线的人都能让所有人跟随他们的脚步。事先知道怎么走的人仅占 5%，但他们能影响所有人的行走路线，而且其余 95% 的人并不知道自己受到了影响。

如果孩子身边的所有人都在对他说，他是一个受害者，那么要想把他养育成为一个具有强大内心、愿意为自己的生活负责的人就会难上加难。一个人考试不及格、工作被忽视、比赛时坐冷板凳，这些未必意味着他是受害者。但如果他有受害者心态，那么任何批评和失败都会成为别人企图阻止他成功的证据。

受害者心态可以遗传

如果父母在成长过程中自认为是受害者，他们就会以受害者的心态养育子女。即使他们从来没说过“受害者”一词，孩子们也会接收到这样的信息：“你不会成功的，所以就别白费工夫了。”心怀这类信念的父母，经常把孩子视作自己是受害者的进一步佐证。他们会抱怨说：“他干坏事就是为了惩罚我。”或者：“我的孩子也跟这世上的其他人一样虐待我。”这种思维方式以及看待孩子的方式都极具破坏性，注定会让孩子遭受失败，这实在是太可悲了。

心态健康的父母不会养育“受害者”。但他们当中的许多人会在无意中向孩子传达一些错误的观念，比如“别人会拉你后腿”，或者“你在生活中倒了霉也只能认命”。有时，他们不经意间的行为会让孩子们认为自己非常无助。

你可能正在用下面这些方式，在不经意间把受害者心态传达给孩子：

- 示范受害者心态。如果一遇到挫折，你就会抱怨“我怎么总是这么倒霉？”，那么你就会传递出这样的信息——你是一个无助的受害者。失败主义的态度具有传染性，孩子也会养成凡事听天由命的习惯。
- 为孩子感到难过。有时候，父母会暗自为身患残疾或遭受创伤的孩子感到难过。但是，即便你从来都没有公开谈论你对孩子的怜悯，你也会让他意识到自己是受害者。
- 低估孩子的能力。不管你的孩子存在身体残疾还是认知障碍，或者你就是一概怀疑他的能力，如果你只关注他做不到的，而不是他能做到的，结果就会造成受害者心态。
- 不忍看孩子犯难。眼看着孩子做不成事而越来越沮丧，这一幕的确令人于心不忍。但是，如果你的孩子一遇到麻烦你就迫不及待地出手相助，结果只能造成他的依赖心理。

怀着受害者心态养育孩子，会制造新的受害者

科迪的父母认为，孩子得了多动症，他就不可能取得成功了。在他们眼中，科迪是冷漠的教育体系的受害者，而不是一个充满了潜能的孩子。他们越是认为科迪跟不上课堂进度，他就会落得越远。

虽然教孩子维护自身利益和帮助弱者很重要，但同样重要的是，确保你的孩子在成长过程中不会把自己看作一个倒霉的受害者。认为孩子不可能成功将成为孩子发展的最大障碍，远甚于任何艰难险阻、身体残疾或天资不足。

受害者心态会制造新的受害者

利安娜小时候总被人欺负，她讨厌待在学校的每一分每一秒。她所遭受的痛苦影响了她的学习成绩和自尊。即使成年之后，往日的痛苦依旧挥之不去。

如今，有了孩子的利安娜非常不愿意把他们送到学校。她担心有人会欺负他们，毁了他们的人生，就像她曾经经历过的那样。

在孩子们很小的时候，她就告诉他们“别的孩子都很坏”。她警告说，别的孩子会欺负他们，而大人们可能束手无策。

她还讲述了自己被欺负的经历，比如别的孩子如何因为她有些胖而取笑她，以及他们如何抢走了她的午饭钱。她说，有时老师还会跟叫她外号的孩子们一起发笑，或者在她寻求帮助的时候惩罚

她，说她打小报告。

令利安娜意外的是，她的讲述和警告并没能保护她的孩子们。相反，她童年的可怕故事只能导致她的孩子们接受同样的命运。

她的女儿被同学取笑时，选择了默默忍受。她的儿子在课间休息时被推倒后，却懒得告诉老师。两个孩子都认为，没有人会帮助他们，因此也没有必要去尝试。他们完全接受了母亲的说法，认为需要忍受别人的欺负，而不是想着如何不再受欺负。

实际上，利安娜传递给孩子们的关于校园霸凌的观点使他们疏远了同龄人。本来就不喜欢交朋友的他们变得越来越孤僻，而这一点反而让他们更容易成为被欺负的对象。

当孩子们在学校里被人欺负，放学后哭着回家时，利安娜的心都要碎了。这让她想起了自己童年的痛苦经历，她无法忍受孩子们经历同样的事情。

这时，她开始寻找解决方案。她认为，她唯一的选择就是在家教育孩子，可她又是一位全职妈妈。

利安娜并非有意要用受害者的心态来教育她的孩子。但最终她还是这么做了。而且在她看来，孩子被人欺负的事实进一步证明了她本人就是受害者。

如同利安娜的孩子所经历的那样，在很多情况下，受害者心态都会变成自我实现的预言。自视为受害者的孩子不会积极采取行动。他们不会想办法保护自己或者改善自己的处境。最终，这一态度使他们更容易沦为受害者。

没有人可以一帆风顺，你的孩子也会遇到这样或那样的困难。或许他是班里个头最小的，或许你在街坊邻里中是手头最拮据的，没有人的生活是完美的。但是，你不能让孩子认为，他对困境无能为力，这对他是有害的。

让你的孩子成为受害者的不是困境，而是你面对困境的态度。

受害者心态是一个很难打破的循环

当孩子自认为是受害者时，他们的言谈举止都会受到影响。一个感到绝望的孩子可能会想："我不管做什么都没有用。"结果，他很可能放弃努力。

我经常在我治疗过的儿童和青少年身上看到这种情况。不管是成绩不好，还是跟同学相处不融洽，他们都不主动想办法，任凭问题越来越严重。研究者把这一现象称作"习得性无助"。

1967 年，马丁·塞利格曼在宾夕法尼亚大学所做的研究是该领域最著名的研究之一。在实验的第一个阶段，塞利格曼让狗承受电击，但其中一组狗可以通过压下一根杠杆来让电击停止，而另一组狗则无法停止电击。

在实验的第二个阶段，所有的狗都被放在同一个实验箱里承受电击。实验箱中间有一块较低的隔板，把箱子平分为两个部分。狗可以通过跳过隔板来躲避电击。在上一阶段实验中能够停止电击的狗会跳过隔板避免电击，而无法停止电击的狗却没有这样做——它们干脆卧了下来，悉听尊便。

哪怕提供食物作为奖励，它们也不为所动。研究者只好让别的狗来演示如何逃脱电击。然而，那些狗还是不愿尝试。好像它们已经认定，自己注定要承受痛苦。

虽然这一实验有些残忍，但它显示了习得性无助为何会如此普遍。如果孩子学到的信条是“我不管做什么都没有用”，他就不会去改善自己的处境，痛苦也就只能持续下去。而且，这些信念一旦形成就很难改变。

怎么做才好?

当科迪的父母了解到，其实很多人都有多动症，也有很多人战胜了多动症，他们就不再把科迪看作受害者了。这一态度的转变随即引发了行为上的转变。他们开始着手解决问题，想方设法缓解多动症的症状。结果，科迪的父母最终发现了帮助孩子取得学业成功的方法。

如果他们没有深入了解多动症，那么科迪可能就会一直认为，自己失去了学习的能力，无法跟其他同学一样做那么多功课。而当外部世界不能满足他的要求时，他多半会在一生中的大部分时间里把自己看作受害者。因为当人们自视为受害者时，这种状况就会出现——别人为他们做再多都无济于事。

想一想，你有没有正在通过某种方式强化孩子的受害者心态?

然后，你就可以循序渐进地引导他，让他明白自己有能力应对生活中不可避免的挑战。

发现受害者心态的苗头

怀有受害者心态的孩子普遍认为："这个世界很糟糕，所有人都想欺负我。"这一核心信念会影响他们对事情的看法、对未来的期待、对他人的态度以及对自身的感受。

以下表现可能提示孩子自认为是一个受害者：

- 怨天尤人。拥有受害者心态的孩子，可能会坚持认为别人不喜欢他，或者可能会说，自己的数学永远都考不及格。这样的孩子只会沉浸在困难当中，而不会去想办法解决问题。他们顾影自怜，怨天尤人，闷闷不乐，抑郁消沉。
- 消极负面。怀有受害者心态的人，很难看到生活的积极面。有的孩子总是谈论学校里的某个坏孩子，却对其他孩子都很好的事实视而不见。或者，有的孩子会毫不犹豫地夸大他所遭遇的困难。
- 曲解好意。面对别人的善意，怀有受害者心态的孩子也会疑神疑鬼。这样的孩子可能会说："他不是真的在夸我做得好，实际上是在取笑我。"
- 悲观无助。这样的孩子可能不会尝试改善自己的处境。如果你在如何积极行动方面提供建议，他会说这么做没用。
- 博取同情。这样的孩子可能会通过刻意表现来让别人把自己视作受害者。他可能会努力让他人相信，他们也是受害者。他也可能逢人便说，自己遭遇了这样或那样的不公。

做个好榜样

受害者心态大多是后天习得的。如果你是个悲观的人，你可能就会在无形中告诉孩子，他是不幸生活的受害者。

如果你抱怨生活不如意，却不采取任何行动加以改善，你就会让孩子认为，你是一个无助的受害者。或者，如果你怪罪他人或某些群体妨碍你过上美好的生活，你就会让孩子认为，别人有能力阻止他实现自己的目标。

以下是你为孩子做表率的一些做法：

- 保持乐观。注意你是否经常抱怨他人和不利的处境。不管是对交通拥堵愤愤不平，还是抱怨自己买不起大房子，你的牢骚都会影响孩子看待世界的方式。多说些让人高兴的事，别总说丧气话。
- 克制发泄。你或许觉得，跟朋友和家人坐在一起聊聊一天的经历很不错，因为这给了你“倒出一天苦水”的机会。可是，发泄本身对听者和说者都没有多大好处，反而会造成更多伤害。因此，尽管偶尔倒一下苦水确实能帮你减轻负面情绪，但千万别天天如此。
- 主动求变。让孩子亲眼看到，你可以改变世界——至少可以改变某个人的世界。多做好事，多帮助他人。告诉你的孩子，所有人都有能力让这个世界变得更美好。
- 主动坚决。如果有人排队时插到了你的前面，那就礼貌地予以制止。如果你对服务很不满意，那就去找经理谈谈。当孩子发现，你愿意积极维护自己的权益，那他就会知道，他不需要成为一个被动的受害者。

追求美好事物

莉莉不喜欢上学。每天，她都迫不及待地冲进家门，把她当天遭遇的所有不幸一股脑儿倾倒给妈妈。她可能会说："妈妈，你肯定不相信，今天午饭时还会发生这样的事。老师让我们安静吃饭，因为有些孩子吃起饭来声音太大了！"第二天，她会说："妈妈，今天坐校车的孩子太坏了。我再也不想坐那趟车了！"

母亲霍利每天都专心听女儿讲述她所遭受的种种不公。她的回应大概是："太可怕了，我很抱歉让你这么遭罪。"霍利觉得，充满同情地倾听女儿诉苦，就是她能给予的最大帮助。

但她没有意识到的是，她正在用积极的关注来奖励女儿把自己描述为受害者的行为。她鼓励女儿没完没了地诉说让她感到不顺心的所有事情。这种状况持续的时间越长，莉莉就越沉迷于她讨厌学校的种种理由。

要想纠正莉莉"我真可怜"的态度，霍利必须首先改变每天放学后母女间的互动方式。她不应该继续鼓励莉莉对一切不顺心的事大加抱怨，而是需要引导她多说说积极正面的事。

也就是说，霍利要问这样的问题："今天上学有什么让你高兴的事情吗？"或者："就从今天让你感觉最开心的事说起吧！"通过这种方式，霍莉可以帮女儿认识到，生活中也有开心的事，而非继续纵容她一心关注自己所遭受的所有不公和粗暴对待。

如果孩子总是关注负面经历，你就不要问“今天过得怎么样？”这样的问题。你要引导他描述正面经历，比如这样问：“今天让你最开心的事情是什么？”当然，你也要耐心听他讲不开心的事情，只是不要让这类事情成为谈话的重点。

如何教孩子认识自身的力量

在科迪的案例中，解决他学业问题的办法是改变一家人的观念。当父母开始肯定他的能力时，科迪就会认为，他能提高自己的成绩。教孩子相信自己，他就会努力发挥自己最大的潜能。

帮助孩子关注他能改变的事

无论是你正在办理离婚，还是孩子讨厌上学，你都很容易把孩子看成是无助的受害者。但事实是，无论面对什么样的困难，孩子都有一些他能改变的事情。

一家名为“儿童抗癌协会”（Kids Kicking Cancer）的组织证明，即使身处极度困境的孩子，也能让一些事情发生改变。这家组织的使命是帮助癌症儿童认识到，尽管他们控制不了疾病和治疗效果，但至少能对自己的疼痛和不适有所控制。

他们教孩子们练习武术、呼吸和冥想。这么做的目的是帮助孩子在混乱中重新获得掌控感，增强对自身力量的认识。一些参加过这个项目的孩子说，他们能在抽血时保持安静（以前需要几名护士才能把他们按住）。另一些孩子则说，他们能在做超声波扫描的时候一动不动，这要归功于他们学到的呼吸技巧。

患有危重疾病的孩子都能找到他们能够改变的事情，相信你一定也可以帮助孩子做到这一点。即使他不能改变外部世界，至少也能改变自己的想法。

当孩子抱怨时，不妨问问他：

- 在这种情况下，有什么事情是你能够改变的？
- 你现在想改变哪些事情？
- 你想要用什么样的态度来做出改变？

区分悲观想法和真实想法

孩子需要认识到，他内心的想法并不一定符合事实。如果他有一天运气不好或心情很差，他的想法就可能过于负面。而持有这些负面想法不仅会使他的心情变得更坏，还会强化他是一个受害者的心态。

这里有几种思维误区，而 BLUE（名称来自下文的 blame，look，unhappy 和 exaggeratedly 的首字母缩写，同时这个词有“悲观”之意）这个由 PracticeWise 公司开发的工具，将有助于提醒孩子意识到他们消极心态下的不实想法，常用于帮助接受心理治疗的儿童对抗消极想法。以下是你需要警惕的负面想法：

- 责备他人（Blaming everyone else）。孩子可能会想："我的老师从来都不告诉我们哪些是考试要考的内容，所以我的成绩总是很差。"这种想法会妨碍孩子反省怎样做才能在将来的考试中提高成绩。虽然你不想让孩子承担额外的责任（如同说一支球队输球都是因为他们自己），但你也不能让他怪罪他人和外部环境。
  支招：谈责任。跟孩子聊聊如何为事情的结果承担他应当承担的责任。你可以这样问他："这真的都是老师的错吗？"

- 寻找坏消息（Looking for the bad news）。怀有受害者心态的孩子会屏蔽掉所有发生在他们身上的好事，而只关注他们所遭遇的坏事。所以，游泳本来很好玩，可把自己当作受害者的孩子却可能这样说："太糟糕了！竟然开始下雨，我们只能提前回家！"
  支招：指出积极面。如果孩子坚持认为没碰到任何好事，你就花点时间指出积极的一面。你可以这样问他："你在下雨前玩得高兴吗？"帮你的孩子认识到，哪怕是在最糟糕的日子，生活中也还是会有好事发生。

- 凡事都往坏处想（Unhappy guessing）。受害者心态会导致孩子做出非常悲观的预测。像"我明天考试会不及格"之类的想法可能会让孩子认为，再怎么学习也无济于事。
  支招：鼓励孩子行动起来。当你的孩子预言坏事会发生时，不要让他成为被动的受害者。你可以问这样的问题：“你怎样做才能防止这种情况发生呢？”如果结果无法控制（比如他预测要下雨），那就帮他想想遇到问题该怎么办。

- 极端消极（Exaggeratedly negative）。孩子们很容易陷入自己的想象而不能自拔，尤其是在他们深感沮丧的时候。与两个小伙伴吵了一架后，自认为是受害者的孩子可能会这样说：“学校里的所有人都跟我作对！”

  支招：寻找例外。如果孩子坚持认为，事情永远不顺利，或者他总是遇到麻烦，那就帮他找到例外的情形。你可以这样说：“哦，有一件事情确实很顺利，那是什么事呢？”

当你的孩子开始自怨自艾时，你要问他：“你这是悲观想法还是真实想法？”引导他分清楚哪些是被夸大了的消极想法，这些想法会强化他的受害者心态。提醒孩子，有些东西虽然感觉起来像是真的，但感觉并不总是准确的。帮助他理解，夸大事实不会有什么好处，哪怕只是在心里想一想。然后，帮助他用更加贴近现实的想法代替内心的胡思乱想。

据理力争或保持沉默

怀有受害者心态的孩子要么高调宣称自己的权利受到了侵犯，要么表现得过于被动，任由坏事发生在自己身上。在遭遇不公时，孩子要学着据理力争这一点固然很重要，但同样重要的是，他不能一与别人意见不合就宣称自己是受害者。

有时，你可以反抗权威；有时，你最好恭敬地保持沉默。而如何抉择则是一项非常复杂的技巧。

跟孩子谈谈下面这些场景，并聊聊你碰到的真实事例。讨论据理力争的利弊和保持沉默的风险与潜在好处。倾听孩子的看法和理由。从你的人生经验出发，告诉孩子什么时候该据理力争，什么时候该沉默：

- 裁判做出了你不认可的判罚。
- 老师给你打的分数比你应得的要低。
- 一个孩子正在操场上辱骂另一个孩子。
- 有人在社交媒体上发布了一则不得体的笑话。
- 老师因为一个孩子没有完成作业而责骂他。
- 朋友借走你的东西不还。
- 由于在比赛中走神，教练冲你大喊大叫。
- 一个朋友说，只有某些孩子才可以坐上餐桌。

让你的孩子有时间玩

如今的孩子们空闲时间本来就少，大部分还花在由成年人安排和看护下的活动上。玩玩篮球，上个吉他班，参加童子军和夏令营，这些全都是由大人主导的活动，所有规则也是大人制定的。

按照社会学家史蒂文·霍维茨的说法，过多的成人干预会助长受害者心态。孩子们没有机会自行学习如何协商、共同制定规则和作为一个群体去遵守社会规范，因此只要一有争议，他们就会自动向成年人求助，然后由成年人决定谁是“对的”，谁是“错的”。向大人求助的孩子因此得到验证，他需要别人替他出头。其他孩子从中得到的信息是，你不能冒犯任何人，不然的话，就会有人招来第三方解决冲突。

多让孩子自己玩吧。当他和朋友们一起玩的时候，别在边上紧盯着，也不要一看到争吵的迹象就立刻冲过去加以干预。给他一个机会，锻炼自己解决冲突的能力。

当然，如果你发现有个孩子总是被人占便宜，那么及时干预就很重要了。不过，在没有大人出面确保一切都“公平”的情况下，你的孩子有时也能自己想办法解决问题。

为学龄前儿童提供选择空间

学龄前儿童有很多事情不能做。毕竟，他们的精细运动技能还不那么熟练，决策能力也需要不断提高。

很多时候，你需要禁止孩子做一些事，或者让他立即停下来。立下明确的规矩，让孩子有机会学着适应约束他的规则和限制。

不过，总说“不，你不能那样做”也不行，那样会让孩子意识到，他在任何事情上都没有控制权。只要有可能，给孩子两个选择——前提是确保你能接受其中任何一个选择。下面是一些例子：

- 你要豌豆还是胡萝卜？
- 你想先穿鞋还是先穿外套？
- 你想穿红衬衫还是蓝衬衫？
- 你现在不能去外面，但是你可以在屋里玩。你想玩积木还是给画上色？你自己选吧。

给孩子提供选择空间将帮助他关注他能做的事，而不是他不能做的事。让他意识到自己是一个有能力的人，能够在一定程度上控制自己所处的环境，这将有助于锻炼他的思维能力。

教学龄儿童寻找生活的亮点

学龄儿童能逐渐认识到，面临困境并没有那么糟糕。说不定坏事也能变成好事。所以，这是一个练习寻找亮点的好时机。

如果你的孩子对一件事或结果缺乏控制权，比如他被足球队除了名，或者他没有收到参加生日聚会的邀请，那就干脆承认，他对此无能为力。他不能控制别人的选择，也不能让时光倒流去做出改变。但有一点他能控制，那就是他的态度。

帮助孩子凡事从积极的一面着眼，以此来改变他待人接物的态度。比如说，虽然孩子不喜欢家里再添弟弟或妹妹，但作为家里的老大，他也可以首先享受某些特权。或者，进不了足球队确实令人失望，但这也意味着他有更多的时间骑自行车。

只是别在他情绪失控的当口让他去寻找光明面。他需要时间，短则几个小时，长则几个星期，然后他就能找到看待事物的新视角。

等经过足够的时间，孩子处理好自己的情绪后，你可以问他这样的问题：

- 这件事发生后，你有没有意外的收获呢？
- 怎么用积极的态度看待现在的情形？
- 就算发生了这类事情，你怎么从好的一面来看待它？

在你的孩子绞尽脑汁时，为他提供一些想法做参考。通过练习，他将学会依靠自己的努力找到一线光明。

一个能在困境中看到一线希望的孩子不太可能把自己视作受害者。相反，当他面临重重困难时，将从中看到学习和成长的机会。

教青少年以健康的方式满足自己的需求

青少年本来就喜欢夸大其词，他们很容易认为自己的生活比别人更艰难，认为别人根本无法理解他们有多苦。而且，今天的互联网为青春期的孩子们提供了全球性的平台来述说他们所认为的不公。

他们在社交媒体上发布含糊其词的信息，比如“我已经不能承受更多伤害”，这么做可能是在为自己的受害者心态博取同情。再如“我们不能让老师这么对待我们！”，这么做可能是在引导其他同龄人把自身看作受害者，以此来争取支持。

所以，你要让孩子了解社交媒体会如何助长受害者心态，这很重要。

- 跟孩子聊聊他在网上发布的内容。问问他为什么要公开他受到的不公或者别人冒犯他的经过。
- 谈谈从众心理。告诉他与好友互动，分享表情包，或者用特定的话题标签来表明自己是受害者，却不去思考“受害者”一词真正意味着什么，可能会伤害他的名誉和未来。

督促孩子不要抱怨、八卦和评头论足，尤其是在网上。一定要让你的孩子知道，他的话语很有力量，能够影响其他人对自身和周围环境的看法。

教孩子用有益的方式满足自身的需求。如果他感到难过，鼓励他直接沟通。打电话给朋友说：“我今天过得很糟糕。你有空聊聊吗？”这可能会让他获得更多的支持，其效果要比在社交媒体上发条隐晦的信息要好得多。一定要提醒孩子，友谊需要培养，要成为别人心目中的好朋友。鼓励他尽可能地帮助朋友，当朋友们遇到烦心事时也要关心他们。

认识到自身力量的孩子，会成长为勇敢奋进的人

吉姆·阿博特出生时没有右手。但他的父母下定决心不让这一缺陷阻碍他实现自己的梦想。

当小阿博特宣布他要打棒球时，他的父母回应道："为什么不呢？"随后就给他报名加入了少年棒球联盟。

他学会了只用一只手投球。这意味着他必须完成一套烦琐的动作：首先用左手将手套放在右前臂上，然后右前臂和上臂夹住手套，保证手套不会因为投球的动作而掉落，等到投出球的瞬间，再将手套送到左手并迅速戴好，这样他又可以接球了。当球冲他飞过来时，他必须先接住球，然后脱下手套，再用左手传球给一垒手。但不管怎样，这么做奏效了。

这种方法的效果一直很好。他到高中时已成为一名出色的投手，后来进入大学继续打球，并获得了许多奖项。21 岁时，他甚至在 1988 年的奥运会上赢得了一枚金牌。

他的球技引起了美国职业棒球大联盟的注意。虽然他从未在职业棒球小联盟中打过一场比赛，但加州天使队选中了他。他在大联

盟打了10年，赢得了87场比赛，其中包括一场戏剧性的无安打比赛[1]。

阿博特的父母承认，没有右手的阿博特确实会面临更多的困难，但他们告诉孩子，他能够克服那些困难。阿博特说，在他出生时，他的父亲刚满18岁，但他做了所有父亲对儿子做的事。他们一起钓鱼，一起骑自行车，一起打球。“当我走在外面的世界，感觉自己处处被排斥而退缩时，我父亲会让我转过身去，然后他打开家门，重新把我送回外面。”他在他的自传《不可思议的人生》一书中写道。

如果一个孩子拒绝扮演受害者的角色，他就不会把时间浪费在自怨自艾上。相反，他会积极行动起来。他会认为，他有能力让自己的生活和他人的生活变得更好。他将致力于让世界变得更美好，因为内心坚韧的儿童将来会成为勇于奋进的成年人。

内心强大的人不会顾影自怜。如果你想让孩子长大后成为拒绝自怜的强者，你就一定不要姑息受害者心态。放手让你的孩子直面生活中的挑战，而不是坚持认为他是无助的受害者。

生活并不总是那么轻松，让孩子知道这一点是有益的。不过你也要说清楚，尽管生活艰难，但你却更坚强。教给孩子创造他心目中的理想生活所需要的技能，培养他在奋斗的道路上披荆斩棘的信心。

---

① 无安打比赛：指在整场棒球或垒球比赛里不让对手击出任何一支安打。——译者注

常见问题与陷阱

注意，不要在孩子充当受害者角色时不经意地奖励他。如果你的孩子说有人在课间休息的时候欺负他，你一定要克制自己，不要为了安抚他的情绪而说“咱们今晚去你最喜欢的餐厅吃饭吧”。否则，他就会发现，扮演受害者能得到奖励。

同样，假设你的孩子正在经历一段痛苦时期，不要过于放纵他。因为你在闹离婚就不让孩子帮忙做家务，或者你觉得他功课太紧张就允许他逃学，这些做法只会让他形成这样的认识——他是一个需要特殊照顾的受害者。

另一种极端情形是，父母有时会对孩子的感受不以为然。为了让他“坚强起来”，父母可能会这么说：“别叽叽歪歪的像个受害者。”但是，你的过度冷漠却有可能强化孩子的受害者心态，因为他会认为你完全不关心他。

要说些“这一定很难”或“我知道现在很困难”这样的话来表示你理解对方。但是，你也要让孩子明白，无论面对什么情形，他都可以选择具体的回应方式。当你表现出你坚信他能克服困难时，他就会信心十足地面对挑战。

不要让孩子的受害者心态转移你对根本问题的关注。比如孩子坚持认为，他考试不及格的原因是老师不喜欢他，千万不要浪费时间跟他争论老师是否真的不喜欢他。你要把注意力放在他将会采取什么措施来提高学习成绩上。

有帮助的做法

- 注意受害者心态的警示信号。
- 追求美好事物。
- 用真实想法取代悲观想法。
- 给孩子两个选择。
- 关注孩子能够控制的事情。
- 寻找一线希望。
- 给孩子自由玩耍的时间。
- 教孩子用正确的方式获得关注。

没有帮助的做法

- 为孩子感到难过。
- 和孩子一起怨天尤人。
- 孩子扮演受害者而得到你的奖励。
- 忽视孩子的感受。
- 更多关注消极因素而不是积极因素。
- 低估孩子的能力。

第 2 章

他们绝不被内疚感操纵

乔8岁的儿子迈卡超重45公斤。尽管儿科医生警告乔，这样下去迈卡的身体会出大问题，乔还是我行我素，儿子想吃什么就给他什么。

这位儿科医生忍无可忍，威胁说要打电话给儿童保护服务部。看来问题真的有些严重了。于是，乔来到了我的诊室。他知道，要想改变育儿习惯，必须向专业人士寻求帮助。

在首次治疗中，乔承认，他允许迈卡一顿饭吃2份或3份饭，而且从不限制他吃零食。他说："我知道我给他吃得太多了，但我见不得他挨饿。他个子高，需要吃东西，而且没有哪个8岁男孩只想吃胡萝卜条。"

我问乔是否担心迈卡的健康，他说："担心啊，我当然知道超重会给人带来多大的麻烦。我父亲有糖尿病。我的胆固醇很高，我知道我也该减掉几公斤。"

乔为迈卡超重而感到自责，但是，当迈卡哭闹着要东西吃时，他的自责就会变得更加强烈。为了减轻自己的内疚感，他总是让迈卡多吃一份零食或正餐。

但乔不想再那样做了。他很害怕如果他不立即采取行动，儿科医生就会打电话通知儿童保护服务部。

乔的目标是帮助迈卡减肥，因此我们一同认定，需要解决的问题有：

1. 乔缺乏营养学常识。他不知道孩子应该吃多少食物，也不知道哪些食物富含脂肪和卡路里。
2. 乔无法忍受内疚感。他得相信自己能说“不”，能忍受不好的感觉。

我给乔的建议有：

1. 带迈卡去看营养师。乔需要吃颗定心丸，了解他对孩子限量饮食不会导致他营养不良。他也需要学习合理搭配饮食。
2. 列一份清单，写出限制饮食的所有益处。乔会越来越自责，他的理性思维也随之被抑制。列出他需要帮助迈卡保持健康饮食的理由，可以帮助他正确看待这件事。当他想要退让的时候，阅读这份清单可以帮助他坚持自己设定的饮食限量。
3. 制定一套策略来应对迈卡的强烈反对。由于迈卡不习惯父亲拒绝他的要求，于是在乔前几次拒绝给他更多食物时，迈卡很有可能哭闹得很凶、很久。乔需要制定一套策略来应对这一情形。

乔采纳了我的建议，并且在营养师的帮助下，他开始明白，为孩子每天吃多少东西设定限额非常重要。他在这方面所获得的信息越多，就越有动力帮助孩子减肥。

在拒绝孩子索要更多食物的要求时，乔尽力压抑自己的内疚感。所以，我们必须改变他的想法，让他不再认为他剥夺了孩子本应享有的东西。而且，他必须开始思考，吃更少的食物和零食会给迈卡带来多少好处。

随着时间的推移，乔对迈卡说“不”变得更容易了。但在迈卡说他很饿，或者说“如果你爱我，就让我吃点点心吧”这样的话时，乔的心里还是感到不好受。但是，他对自己处理内疚感的自信，以及他想让孩子生活得更好的愿望，帮他抵御了让步的诱惑。

在接下来的几个月里，迈卡的体重停止了增长，甚至还略有减轻。他的进步令营养师感到满意。乔也答应继续帮助迈卡健康饮食，并督促他多做运动。

在乔的最后一次治疗中，他说：“因为我知道迈卡不健康，所以我过去几乎无时无刻不感到自责。他一吃垃圾食品就会很高兴。而在他高兴的时候，我就不会自责了，哪怕这种情形只能维持一两分钟。但从长远来看，放任他吃太多对我们两个人都不好。

你有没有被内疚感所操纵？

在做了伤害别人的事之后感到内疚是一件好事，但很多父母的内疚感都过于沉重。盘点一下你处理内疚感的方式，想想下面这些画面是否熟悉：

◎ 由于感到内疚，我很难对孩子说“不”。
◎ 我经常因为自己没有达到心中“模范父母”的标准而自责不已。
◎ 看到其他父母，我觉得自己应该为孩子做得更多。
◎ 我经常花很多时间反思我作为父 / 母所犯的错误。
◎ 虽然不知道为什么，但我总觉得我会以某种方式毁掉孩子的一生。
◎ 我对自己无法控制的事情感到自责。
◎ 我有时会因为自责而给孩子额外的奖赏。
◎ 当孩子说“可是其他孩子都有”时，我总会让步。
◎ 无论我花多少时间陪孩子，都觉得陪得太少。
◎ 如果我感到内疚，那一定是因为我做错了什么。

为什么父母会产生内疚感？

乔认为，孩子想吃东西就要给他吃。如果不给他吃，孩子就会受罪。

像乔一样，很多父母都在用短期的舒适换取长期的痛苦，即使这么做会伤害孩子。虽然迈卡的身体可能会出问题，但允许迈卡继续吃下去，乔在当下的内疚感就减轻了。虽然乔也担心迈卡将来会得严重的疾病并为此而感到内疚，但不继续给他吃东西会让他感觉更糟。

也许你可能不会看到这种由父母内疚而导致的如此可怕的后果，但你的内疚感很可能会影响你管教孩子的方式。你要想想，这些内疚感会以怎样的方式导致有害的行为。

父母的三种内疚

父母的内疚主要有三种：

1. 适当的内疚。内疚是件好事，它可能表明你的行为与你的价值观不一致，从而激发你去做出积极的改变。

在对孩子大吼大叫后，你会感到内疚。这可能会让你警醒，你需要找到一种新的方式来管教他。或者，你在发脾气后感觉不舒服，这可能是你需要减轻压力的信号。不管怎样，那种不舒服的内疚都可能促使你修复关系，改变做法。

2. 不必要的内疚。某天，你可能会说：“今天天气真好，我应该和孩子们在外面玩。”但隔天你就不禁内疚起来：“我昨天不应该和孩子们在外面待这么久。他们热坏了，被蚊虫叮咬得浑身发痒。”

即使你的行为并非有害，你也可能觉得自己让孩子失望了。但实际上，你的做法完全没有损害孩子的健康或你们的关系。

3. 习惯性的内疚。也许你总是莫名其妙地感到内疚，也许你认为，你所做的事情会给孩子留下终生的创伤，或者，你担心你没有为孩子的未来做好充分的准备。

每当孩子遇到困难，你可能都会得出一个笼统的结论，将他的“不足之处”与你作为父母的失败联系起来。你可能还会做出消极的预测，认为你现在的选择会在以后的生活中给孩子带来问题。

过度内疚往往源自错误的信念

许多父母都会内疚，而职场妈妈似乎最容易产生这一感受。在宝宝中心的一项调查中，多达 94% 的妈妈表示自己有内疚感。

近几十年来，职场妈妈变得非常普遍，很多职场妈妈都在努力寻找工作与生活的“完美”平衡。虽然一些妈妈声称可以兼顾，但大多数妈妈都发现自己不是超人。如果既想获得职业生涯发展，又不放弃争当“年度妈妈”，那么到头来总会觉得顾此失彼。

妈妈的内疚感似乎源于一种理想化的观念，即在妈妈们进入职场之前，职场妈妈们都像电影《反斗小宝贝》中高贵又能干的琼·克利弗一样。她们会在家做好吃的，把房子内外打扫得干干净净，每天都花大量时间陪孩子。

但事实上，研究表明，自 1985 年以来，父母每周陪孩子的时间一直在增加。2016 年发表在《婚姻与家庭》杂志上的一项研究报告称，美国父母花在孩子身上的时间比其他任何发达国家的父母都要多。然而，还是有人认为父母应该在孩子身上花更多的时间。

不过，2015 年发表于《婚姻与家庭》杂志上的一项研究发现，陪孩子的时间长短真的没有那么重要。研究者发现，母亲与孩子相处的时间与孩子的行为、情绪、学业或整体健康都没有绝对的正相关关系。

只有一个例外——青春期。如果母亲花更多时间与青春期孩子在一起，他们的犯罪行为就会减少。不过，不论是整整 15 年没有上班的全职妈妈，还是长年上班的职场妈妈，情况都是如此。

说来奇怪，当孩子进入青春期时，许多母亲也开始踏入职场。毕竟，孩子们终于长大了，可以自立了。但研究表明，青春期才是孩子们真正需要花更多时间跟父母在一起的关键时期。

这段时期非常重要，它明显是孩子健康发育不可或缺的一部分。不过，最重要的是父母与孩子相处的质量，而不是时间。

然而，做一个全职妈妈并不能免除父母的内疚。我在诊室里见过很多因为不喜欢当全职妈妈而感到内疚的母亲。而且，我也见过很多更内疚的在家办公的妈妈，她们既不喜欢不工作，也不喜欢自己不能整天陪孩子玩耍。

比较会侵蚀你的自信

你很容易通过与别人家比较来判断自己是不是好父母。在浏览脸书上的好友动态时，你很可能会觉得，随便哪个人都能配得上“年度最佳父母”的称号。这家人出去玩玩得真开心，那场生日聚会办得真隆重，这个孩子的房间布置得真漂亮，那对爸妈带孩子真轻松……

不只是在社交媒体上，在生活中，你听说邻居给孩子报了足球训练班，你可能会想："我是不是也该给孩子报一个？"或者，你陪孩子参加其他孩子的生日聚会，却发现你上次给孩子办的生日聚会一点儿也不好玩，你会想："下次一定要办得更热闹些，不然太对不住孩子了。"

当然，你对孩子的这种内疚肯定会被商家所利用。无论是能教3岁宝宝看书的早教产品，还是能让孩子拿起来就放不下的新款玩具，商家所传达的意思都是，孩子不仅应该得到它们，而且只有拥有它们才能获得真正的快乐。

为了不在攀比中落于下风，许多父母都会咬紧牙关为孩子买这买那。美国《育儿》杂志所做的一项调查发现，为了确保孩子不失望，76%的父母都会在节假日中百般宠溺孩子，因为一旦孩子失望，这些做父母的便会深感内疚。

但是，你也不要指望挣了更多的钱给孩子买了更多的东西，你的内疚感就能自动减轻。最近，在美国公共广播公司的一期节目里，女星珍妮弗·洛佩兹讲述了她内心对孩子的内疚。即便她的净资产已经超过3亿美元，而且还有一个团队负责帮她照料几个孩子，她还是常常觉得自己对孩子付出得不够。所以你大可放心，就算你能呼风唤雨，你还是会对孩子心存内疚。

心怀内疚养育孩子会传递有害信息

内疚是一种令人难以忍受的不舒服的情绪。在很多情况下，人们很容易采取极端的措施来摆脱内疚感。

在乔的例子中，他屈服于儿子的要求，暂时减轻了他的负疚感，但这么做造成了更多的长期问题。

内疚也会影响你的判断。如果你是出于内疚而选择养育孩子的方式，你将很难做出明智的选择。

内疚会让你染上坏习惯

内疚感会影响你的行为。你会试图做一些事情来减轻你的负疚感，即使这对你的孩子没有任何好处。

心怀内疚的父母往往会这样做：

- 避免内疚。为了避免那种不舒服的内疚感，你可能会采取极端措施来避免任何可能让你觉得自己是“坏”父/母的事情。所以，也许你会因为休息了而感到内疚，进而拒绝暂时丢下孩子。或者你不给自己买东西，因为如果不把钱花在孩子身上，你心里就会不好受。
- 减轻内疚。有时，父母只是通过满足孩子的要求来减轻内疚感——比如乔和他的儿子迈卡。如果你的孩子哭了，或者坚持说你是世界上最坏的父母，你就很想给他那些他想要的东西，即便这么做对他并没有什么好处，让步也能让你感觉好一些——至少眼下是这样。

- 过度补偿内疚。比如某位妈妈因为早晨对着孩子大吼大叫发脾气而感到内疚，她就可能会允许孩子在晚上不按规矩按时睡觉。或者，某位爸爸为自己离婚而感到内疚，他就可能在周末探视孩子的时候放任孩子为所欲为。尽管这些做法并不能解决问题，但它们可能会减轻父母的内疚感。

因内疚而让步会传递错误信息

如果孩子冲着你可怜巴巴地乞求，你就说“行啦行啦，随便你吧”，如果某个亲戚一再声称“一家人就该互相帮助”，你就极不情愿地借钱给他，那你就是在告诉孩子，他也要被自责所左右。

而且，如果孩子一哭闹、哀求或噘起嘴巴你就服软，孩子就会质疑你的决策能力。孩子们需要你表现得始终如一，需要你是能保障他们安全的权威人物。

如果你为了减轻说“不”的内疚感而改变主意，孩子就可能会因为看到你在做决定时优柔寡断而感到焦虑。虽然孩子们想让你让步，但你真这样做之后，又会在整体上削弱他们对你的信心。孩子想要看到你是一个坚强的领导者，当事情变得棘手时，你能承受压力而不屈服。

孩子们也学会了如何利用他人的内疚感。有的父母可能会因为孩子说“我一整天都没见到你”而做出让步，另一些父母可能会因为孩子说“可是别的孩子都会去”而做出让步。你肯定不希望你的孩子学会用内疚感来操纵别人。

怎么做才好?

在乔的例子中，他必须学会容忍内疚感。他必须明白，感到内疚并不一定意味着他做错了什么。事实上，就他而言，感到内疚意味着他在给孩子立规矩。

我接触过的许多父母都会这么说：“我让孩子玩了太多的电子游戏。”或者：“我没有花足够的时间陪孩子。”但他们不确定，解决办法到底是改变自己的行为，还是改善自己的情绪。认清让你内疚的原因，觉察内疚感如何影响你的行为。然后，你就知道接下来该怎么做了。

如果内疚是合理的，那就改变你的做法

为了确定你的内疚是否合理，你要问自己下面这 4 个问题：

- 我做了什么对孩子有负面影响的事情吗？也许你对孩子看电视的时间管得太松了，导致他把大量的时间都花在了看电视上。或者，你可能出于愤怒而反应过度，说了一些不该说的话。如果你的做法是有害的，那就改变你的做法。
- 有什么是我可以改变的吗？如果你因为 3 年前离婚而感到自责，那么你并不能让时光倒流去改变这一点。但是，如果你因为不督促孩子做作业而感到内疚，那么你完全可以纠正这个问题。
- 改变从哪里开始？制订一个具体计划来帮助你一步步改变习惯。比如

给孩子全部的关注，而不是在陪孩子的时候看手机。或者订立一条规矩——吃饭时不能使用电子设备，不能边看电视边吃饭。

- **我应该做些什么来补偿我的孩子？**虽然你不需要因为自己压力过大而向一个 3 岁的孩子道歉，但你可以在适当的时候做些补偿，说：“对不起，我冲你吼了。我很生气，不过我应该用更好的方式处理我的愤怒。”让孩子看到你犯了错误后如何补救。

如果你不能改变自己的做法（例如辞掉工作去做全职父 / 母），那就试着改变你对内疚的看法。不断自责或说服自己正在给孩子造成伤害（即使没有任何证据）是于事无补的。

别再凡事都往最坏处想

你感觉不好并不意味着你真的做错了什么。但是很多父母却认为，他们今天所做的一件小事，会给孩子的未来造成巨大的负面影响。然而很多时候，这种假设并不准确。

想象下面的场景：

一位母亲忘记给 10 岁的孩子报名参加棒球夏令营，于是她开始胡思乱想：“我真是一个马虎大意的妈妈。我没有让孩子参与本该参加的活动。他所有的朋友都会去，在那里，他们会留下一生的回忆，而我的孩子却不在其中。其他孩子的球技都会提高，而我的孩子明年很可能都进不了棒球队。”

这位妈妈预言她的孩子将成为一个社会弃儿，永远不能打棒球，只因为他错过了一个为期一周的棒球训练营。她可能会在余生中认为，她的马虎大意耽误了孩子的前程，使他没能进入职业棒球大联盟。

放心吧，我还没有见到哪个成年人因为小时候没有去夏令营而进入我的诊室，来的更多的是这样的人，他们说："我父母的神经一直绷得很紧，因为他们害怕成为'坏'父母，导致我们从来没有享受过任何乐趣。"

我曾经治疗过一位母亲，她坚信所有的好妈妈都应该把房子打扫得一尘不染。所以，她把大部分时间都花在了清洁地毯、擦洗地板和清洗窗户上。她不让孩子画画，也从不允许他的朋友来家里玩，因为她担心他们会把家里搞得一团糟。具有讽刺意味的是，她想做一个"好妈妈"，想要有一个干净的房子，为了实现这个愿望，她却没有时间陪孩子玩。

然而，杂乱的房子或未清扫的地板不大可能给她的孩子留下心理创伤，她为确保房子整洁而表现出来的紧张感却会给孩子留下负面影响。

你无法预测孩子的某些经历会给他造成什么样的影响，你也无法预测孩子成年后，他会如何看待这些经历。到他 30 岁的时候，他很可能都记不起那件你认为会让他受害终生的事。

我有一个朋友，她认为自己的童年非常美好。她高度赞扬她的父母，并谈到他们在离婚后还付出巨大的努力一起抚养照顾她。

但如果你和她哥哥交谈，你会发誓说，他们绝不是由同一对父母养大的。他说他们的父母很自私，他认为父母离异是他童年的一个转折点，说他因此变得过于早熟。

经历了同样情形的两个孩子，可能会有截然不同的感受。当然，他们可能是因为年龄不同而对同一情形有了不同的看法，但你永远都不会知道，这一分别到底是如何产生的。因此，在你断定自己伤害了孩子之前，请记住，你的预测可能并不准确。

不要草率下结论

理清前因后果可以帮助我们认识事物。毕竟，这是我们试图教给孩子的一课，对吧？“你乱扔球，所以花瓶打破了是你的错。”或者：“你打了妹妹，所以她哭是你的错。”

但有时，即使没有任何证据，我们也会仓促得出结论，因为我们想要在事物之间建立某种联系。在这种情况下，我们所得出的结论通常并不准确。

我见过这样一位妈妈，她认为她孩子的学习问题是由于她在怀孕期间偶尔喝了几杯咖啡造成的。她说：“有时候，我只是需要提提神，因为我总是觉得很累。我知道喝咖啡不对，可我还是这么做了。”

我治疗过的很多妈妈都确信，因为她们吃了（或没吃）某样东西或在怀孕期间接触过某样东西，导致孩子出现了这样或那样的问题。我不得不向某位妈妈保证，她怀孕前喝下的一杯葡萄酒未必会引起孩子的多动症。我也向另一位妈妈保证，孩子在蹒跚学步时所吃的非有机蔬菜未必会使他患上焦虑症。

虽然在怀孕期间和在孩子童年时期保持健康非常重要，但研究表明，这可能并不像一些父母所预想的那样能够彻底改变孩子未来的生活。2011 年发表在《神经毒理学与胚胎畸形学》杂志上的一项研究表明，出生时对可卡因上瘾的婴儿，戒除毒瘾与出生时未对毒品上瘾的婴儿没有多大差别。所以，既然毒品都不会影响孩子获得成功的机会，你在怀孕期间大吃三文鱼就不可能导致孩子做不了优等生。

想想你得出的用来解释育儿经历中的某件事的理由，问问自己是否还有其他答案。如果你对某些事过度自责，就要拓宽思路，接受它或许不是你的错的可能性。或许，现在是时候开始改变你对一些事情的看法了。

原谅犯了错的自己

加布丽埃勒刚走出房间一分钟，她 3 岁的儿子泰森就好奇地在厨房的灶具下向上张望。他看不清上面是什么，于是抓住电炖锅的电源线想站得高一些。结果，电炖锅整个从灶具上翻落下来，滚烫的汤泼到了小男孩身上。

在接下来的几周里，泰森在医院里接受了大面积烧伤的治疗。后来他的伤痊愈了，但手臂和脸上还是留下了伤疤。

加布丽埃勒在意外发生几个月后开始接受心理治疗。当我们第一次见面时，她说："每次我看到他脸上的伤疤，都觉得很难过，是我让这种事发生在他身上。我永远都无法原谅自己。"

事实上，加布丽埃勒确信她不应该原谅自己。她认为自己不配得到快乐，而自责是她赎罪的方式。她来接受治疗的唯一目的，是确保自己不会再犯这种“愚蠢的错误”。

加布丽埃勒花了很长时间才承认她儿子的遭遇是意外，而意外并不总是可以避免的。

她必须注意的是，每天都这么自责对儿子的健康成长非常不利，他需要一个自爱的、对他专注的母亲守护在身边。

就这样过了几个月，加布丽埃勒终于认识到，那次意外并不能证明她是一位不称职的母亲。相反，她是一位善良、慈爱的母亲。

慢慢地，她终于能够通过改变自己对这次意外事件的看法来释放一些负疚感。她不再为已经发生的事情惩罚自己，而是专注于享受和孩子在一起的时光，并试图阻止同样的事情发生在其他家庭。

适度的内疚不是一件坏事。但是，自认为是一个坏人或是一个不称职的父/母则弊大于利。不要让自我谴责妨碍你成为最好的父/母。

努力做到60分

今天早些时候，我无意中发现了一条网络流行语：“足够好永远不够好。”虽然它并非专门针对子女养育，但我认为，这是今天许多父母所采取的态度。

但是，至少根据已故的唐纳德·温尼科特的研究，做一位“60分妈妈”其实可能是对孩子最有益的事。温尼科特是一位儿科医生和精神分析师，他与成千上万的母亲和她们的孩子打过交道。他这样总结说："好妈妈就是 60 分妈妈。"后来，这一结论对父亲的角色也适用。

温尼科特认为，60 分妈妈的心中存在冲突，是全情投入，一心想着孩子，还是有所保留，给自己一些空间。60 分妈妈虽然会犯很多错误，但是凭借育儿中不完美的平常表现，她们却能养育出健康和有韧性的孩子。

仔细想想，事实确实如此。想象一下，假设你是一位"完美"父 / 母，从来都不会做错任何事。那么，当孩子长大成人后，结果会怎样呢？他将在一个由会犯错的普通人所组成的不完美世界里苦苦挣扎，还将对未来的伴侣、上司和邻居大失所望。事实上，他需要知道如何面对失望、痛苦和不完美的人。

你在养育孩子的过程中所犯的每一个错误，都是孩子增强内心力量的好时机。这当然不是说，你应该多犯错误来加速这一进程，但这确实意味着，你可以通过自己的失败来让孩子在实际生活中学习和提高。

所以，不要因为自己不是一个"完美"的父 / 母而自责不已。因为即使你很完美，你也不会给孩子带来任何好处。相反，你要允许自己只做一个 60 分妈妈，接受自己的一切，包括缺点。

即使你的孩子不完美，你也仍然爱他。同样，孩子也不会因为你不是一个"完美"父 / 母而不爱你。他会感激你的努力。总有一天，他会认识到，正是你的牺牲，他才得以成长为一个负责任的成年人。

如何教孩子认识内疚?

每当迈卡恳求乔让自己吃零食，乔就让步时，他就是在用行动告诉迈卡，他无法忍受自己的内疚感。这么做很不好，他应该让迈卡明白，内疚不能改变他的行为。

不过如果孩子弄坏了别人的玩具或者出言不逊，你当然希望他能感到自责。缺乏自省力可能是精神类疾病的征兆。

但另一方面，你也不想让孩子整天陷入自责中。一个总觉得自己做错事或责怪自己的孩子，更容易出现心理问题，比如焦虑和抑郁。

告诉孩子听天使的话

你还记得在动画片里，有的卡通人物肩膀上一边站着魔鬼，一边站着天使吗？魔鬼让他干坏事，而天使则让他做好事。如果你修过心理学入门课，你可能会记得，弗洛伊德的精神分析理论里就提到了这件事。

告诉孩子，所有人都会遇到这样的时候，他们肩膀上仿佛站了两个小人，一个让他破坏规则，一个让他做正确的事。如果他脑海中没有这样的画面，那就上网搜一个给他看。

告诉孩子，一定要听天使的话（实际上是听从他的良心）。下面是一则对话示例：

父母：你见过动画片里有人肩膀上一边站着魔鬼，一边站着天使，而他们都在劝那个人听自己的话做事吗？

孩子：见过。

父母：嗯，这就是现实生活中经常发生的事情。虽然我们看不到真实的魔鬼和天使，但我们心里有一个声音说，我们可以破坏规则或者伤害别人的感情，另一个声音却在说"不行，不能那么做！那么做是错的！"你遇到过这种情况吗？

孩子：遇到过。你跟我说不能吃饼干时，我心里就有一个声音说："管他呢，还是吃一块吧！"

父母：这听起来好像是那个不怀好意的家伙说的。你肩膀上的天使是怎么说的？

孩子：他说："别，别这样！你必须听妈妈的话。"

父母：所以你听了天使的话？

孩子：对。

父母：做得好！一定要尽可能听天使的话，这很重要。

给孩子讲讲，假如不听天使的话会有哪些潜在后果。例如，做出错误的选择可能会伤害他人的感情或破坏你与他人的关系。这么做也可能让孩子感到内疚。

告诉孩子，感到内疚意味着你可能做了错误的选择。有时，你需要采取措施努力补救。但你要让孩子明白，道歉或补救并不能改变他做出错误选择的事实。

让孩子感到内疚而非羞耻

我曾经在一所初中工作，很多接受治疗的孩子都是校长办公室的常客。有一天，学校开了一个会，讨论一个 12 岁男孩的行为失控问题。

男孩的母亲下午请了假去参加会议。听到老师们一个接一个地讲述孩子的各种不良行为，她感到非常尴尬和沮丧，一再为孩子的调皮捣蛋而道歉。

在会议即将结束的时候，男孩被带入了会场，以便老师们向他宣布最新的管教措施。他一进门，他的妈妈就爆发了。

“你怎么给我惹了这么多事？你已经成了一个坏孩子！看看你都干了些什么！我坐在那儿整整一个小时，听你那些可怜的老师们历数你的种种恶行。”她喋喋不休地指责了至少 5 分钟。很明显，她为自己的孩子不是模范公民而感到内疚。她试图让孩子为自己的行为不端而感到羞耻。

但是羞辱孩子并不能激发他去改变，反倒使孩子认为自己有性格缺陷，因而无法成为一个好孩子。一个自认为“我很坏”的孩子很可能会表现出相应的行为，而没有动力做出正确的选择。

羞耻和内疚很容易混淆。事实上，很多研究者都难以在两者的定义上达成一致。以下是区分这两种情绪的三种方法：

- **内疚所针对的是行为。**内疚是你对自己做过的事感到自责，而羞耻是你对自身的否认。心想“我不应该那么说话”是内疚，认为“我是个刻薄的人”则是羞耻。

- 内疚通常是私密的。内疚通常是一种私密的情感，而羞耻往往意味着他人已经知情。所以，虽然你可能会因为考试作弊而感到内疚，但如果你所有的朋友和家人都谴责你作弊，你就可能会感到羞耻。
- 内疚源自没有做正确的事。如果你没有做出正确的选择，你会感到内疚。而羞耻通常源自你做了错误的事，违反了道德准则。所以，如果你没有帮朋友搬家，你可能会感到内疚。但如果你从朋友那里偷了东西，你更可能感受到的就是羞耻。

虽然让孩子感到适度的内疚是有好处的，但是，你一定要避免让孩子感到羞耻。有羞耻感的孩子很难对自身形成良好的印象，他们常常放弃做出有益的选择。

教学龄前儿童理解内疚的基本概念

研究者认为，小至两岁的孩子已经能够在做错事后表现出内疚。例如，蹒跚学步的孩子在感觉自己做错事时会避免眼神接触。当然，他们还不能真正理解内疚的含义。

如果孩子伤害了别人，那么先把你的注意力放在受侵犯的一方身上，并示范如何应对。你可以这样说："哦，我很抱歉强尼踢了你。疼吗？"给他找片创可贴或者抱抱他。

一旦安抚好对方，你就要让你的孩子来承担后果，或者让他来做出某种补救。

例如，让他把最喜欢的玩具借给对方一整天。或者，让他为对方做一件事。为对方做一件好事非常有助于让孩子知晓，补救过失非常重要。

在跟孩子的对话中使用"内疚"这个词，并且为他示范如何道歉。你可以这样说："很抱歉，今天下雨了，我们不能去操场了。我很内疚，因为我答应过你我们会去的，但是滑梯都被淋湿了，这样很不安全。"

学龄前也是为孩子示范如何听从肩膀上的天使指引的时刻。你可以这样说："外面在下雨，我真的很想把车停在大门边上，但是我肩膀上的天使提醒我，把车停在那里是不对的，因为那样会影响行动不便的人。如果我不听天使的话，我会感到内疚的。"随着时间的推移，你的孩子会明白什么是内疚，他会认识到努力做出正确选择的重要性。

教学龄儿童如何应对内疚

研究者发现，5～8 岁的孩子在做了不妥的事情后，会想忘记曾经发生的事情。他们更倾向于逃避事实——比如跑进另一个房间——而不是对自己的所作所为负责。

因此，如果孩子在这个年龄段不愿意承担责任，你无须惊讶。你可以向孩子展示如何以一种适当的方式来处理内疚，以此来帮助孩子直面内疚感。

如果你的孩子在身体或情感上伤害了别人，那就一起和他想想办法，如何弥补过错，并且帮他完成整个过程。你可以问这样的问题："你对朋友撒谎了，你觉得接下来应该怎么做？"或者："你把妹妹的洋娃娃弄坏了，你现在要做点什么呢？"

大约在 9 岁或 10 岁时，孩子会对修复人际关系表现出更大的兴趣。他们更有可能道歉或主动做出弥补。这时，你要跟孩子展开关于内疚的谈话，以便让孩子确认这种感受。

你可以问这类问题："你扔球时打到了那个女孩，你觉得这样做好吗？"或者："你说谎的时候有没有觉得这样做不好？"告诉他，感到内疚是很好的现象，因为这表明他在努力成为一个好人。如果他因为伤害他人而感到自责，则说明他想在下一次做得更好。

当你犯错时，你要主动向孩子道歉，这么做能给孩子提供修复关系的良好示范。你可以这样说："对不起，我刚才冲你吼了。我工作压力太大，把怨气撒在你身上了。"明确告诉孩子，你打算改变自己的做法。这样一来，你就能教会他如何在犯错后道歉。

在孩子的学龄阶段，我们需要特别警惕孩子是否有过度自责的倾向。“球队输了球，都怪我”这类论调表明，孩子承担了过多的责任。听到这类话时，你要平心静气地予以纠正。你可以反问他：“这真的全都是你的错吗？”

告诉青少年，让父母内疚只是徒劳

青少年往往已经对内疚感有了很好的理解，他们可能会利用你的内疚来实现他们的目的。你可能会听到这样的话：“但是别人的父母都允许他们……”或者：“你从来都不让我做任何能让我高兴的事！”

当孩子说出这些话时，你可以简单地回答：“我爱你，保护你的安全是我的职责。”你不需要再展开长篇大论的解释。但无论你做什么，你都不要因为内疚而让步。

感到内疚的时候，你可以这样说：“我很难过，你是你的朋友中唯一一个不能去参加聚会的人，但我不会改变主意。”告诉你的孩子，就算你心里感到难过，你也会做出明智的决定。

另外，你也不要试图让孩子感到内疚。诸如“如果你真的关心我，你就不会让我那么担心”之类的话不会起到好作用。父母让孩子感到内疚，会对他造成严重的负面影响。弗吉尼亚大学的一项研究发现，对父母感到内疚的青少年更难在未来的生活中发展健康的友谊和人际关系。

设定规则并实施惩罚，但不要把制造内疚感用作惩戒的手段。你要集中精力教孩子掌握健康的社交技巧，并且现身说法如何以有益的方式满足自己的需求。

十几岁的孩子有时会感到过度或不必要的内疚，他可能需要你的帮助来处理这些情绪。即使你的孩子没有错，和朋友闹矛盾也会使他产生内疚感。告诉孩子："我认为，你的做法是对的，但并不是所有人都喜欢你这么做。你可能会为此感到心里不好受，但这并不意味着你做错了什么。"

理解内疚感的孩子会做出正确的决定

如果你能忍受内疚感，并且根据孩子的需要而不是你的情绪做出最佳养育选择，孩子在做事时就更容易避免外界的影响。他也更有可能获得所需的技能，成长为一个负责任的成年人。

想象一下，你有一个 12 岁的孩子，他的朋友要求抄他的作业。当你的孩子拒绝时，他的朋友说："如果你真是我的好朋友，你就一定会帮我。"你想让孩子因为内疚而做出让步吗？

或者，如果你十几岁的女儿和一个男孩约会，对方说："如果你真的爱我，就会和我亲密。"你想让她因为内疚而屈服吗？

孩子通过你的言传身教学习如何处理内疚感。如果你因为内疚而屈服，他也会这样做。你要拒绝因为内疚而让步，同时努力弥补过失，接纳有限的自责，这么做将帮助孩子建立正确的道德指针。

他将学会抵挡他人试图让他感到内疚的努力，同时能够以有益的方式处理诸如内疚之类的复杂情绪。

如果你能放下羞愧，你就会成为一位快乐的父亲或母亲。你也会成为一个更好的榜样，让孩子看到，你认可自己，也认可自己做出正确决定的能力。

内心强大的人不会试图取悦所有的人。相反，即便他人反对，他们也能做出正确的决定。当你拒绝因内疚而迁就时，你就是在向孩子表明，感到内疚并不意味着你会做出错误的决定，或者陷入有害的羞耻中。

常见问题与陷阱

一般来说，强迫孩子道歉并不是很好的做法。如果没有诚意，“对不起”三个字就不会减轻他的内疚感，也不会成为有效的补救措施。因此，与其强迫孩子道歉，不如把重点放在亲身示范上。然后，当孩子长大了能够理解“对不起”的真正含义时，他就更有可能做到真诚道歉。

不幸的是，许多孩子会随口说出“对不起”，却无意改变他们的行为。告诉你的孩子，只有当他想要改变自己的行为时，道歉才有意义。

注意，不要过早地陷入试图减轻孩子内疚感的陷阱。比如，

“哦，你弄坏了那盏灯没关系”的说法可能会让你的孩子觉得，他这样做没什么问题。要确保他明白，他的行为造成了伤害。对他来说，适度的内疚是健康的，因为这种内疚会引发积极的行为改变。

不过，对儿童过度的内疚感保持警惕也很重要。通常，儿童会有奇幻的思维，他们相信自己有能力控制宇宙中发生的某些事情。有时候，当不好的事情发生时，这种思维方式会导致过度自责。

一个小孩说：“我讨厌我弟弟！”如果他弟弟受伤了，他有可能会怪罪自己。或者，有个小孩不喜欢帮忙照顾狗狗，结果它被车撞了，这个小孩就可能觉得小狗被车撞都怪自己。如果留意到这种动向，父母要给孩子提供足够的保证，让他知道，他与这些事情完全无关。

有帮助的做法

- 评估你的内疚是否适当。
- 努力做到 60 分。
- 拒绝过度自责。
- 练习自我原谅。
- 教孩子学会道歉。
- 即使孩子试图让你内疚，让你改变主意，你也要坚持自己订立的规矩。
- 鼓励孩子听从肩膀上的天使的指引。

- 为孩子示范如何道歉。

没有帮助的做法

- 立志做完美父母。
- 与其他父母盲目比较。
- 为别人的错误而惩罚自己。
- 认为你的内疚感一定意味着你做错了什么。
- 通过妥协来减轻你的内疚，即使这么做对孩子并不好。
- 让孩子为他的不良行为感到羞耻。
- 屈服于他人制造的内疚感。

第 3 章

他们绝不让孩子成为宇宙中心

汤姆和卡罗尔带着14岁的女儿布里塔妮来做心理治疗，因为他们不知道该拿她怎么办。

“她不听我们的话，”卡罗尔解释说，“她不会照我们说的做，也不在乎别人怎么想。”

汤姆说：“我不知道我们家小姑娘怎么了，她要什么我们就给什么，可她竟然这样对待我们！”

不管从哪个角度看，汤姆和卡罗尔都算是大龄新手父母。当布里塔妮出生时，汤姆43岁，卡罗尔40岁。布里塔妮是他们的“奇迹”宝宝。两人尝试怀孕近10年都不成功，但就在他们已经不抱任何希望的时候，卡罗尔怀孕了。从出生的那一刻起，布里塔妮就成了带给他们光明的掌上明珠。

一家人其乐融融，几乎所有时间都在一起。无论是去海滩还是迪士尼乐园，一家三口总是形影不离，做布里塔妮想做的任何事情。

布里塔妮通常都能得到她想要的任何东西。她很少做家务，因为她的父母希望她玩得开心。父母也不让她管任何事，他们认为，她“只要做一个孩子”就好。

长到大约 12 岁时，问题出现了。布里塔妮开始变得不听话，凡事喜欢唱反调。随后，他们之间的冲突日渐增多。

当他们无意中听到布里塔妮的一个同学说，她是学校里的一个“坏女孩”时，他们深感震惊，这才意识到事态的严重性。想到女儿的无礼行为已经超出了家庭的边界，汤姆和卡罗尔感到不寒而栗。他们想改变这一情形，却又不知如何下手。

但布里塔妮并不打算改变。所以，如果她的父母想让改变发生，他们就得改变自己的行为方式。第二次治疗时，只有汤姆和卡罗尔前来，这样更便于我们讨论如何帮助他们的女儿。

看起来，问题是这样的：

1. 布里塔妮认为她是宇宙中心。父母惯坏了她。
2. 布里塔妮的社交技能未能得到充分发展。布里塔妮和其他孩子相处有困难，因为她缺乏基本的社交技能，比如共情和轮流玩耍。

如果卡罗尔和汤姆真的想帮助女儿，他们需要做以下改变：

1. 为布里塔妮划定界限。这意味着说“不”，不管她多么生气也要坚持。
2. 做一些布里塔妮不参与其中的事情。安排一些独处或夫妻二人世界的时间，帮助布里塔妮认识到，父母的生活并不完全围着她转。

3. 让布里塔妮通过付出努力来获得她想要的东西。汤姆和卡罗尔要让布里塔妮知道，她想要什么必须通过努力获得，而不是她想要什么就给她什么。

一开始，卡罗尔说："但是我们不介意为布里塔妮做这些事情。我们就她一个孩子，只要是我们能给的，我们都想给她。"我告诉他们，这不是他们愿不愿意，或者喜不喜欢为女儿做事的问题。对布里塔妮来说，她不需要付出任何努力就能得到她想要的关注和物品，这对她来说并不是好事。

至于情况何以发展至此，我们进行了长时间的交谈，父母双方都承认，他们影响了布里塔妮对自己的认知。他们把她视作掌上明珠，于是几年过后，布里塔妮就形成了自我中心的心态。

在接下来的几周里，布里塔妮的父母开始制定更多的基本规则，也把更多的事情交给她来做。他们不再动不动就赞扬她、满足物质享受，而且布里塔妮必须靠做家务来挣零花钱，这可是破天荒头一次。

起初，布里塔妮的行为问题变得更严重了。她态度坚决，什么也不肯做。但她的父母也寸步不让。他们不再凡事都以布里塔妮为中心，而是让她用良好的表现获得奖励。他们开始向她强调要与人为善，不再像以前那样满足她的所有要求。

他们意识到，布里塔妮不会在一夜之间就改变对自己的看法。她花了好几年的时间才形成了她是宇宙中心的认知，同样也需要一些时间才能发现，这种认知是不正确的。

但他们决心要改变她。他们不想让被宠坏的少女变成不负责任的成年人。

你也围着孩子团团转吗？

你或许认为，把孩子作为生活的中心是有益无害的。但是，这样做却会让孩子们认为，他们是整个宇宙的中心。以下几点听起来熟悉吗？

◎ 我喜欢不停地表扬和赞美我的孩子。

◎ 我认为我的孩子比其他孩子更特别。

◎ 我很乐意放下手头的任何事去回应孩子的要求。

◎ 我很肯定，我的孩子在很多方面都比其他孩子优秀。

◎ 我喜欢跟孩子提起他表现突出的所有方面。

◎ 我认为，在今天的世界，孩子们拥有再多自信或自尊也不过分。

◎ 我花了很多时间陪孩子做他想做的事。

◎ 我觉得溺爱自己的孩子没什么不对。

◎ 我认为，我的孩子应该得到特殊的对待。

为什么父母会让孩子成为宇宙中心?

被惯坏了，被捧上天了，自恋，自私……随便你怎么说。但是，把孩子视作宇宙中心的父母会让孩子觉得自己拥有特权。

还记得我们在上一章里讨论过的内疚感吗?这些内疚感常常促使父母把他们的孩子视作宇宙中心。那些被“好父母会为孩子做任何事”之类错误观念误导的父母常会溺爱孩子。

汤姆和卡罗尔就是这样的父母。他们完全没有想到两个人还能有自己的孩子，于是，他们唯一的心愿就是要成为天底下最好的父母。

他们认为，只要他们对孩子好，孩子就能学会对别人好。可他们没有意识到，“慈爱”并不意味着他们要完全按照女儿的意愿做事情。他们把她教育成了一个蛮横、不讲理的孩子，而不是一个善良、有爱心的人。

他们认为，对布里塔妮的要求说“不”，意味着他们不是好父母。他们觉得这个孩子太难得了，他们太幸运了，于是一定要确保她得到她想要的所有东西。他们生活中的一切都以布里塔妮为中心。

甚至，他们原有的社会身份也被淹没在了父母的角色之中。他们不再是“工程师汤姆”和“图书管理员卡罗尔”，而只把自己看作“布里塔妮的父母”。很明显，这对他们的婚姻和个人幸福都没有好处。

就算你没有像汤姆和卡罗尔那样溺爱孩子，你也会用某种方式向你的孩子传达这样的信息——他是“宇宙中心”。也许，尽管孩子成绩平平，你还是找到老师，问他为什么没有让你的孩子入选重点阅读小组。也许，你经常夸耀孩子是班上数学学得最好的孩子，也是足球队里点球踢得最好的孩子……这些做法都让他更加相信，自己与众不同。

健康自尊和病态自恋之间的模糊界限

在20世纪90年代，人们认为，自卑像是社区和校园里蔓延的一种病毒。为了阻止这一“自尊危机”继续发展，他们开始告诉孩子，他们是特别的。所有的孩子都能得到奖杯，都是父母眼中“最棒的”。在这一过程中，健康自尊和病态自恋之间的界限渐渐模糊了起来。

据《自恋流行病》（*The Narcissism Epidemic*）一书的作者琼·特文格介绍，在过去几十年里，孩子们被给予了太多名不副实的表扬，导致西方年轻人越来越自恋。特文格认为，孩子们过于自负。并且，这是他们父母的错。

很多时候，父母们都认为，既然多一点赞美就能让孩子多一点自尊，那么最大限度地赞美自然也就能带来最高层次的自尊。于是，他们不说“今天在场上表现不错”，而是说“你是天底下最厉害的足球运动员”。

社交媒体和自拍的出现更是推波助澜。小孩子也开始凹造型，然后让父母分享到脸书上。等孩子长大，可以拥有自己的社交媒体账户时，他们就开始争抢粉丝求点赞。许多青少年都想以这种方式成为网红，但这只会强化他们的错误认知——地球在围着他们转。

与此同时，父母们得知，如今的孩子们大受身材歧视、饮食失调、网络霸凌和心理健康问题的困扰。于是，一心想着要对抗这些潜在问题的父母们便以各种方式赞美他们的孩子，说他们各方面都完美无缺。如实和准确的评价能让孩子明白自己是一个什么样的人，而空洞的夸奖和不切实际的赞扬却会让孩子感到不安。如果不能在健康自尊和病态自恋之间划清界限，父母就很容易把事情做过头。

过度补偿童年缺憾

对一些父母来说，一切围着孩子转其实是在补偿自己童年的缺失。出身贫寒的父亲很容易溺爱他的孩子，不让他们感到贫穷。或者，童年时总是觉得自己“不够好”的母亲可能会对孩子不吝赞美，以此来确保孩子自我感觉良好。

戴夫就是一个这样的例子。自打儿子纳撒尼尔出生那一刻起，戴夫就发誓要让他的童年比他自己的童年更幸福。戴夫小时候从未受到父亲的关注。他的父亲工作时间很长，大部分时间都不在家。就算父亲在家也对他不理不睬，因为他强烈认为，小孩子不需要被倾听。

戴夫不想让纳撒尼尔和他一样，在成长过程中经历被排斥和孤立无援的痛苦。所以，戴夫把所有的时间和精力都倾注在了孩子身上，想让孩子充分享有他自己小时候从未感受过的爱。戴夫为自己是这样一位亲力亲为的父亲而自豪。

但他万万没有想到，有一天，孩子的幼儿园老师找到他，说她对孩子在幼儿园的表现有些担心。纳撒尼尔总是欺负别的孩子，还经常不服管教。

第一次来找我治疗时，戴夫显得十分惊讶和内疚。他走进我的诊室，张口就说："我觉得自己太失败了。我竭尽所能只想让孩子成为一个快乐、内心幸福的人。可现在看来，我连这一点都没有做到。"

戴夫知道他父亲做得不称职。所以他想，如果他与父亲所做的正好相反，那他当然就是一个好父亲了。他没想到的是，养育不足和养育过度都有问题，适度才是最好的。问题的关键是，这里的适度到底指什么。

他必须明白，孩子表现不好并不意味着他是一位"坏"父亲。这只是说明，孩子需要更多的支持。而且，他必须承认，更多的支持意味着要订立更多的规矩，犯了错就要让他承担后果，而不是总享有无穷无尽的关注。

一切围着孩子转会让他变得以自我为中心

婴儿认为自己一睡着，这个世界就会停止运转，而在他们醒来的那一刻，所有人又都会迎来新的一天。在特定时期，这种以自我为中心看待世界的方式是儿童的正常发育表现。但是，如果你一直在向孩子传递相同的信息，他就永远都不会知道，世界要比他自身大得多。

以布里塔妮为例，她父母围着她团团转，不管她要什么、什么时候要，都统统满足她，这导致她形成了一种病态的自大情结。这使她交不到朋友，其他孩子都认为她很坏。

虚夸的自信导致孩子充满敌意

如果你夸一个 5 岁的孩子“你是数学天才”或“你是全世界最漂亮的女孩”，他可能会信以为真，但是总有一天，他会发现别人未必认同。

如果在孩子的成长过程中，你总夸他是天底下篮球打得最好的人，但他并没有入选全明星队，这时他就会琢磨，为什么你的说法和事实对不上。想来想去，他未必会认为你的说法不准确，他更可能断定是其他人有眼无珠。因此，他可能会说：“我没有入选是因为教练太笨！”或者：“其他小孩能入选是因为教练可怜他们。”

佛罗里达大学 2012 年的一项研究发现，在面对批评的时候，自认为是宇宙中心的孩子更容易表现出攻击性。一听到不入耳的话，他们就可能恶语相向，责怪他人。

对赞美的渴求是个无底洞

很多父母都对我说："世事艰难。我要努力提高他的自信，不然他就会被这个世界打垮。"但他们的做法无非是给予名不副实、过分夸张的赞美。

你也许会对孩子说，他是学校里最聪明的孩子，或者，他的吉他演奏是你听过的最动听的，但这么做并不会像你想象的那样增强他的自信。事实上，过分的表扬会让孩子形成自大心理。这很可能导致恶性循环，孩子的要求不断升级，渴望更强烈的赞赏和关注。他们永远不会满足，只会拼命获取更多的外部认可。

孩子以自我为中心会导致下面这些问题：

- 共情力减弱。当孩子们认为他们的感受最重要时，他们就不可能再去考虑别人的感受。
- 长期的不满。当孩子们能轻易得到他们想要的任何东西时，他们就不会珍惜任何东西。
- 缺乏耐心。衣来伸手、饭来张口的孩子认为自己想要什么就该得到，不需要付出任何努力。
- 讨人嫌。当孩子们认为他们就是一切时，他们就会变得易怒、专横和苛刻。
- 期待即时满足。他们期待的是心想就要事成，不容片刻耽搁。

以自我为中心的儿童会成长为自恋的成年人

过去，人们普遍认为，过分自信并渴求赞美的自恋心理是由父母冷漠的成长环境造成的。后来有研究证明，事实恰好相反。父母对孩子的“过分褒奖”会让孩子形成一种自大感，这样的孩子长大后更容易成为自恋的人。

自恋有什么问题呢？首先，自恋的成年人并不快乐。他们说自己感觉空虚，自己对赞美的渴望永远无法得到满足。他们的自私使他们无法与他人维持融洽的关系。

内心强大的人往往对自己所拥有的东西心存感激，但自恋的人却恰好相反，他们总认为这个世界亏欠他们。他们对身边的人怀有敌意，总觉得自己得不到应有的关注、赞赏和权利。

怎么做才好？

以汤姆和卡罗尔为例，他们的女儿布里塔妮被宠坏了，她认为她想要的都是她应得的。要想改变她的看法，汤姆和卡罗尔就必须彻底改变养育方式，不能再把满足布里塔妮的愿望当作他们生活中的头等大事，他们不能再给她特殊待遇。

让你的孩子多想想他能给予什么，而不只是他能从别人那里得到什么。不要让孩子认为，世界会围着他转，并用正确的观念取代错误的观念：

- 以与人为善替代自私自利
- 以感激之情替代理所当然
- 以正常自尊替代病态自恋
- 以谦卑有礼替代狂妄自大

给予由衷的赞美和喜爱

比利 8 岁了，他总在学校调皮捣蛋，于是被父母带到了治疗中心。老师说他扰乱课堂秩序，很难跟其他孩子正常相处。对他来说，胡作非为是家常便饭。

第一次治疗时，就在我提问的过程中，比利的妈妈从包里拿出了一副耳机，并把自己的手机递给了比利，让他去玩他最喜欢的赛车游戏。等他戴上耳塞，全神贯注地玩起游戏之后，比利的妈妈才压低声音说："我很确定他之所以无理取闹，是因为他语言能力不好，这让他心烦意乱。"过去几年间，比利一直在接受语言障碍矫正，虽然有些进步，但他说的一些词句仍然非常难懂。

当我问及孩子有什么优点时，比利的妈妈示意他停止玩游戏，让他听大人讲话。等她确认比利准备好后，她才说："噢，比利擅长很多事情，是不是啊，比利？"他点了点头，笑了笑，开始听妈妈列举他的各项非凡才能。

"首先，他是我见过的跑得最快的人！他可以毫不费力地把足球从球场的一端踢到另一端。他也非常聪明，在幼儿园里数学就学得很好了。”

他的父亲插话说：“他对机械特别感兴趣。他喜欢把东西拆开，看里面是怎么工作的。然后，他再把零件重新组装起来，装得比拆之前还好用。几天前，他拆开了我的手表，然后又重新装了回去。”

话音未落，比利的母亲紧接着继续列举比利的惊人成就……他们对比利赞不绝口。

做父母的能张口就说出孩子的长处真的不易，因为有些时候，一说到行为不端的孩子有哪些优点，父母就会哑口无言。但是，比利父母对自己孩子的非凡技能的赞不绝口，却让我明白了比利的问题所在。

比利的行为问题并非来自由语言障碍所导致的自尊严重受损。相反，他胡闹的原因是，他认为自己比其他孩子高出一等。

比利的父母非常害怕他会因为语言障碍而被嘲笑，因此试图用大量的赞美来补偿他。不幸的是，他们往往会夸大其词。很明显，比利的自大情结使得他很难交到朋友。

比利的父母必须承认现实，对比利实话实说。他们不能凡事都说他太了不起了。他们还必须明白，他们可以和他开诚布公地谈论他的语言障碍问题，没什么可隐瞒的。他已经治疗了多年，公开谈论这个问题可以确保他不会为此感到羞耻。

许多父母都会犯和比利的父母一样的错误。他们表扬孩子的唯一目的就是提高他们的自尊心。不幸的是，过分夸张和言不由衷的赞美会造成更大的伤害。

如果赞美能完善一个人的性格，那当然是可取的。如果它让孩子自我膨胀，极度自负，那就是有害的。哪些赞美孩子的方式可取，哪些不可取呢？请看下面几个例子：

1. 赞扬富于同情心的行为。

指出善意的行为，让你的孩子明白尊重他人是很重要的。强调他的善良如何影响他人，而不是一个人做了一件好事会有多么伟大。这样一来，即使没有你的称赞，他也会乐于帮助他人。

情境：你的孩子把零食分享给他的一个朋友。

不可取的赞扬：“你是天底下最大方的孩子！”

可取的赞扬：“你把零食分给你的朋友吃真是太好了。你看，你这么做了以后，他多开心啊。”

2. 赞扬孩子做出的努力而不是结果。

无论是你的孩子在一场篮球赛中得了 10 分，还是他上了光荣榜，赞美他的成功会让孩子认为他需要成就卓著才能得到你的认可。赞美他的努力和态度，他会发现你更看重勤奋而不是成绩。

情境：你的孩子数学考试得了 100 分。

不可取的赞扬：“都答对了，你真棒！”

可取的赞扬：“你今年学习很刻苦。你的努力得到了回报！”

3. 赞扬孩子能控制的事情。

赞美孩子的先天特质，比如她有多漂亮或她有多聪明，毫无益处，因为这些都是她所无法控制的。你应该称赞她所做的事，而不是她这个人本身。

情境：你的孩子在足球赛中进了一个球。

不可取的赞扬：“你真是一个伟大的运动员！”

可取的赞扬：“你今天在场上真的很努力。我看得出你拼尽全力了。”

善待孩子，但不要把孩子当成贵宾

在我的诊室里，我遇到过很多重组家庭，他们深受各种理不清道不明的家庭问题的困扰。马特和现任妻子艾莉森也不例外。马特和前妻的女儿——8 岁的基拉——经常会在周末到他们家去。

马特和艾莉森不觉得他们跟基拉很亲近。马特说：“我只能在周末见到她，所以我们不可能保持正常的父女关系。虽然艾莉森已经跟我在一起 3 年了，但她跟基拉也不怎么亲近。”

马特说，他们很喜欢孩子来他们家里，但他也表示他们之间没有那些亲子日常，比如写写作业和练练垒球。艾莉森也表示他们和基拉的关系相当正式。

他们解释说，他们每次都会绞尽脑汁安排好玩的活动。几乎每次她来，他们都会逛公园，看电影，去餐馆吃饭，玩游戏。然而，他们还是觉得基拉不能向他们敞开心扉。

我问他们，假定基拉每天都和他们住在一起，那么周末的活动会不会有所不同。他们说，如果是那样的话，他们多半会在周末放松一下，处理点杂务，收拾房间。

我问他们，为什么现在不和她一起这样过周末，马特回应说："因为我们和她在一起的时间很有限，所以不想把时间浪费在无关紧要的事情上。"当然，这种想法是可以理解的。但是只要他们把基拉当成特别的客人，而不是他们的女儿，他们就不可能和她有正常的关系。

他们每到周末都为她铺上红地毯，把她看作他们周末生活的全部。她想做什么，他们就做什么。难怪她和他们在一起感到不自在。

他们同意开始把她当作家庭成员那样来对待，而不是贵客。慢慢地，几个星期过后，他们的周末开始变得相对平常了。他们去杂货店买东西，在家做饭，居家方式跟平常没什么两样。虽然他们仍然陪着基拉，但重点已经不再是千方百计讨她欢心。

出乎他们意料的是，基拉对他们的转变没有丝毫怨言。相反，她似乎很乐意帮爸爸打扫车库，也喜欢跟继母去杂货店。她还会独自待在自己的房间里，这种情形从前是没有过的。马特和艾莉森意识到，她似乎感到更自在了。以前他们认为应该把注意力倾注在女儿身上，如今他们很高兴地发现，给女儿留些空间对她更好。

不管你的家庭是不是重组而来，不把孩子当作宇宙中心都会对你们之间的关系有好处。你要相信她愿意为自己的家贡献力量，以此来把她视作一个充满爱的、值得尊敬的家庭成员。当她能现实地看待别人该如何对待自己，以及自己该如何对待别人时，她就能与他人建立融洽的关系。

如何告诉孩子他不是宇宙的中心

有些孩子花费大量时间为慈善机构募捐或帮助境况不佳的人，另一些孩子则把闲暇用于考虑周六晚上穿什么。虽然你的孩子不必承担改变世界的重任，但你也要让他明白，这个世界不是在围绕他旋转，这很重要。努力把孩子培养成善良、有爱心的人，不仅要让他知道自己要什么，还要了解别人的需求。

对于布里塔妮这个被宠坏的独生女来说，她的父母必须向她表明，她不能想要什么就得到什么。他们得告诉她，她需要考虑别人的感受，需要学着以更能为社会所接受的方式来处理自己的情绪。

多替他人着想

孩子们很容易执着于自己对某件事的认识。你要告诉孩子，他的行为会影响他人，所以为人处事要考虑他人的感受，这很重要。

如果你的孩子伤害或冒犯了他人，你很容易一罚了之，并且告诫他下次要以礼待人。但是，如果孩子没有真正学会如何设身处地地为他人着想，他就很难给予他人更多的尊重。

因此，尽管问孩子“下次你的做法会有什么不同”能起到帮助作用，但更进一步，你还可以问一些能帮他思考自身行为如何影响他人的问题。如果孩子伤害了他人，你就要在实施惩罚的同时问他一些关乎他人感受的问题，然后再解除对他的惩罚。

问孩子下面这些问题：

- 想想你错在哪里？
- 你的所作所为怎么影响了别人？
- 如果你是那个人，你会怎么想？
- 你下次要怎么做？

如果孩子动手打了他的朋友，先让他闭门思过。惩罚过后，你要先让他站在对方的角度想清楚这件事，然后才能继续玩玩具。这里有一个例子：

父母：你做错了什么？

孩子：我打了埃弗里。

父母：你这么做对埃弗里有什么影响？

孩子：我弄疼了他的胳膊，也伤了他的心。

父母：嗯，没错。如果你是埃弗里，你会怎么想？

孩子：我会很生气。

父母：下次你怎么做才能不伤害埃弗里呢?

孩子：我会告诉你，他把我的玩具拿走了。

父母：嗯，这个想法不错，这样你就不会伤害埃弗里了。

练习的重点应当是帮助孩子更多地考虑他将来如何尊重他人，而不是如何避免惩罚。每当孩子犯错，你都要认真跟他交谈，以此来提醒他，不要忽略别人的感受。

教孩子学会感恩

如果孩子对他已有的东西心存感激，他就不会缠着你索取更多的关注、更多的欣赏和更多的物质。教孩子学会感恩有很多好处，包括提高生活满意度，减弱嫉妒心，降低物欲和改善消极情绪。

对生活充满感恩，时刻表达自己的感激之情，即使是一些简单的事物，比如滋润植物的雨水、给你温暖的阳光。要让孩子看到，生活中时时处处都存在值得感恩的事情。

以下是教孩子学会感恩的几种做法：

- 每日感恩。临睡前问孩子：“今天有哪两件事让你觉得很感激？”或者，一家人围坐在桌前吃晚餐时，轮流说说今天有什么值得感激的事，并养成习惯。
- 设置一个感恩罐或感恩板。轮流写下让自己感激的事，放在罐子里或贴在板子上。随着这类记录越来越多，全家人都会发现，原来生活中有那么多美好的事物。

- 鼓励孩子写感恩日记。研究者发现，每天写一篇感恩日记可以显著提高孩子的情感和社交能力。鼓励孩子开始写简单的感恩日记，每天列出令他心怀感激的3个理由。

承认其他可能性

孩子们认为世界在某种程度上以他们为中心是很正常的。有时，你的孩子会坚持认为，别人做的事总是跟他有关。如果你注意到孩子有这种倾向，就要告诉他，事情还有其他可能性。这里有一个例子：

孩子：伊娃一定是生我的气了。她一直没回我的短信。

父母：这是她没有回复你的唯一原因吗？

孩子：是的，她平时总是及时回复。

父母：也许她在做什么事，不能带手机？

孩子：不会吧？

父母：或者，她的手机没电了？或者她遇到了麻烦，手机被人拿走了。她没有回复的原因还有别的吗？

孩子：也许吧。她也可能是睡着了。

父母：对呀。虽然她生气是一种可能，但我觉得，她没有回你短信的原因还有成百上千个。

要知道，人们很容易设想，别人的选择或多或少与我们有关。你要找机会不动声色地提醒孩子，别人有他们自己的事情和生活，不会围着他打转。如果你能帮孩子对他人形成现实的期待，引导他换个角度看待问题，他将来就能更从容地应对现实世界了。

培养学龄前儿童的共情力

虽然共情力是一个复杂的概念，但是学前阶段是你开始教孩子考虑他人的感受的绝佳机会。最有助于培养孩子共情力的做法之一，就是对你的孩子表现出共情力。

如果你的孩子磕破了膝盖，号啕大哭，你就可以这样说：“看到你受了伤，我很难过。膝盖受伤很疼吧？”当你抱他，亲他，为他包扎伤口时，你就是在以实际行动告诉他，你关心他的感受。

如果孩子有不好的感受，做法也类似。你可以说：“我知道你现在很害怕。”或者：“看到你难过，我也很难过。”你可以问他：“我们做点什么事才能让你的感觉好起来呢？”以此来共同解决问题。

用共情回应孩子的痛苦，能帮他学会感知他人的痛苦。看到有人需要帮助，他会更愿意积极介入，提供必要的支持。

教孩子认识一些基本的情感，比如快乐、生气、难过和害怕。在跟孩子说话时明确说出你的感受，例如：“我很高兴我们今天要去看望奶奶。”或者：“你感觉不舒服，这让我很难过。”指出其他人也有喜怒哀乐。当你看到一个孩子在哭泣，你可以说：“那个男孩有些伤心。”或者：“因为不得不回家，那个小女孩变得很生气。”

研究表明，谈论故事中的情感内容可以提高儿童的情感理解力。意大利的米兰比可卡大学曾进行过一项研究，参加实验的孩子们被分成两组，一组画出他们所读到的内容，另一组讨论故事中人物的情绪。两个月后，第二组的孩子表现出了更好的情感理解力和共情力。

陪孩子读书或看电视也是很好的时机，你可以中途停下来，跟孩子谈谈书里或电视里的某个人物可能有什么样的感受。你可以问孩子：“你怎么知道他发火了？”或者：“你为什么觉得他很难过？”教孩子识别表达感受的肢体语言和话语暗示，并清楚地说出它们表达的是哪种情绪，能帮助孩子更好地理解他人的感受。

如果你真的想帮助孩子拥有共情力，你可以让孩子模仿他人的感受。研究者发现，模仿面部表情能使与特定情绪相关联的脑区发生变化。做出悲伤或愤怒的表情甚至可以改变你的心率、皮肤导电性和体温。

如果你让孩子模仿别人的感受，他就会对别人的情绪有更多的了解。你可以告诉他：“给我看看，你打埃弗里的时候，他是什么表情。”当孩子通过皱眉或垂下头努力做出难过的表情时，他实际上真的会感到难过。

你也可以用同样的方式让孩子知道，他与人为善的行为将在别人那里产生怎样的积极影响。你可以对他说：“给我看看，你给奶奶画画的时候，她是什么表情。”当孩子微笑时，他就会感到快乐，并意识到他的行为对他人的影响。

教学龄儿童帮助他人

如果你的孩子拒绝吃西蓝花，不要告诉他世界上有些挨饿的孩子巴不得能吃到这种食物，因为这种逻辑不大可能让孩子萌生对食不果腹的孩子的同情。但是，全家出动去食品分发处做志愿者倒是更能让他了解他人的处境。

当过志愿者的孩子更容易理解他人的感受。此外，参与社区服务项目也能让孩子们体会到某种意义和使命感。儿时做过志愿者的孩子，更可能在青少年和整个成年时期做志愿工作。

如果孩子积极参与志愿者工作，他就会发现其他人有困难，从而更多地考虑如何帮助他人和社区，而不是一味要求满足自己的所有需求。

尽可能让孩子参与实际的活动，而不是给某个在线慈善机构募捐或者把钱寄给某个第三世界国家。你的学龄孩子可以在你的帮助下参加以下志愿者活动：

- 照顾邻居家的院子（帮年迈的邻居铲土或帮某位单亲妈妈修整草坪）。
- 去施粥处帮忙分发食物。
- 为无家可归者制作护理包，并捐赠给收容所。
- 去动物收容所做志愿者。
- 为养老院或儿童医院制作卡片或小礼物。
- 参与社区清洁活动。

告诉孩子，他可以做很多事来让这个世界变得有所不同。如果在孩子眼中，他是一个能给他人带去快乐的人，他就不会整天琢磨着让整个世界来满足他的愿望和需求了。

告诉青少年，世界很大

今天的社会环境鼓励年轻人用自拍和个性化视频在社交媒体上展示他们的点滴生活。在这一风潮下，教导青少年不要过度关注自己确实不太容易。要想让孩子认识到，这个世界除了他之外还有无穷无尽的东西，一个关键的做法就是激发他的敬畏心。

加州大学伯克利分校的研究者发现，敬畏感不仅提供了一个看待世界的全新视角，同时也有助于我们看清自己在其中所处的位置。敬畏心让我们发现了自己的渺小以及宇宙的广阔。

当你家十几岁的孩子感到敬畏时，他会觉得自己与周围的世界紧密相连。与此同时，他也会发现自己不是宇宙的中心。

敬畏感十分强大，它甚至会引发你身体的生理反应。当你眺望壮美的大峡谷，或在云淡风轻的夜晚仰望星空时，你会起一身鸡皮疙瘩。那是因为，敬畏感激活了你的交感神经系统，导致皮肤下面的肌肉收缩，使毛发直立起来。这是非常强大的力量。

那么，你怎样才能唤起少男少女的敬畏之情呢？无论是壮观的山脉还是浩瀚的大海，自然奇观都能唤起人们的敬畏之情，但并不是所有人都对同样的事物感到敬畏。

因此，有的孩子会因为在湖中划独木舟而深受触动，有的孩子却会在身处博物馆盯着雷克斯暴龙的骨架时心生敬畏。所以，重要的是找到能让你的孩子产生敬畏的事物。好在你不必为了激发孩子的敬畏心而去满世界奔走。

看书中的图片或观看科普影片也可能让人产生敬畏感。如果自然景观无法打动你的孩子，不要担心。对于一些孩子来说，听到现实生活中一些人的了不起的善行或战胜逆境的壮举也能激发他们的敬畏之心。

只有正视自己的地位，才会努力让世界变得更美好

每年，“保德信社区精神奖”都会表彰在社区志愿服务中表现杰出的少年儿童。其中，许多孩子都完成了在成年人看来不可能做到的事情。

2016 年的获奖名单中有凯拉·阿布拉莫维茨，14 岁，来自佛罗里达州北棕榈滩。她创办了一个名为“凯拉心系儿童”的非营利组织。她为全美 50 个州的医院和麦当劳叔叔之家征集了 1 万多张光盘、大量书籍等物品。

格雷丝·戴维斯，11 岁，来自肯塔基州路易斯维尔。她为早产婴儿募集了超过 14 万美元。刚上五年级的时候，格雷丝就向她所在社区的学生们分发存钱罐，鼓励他们把存钱罐装满。

杰克逊·西尔弗曼，10 岁，来自南卡罗来纳州查尔斯顿。他设

法为吃不饱饭的孩子们提供周末午餐。他说服了当地一家食物救济机构来帮他开展一项青年志愿者计划，该计划已派发了超过 1.4 万份午餐。

很多孩子都在做出各种努力来让世界变得更美好。但是，如果他们把自己视为宇宙中心，他们就不可能做这样的事情。

内心强大的人不认为这个世界亏欠他们。他们更关注给予，而不是索取。而且，他们认为自己有能力为这个世界创造积极的改变。他们不会说“应该有人为此做点什么”，而是把自己看作能够做出改变的人。如果在孩子成长的过程中，你能让他知道，他只是和其他人一样，他就会成为更加善良而富有同情心的人，成为努力让世界变得更美好的人。

常见问题与陷阱

不要觉得你给孩子越多，你就会成为更好的父母。也不要以为，你给孩子越多，他就会给别人越多。这些策略只会适得其反。

设法和你的孩子谈谈，他能给予什么，而不仅仅是他想要得到什么。因此，与其谈论他想在未来的职业生涯中赚多少钱，不如问问他希望为社会做些什么。或者，与其把注意力集中在他想在节日里得到什么礼物上，不如把他想给别人的东西列一个清单。

另一个常见的问题是，父母把所有时间都花在陪孩子上。孩子的课外活动能让你的业余时间过得非常充实，但不要把你每一分每一秒的时间都用来给孩子当司机、啦啦队队员和游戏策划师。

给自己留出一些时间，做一些与孩子无关的活动才是正常的生活。偶尔给自己放个假，不带孩子出去度周末，或者把健身列为自己生活中的头等大事，让孩子看到你有自己的生活是一件很美好的事情。

最后，不要坚持让孩子去挑战规则。明知孩子不够格，却还要缠着乐队指挥让他加入乐队；或者，明知孩子错过了训练，却还要恳求教练允许他上场比赛。这些做法都只会让你的孩子觉得，他是有特权的人。

让你的孩子像其他人一样遵守规则和约定。不管你认为规则是否公平，你都要提醒自己，让孩子遵守规则会让他知道，他跟其他人是一样的。

有帮助的做法

- 给予真诚的赞美。
- 唤起敬畏心。
- 全家一起去做志愿者。
- 每日感恩。
- 培养共情力。
- 帮助孩子学会设身处地地想问题。

没有帮助的做法

- 给予言过其实的赞美。
- 给孩子特殊待遇。
- 强调孩子的成功而非他的努力。
- 坚持认为孩子不需要服从任何规则。
- 让你的全部生活围着孩子打转。

第 4 章

他们绝不让恐惧支配自己的选择

安娜担心她12岁的女儿佐伊的行为失控，便带她来做心理治疗。“你看看她的头发！她没征得我同意就去染了发。”她指着女儿明显染成了金色的头发说。

安娜的丈夫保罗工作很忙，于是作为全职妈妈，安娜承担了佐伊和另外4个更小的孩子的大部分养育职责。安娜说，她平时在家里“管得很严”，就是为了不让孩子们随便出去，防止他们做这样出格的事情。“我让她去朋友家只待了几个小时，结果她就这样回来了。这说明我们需要对她更加严格，因为我们没法再信任她。”她说。

不过，安娜所描述的那些家规，倒是佐证了她“管得很严”的说法。在她的严厉管教下，家里更像是一个新兵训练营，而不是适合孩子生活的家。

对佐伊和她的弟弟妹妹们来说，几乎每一天的每一分钟都是事先计划好的。安娜确保佐伊每晚不多不少睡9个小时。她监督孩子们锻炼身体，并确保运动达到专家所建议的每天60分钟。安娜描述了她为孩子健康所采取的其他措施，比如给他们吃有机食品，确保所有人在公共场合使用洗手液。“你永远不知道你会染上什么病菌！”她大声说道。

除了“锻炼时间”，孩子们每天还有两小时的学习和作业时间。他们有一大堆事情要做，每天只能花30分钟看益智电视节目，因为她认为，花在电视上的时间太多，“对他们的眼睛很不好，对他们的大脑更不好”。

安娜很少允许孩子去朋友家玩，但是这次，佐伊不仅去了朋友家，还染了头发，于是安娜明确表示，佐伊将来不能再去她的朋友家了。

但安娜担心，这种“叛逆行为”可能意味着更深层次的问题。除了担心佐伊头发里含有“有毒化学物质”之外，安娜还认为，佐伊可能过分在意自己的外表，或者存在心理问题。安娜设想，佐伊把头发染成金色意味着她对自己不满意，于是她带佐伊来做心理治疗。

虽然安娜曾希望通过治疗能把佐伊“治好”，但佐伊没有任何问题。相反，我建议安娜改变她的养育方式。

真正的问题似乎是：

1. 安娜的规定过于死板。这种严格的规定和时间表可能会抑制佐伊的发育。
2. 她把孩子的正常行为当作加强管教的证据。她认为，所有违反规定的行为都是孩子们“失控”的证据。

我的建议包括：

1. 了解儿童发育特点。安娜必须首先改变她的思维模式，然后才有可能真正改变现状。我给她列出了一些阅读资料，以此来深入了解佐伊的需求，以及适度管教的重要性。
2. 安排空闲时间。佐伊需要一点时间去创造、探索，去展现一个孩子原本的样子，这意味着不能对她有太多束缚。我建议安娜每天至少安排一个小时让佐伊自由支配。
3. 让佐伊有机会自己做选择。佐伊需要一点时间学习如何在没有妈妈安排和建议的条件下做出正确的选择，独立解决问题。让她做些小决定，比如先做家庭作业还是先做杂务，这么做能安全地培养她的独立性。
4. 放宽一些规定。对安娜来说，很重要的一点是，允许佐伊某天晚上睡得晚一点或者偶尔让她吃点甜食没什么大不了。

安娜不愿放弃她的一些规矩。她担心一旦稍有放松，孩子们就会得寸进尺，最终一发不可收拾。事无巨细地管理孩子们的生活让她觉得自己似乎有了更多的控制力，也让她的焦虑得以减轻。

因此，对这个家庭的治疗内容之一是帮助安娜学习管理焦虑的技能。一旦她意识到自己能够忍受不确定性，她就能做出对孩子成长有利，而不是对减轻她的焦虑有利的养育选择。

让安娜松了一口气的是，稍稍放松管教后孩子并没有变得无法无天。事实上，当她给了佐伊一点自由的时候，佐伊受到鼓舞，反倒要极力证明她能负起责任，以便继续获得更多的自由。

你的育儿选择有多少出自恐惧？

如今，抚养孩子的确令人担惊受怕。但是，如果你让恐惧支配你的选择，你的孩子就很可能会承担不良后果。下面这些陈述听起来像你吗？

◎ 我竭尽全力确保孩子不感到害怕。

◎ 我在很多时候都过度保护我的孩子。

◎ 我比大多数父母都更担心孩子。

◎ 我很少允许我的孩子离开我去任何地方或做任何事情。

◎ 我不允许我的孩子做很多事情，因为我担心他会在身体或情感上受到伤害。

◎ 我认为我的工作是防止我的孩子被批评。

◎ 我投入大量精力去思考我的孩子可能经历的最糟糕的情况。

◎ 如果孩子感到害怕，我就冲上去救他。

◎ 我花更多的精力安抚孩子，而不是教他如何减轻自己的恐惧。

◎ 我的大部分精力都花在减少孩子可能面临的各种风险上。

为什么父母会担心？

为了缓解自己的焦虑，安娜制定了严格的规则。她严格安排孩子们的日程，并限制他们的活动。虽然初衷是好的，但她对孩子的养育更像是在缓解她自己的焦虑，而不是做对孩子最有利的事。

作为父母，谨慎行事可能会让你感到安全和舒适。毕竟，就算你因为不认识孩子朋友的父母就不让他去参加那个朋友的生日聚会，你的孩子也不会就此留下持续一生的创伤。但有时候，你的养育决定可能更多是为了缓解自己的压力，而不是做对孩子最有益处的事。

每天都听到坏消息

不论是浏览社交媒体，还是看当地新闻，你都很可能见到自然灾害、暴力犯罪和疾病蔓延的报道。有时候，你甚至会见到关于绑架孩子或大规模枪击事件的新闻。听到这些事情会让你觉得世风日下，如果你不小心，你的家庭也可能遭受同样的厄运。

罗伯特·伍德·约翰逊基金会在 2014 年的一项调查中发现，40% 的美国人因为阅读、收听或观看新闻而备感压力。最终，由新闻而引发的焦虑会改变一些人养育子女的方式。桑迪·胡克小学枪击案发生后，我治疗的一位母亲把她的孩子转到了私立学校，因为“公立学校不再安全了”。另一家人每周花好几个小时讨论如何在家上学，因为他们不想“让孩子处于危险之中”。

但从数据上看，你的孩子在上学途中死于车祸的风险可比死于校园枪击的风险要高得多。不过，也难怪这些父母心惊胆战，尽管暴力犯罪在过去几十年里有所减少，但媒体铺天盖地的报道确实让人觉得，这个世界比以往任何时候都更加危险。

父母很难意识到真正的危险

2008 年，莉诺·斯科纳兹允许她 9 岁的儿子独自乘坐纽约地铁回家。结果，他带着一点钱和一张地铁卡，毫发无损地到了家。

当她在《纽约太阳报》上发表了关于儿子冒险经历的文章时，愤怒的父母们指责她把儿子置于危险之中。很快，她就被斥为“世上最糟糕的妈妈”，世界各地的媒体、心理学家和育儿专家都对她养育子女的能力指指点点。

如此强烈的反应促使她发起了“放养孩子运动”，提倡父母给予孩子更多自由。她争辩说，如今的孩子生活环境更安全，且他们的能力远远超过大多数父母的想象。

这位妈妈并不是唯一一位因为给孩子太多自由而上了新闻头条的父母。2014 年，南卡罗来纳州的一位母亲因为将 9 岁的女儿留在公园，而自己却去附近的一家快餐店上班而被捕。另一些新闻头条报道了有儿童独自行走或被单独留在车里的情形。

这类标题引发了许多关于儿童安全和最佳育儿实践的讨论。让一个蹒跚学步的孩子独自坐在闷热的汽车里显然不妥当，但假如气温只有 10 摄氏度，父母把一个 7 岁的孩子留在车里，自己跑去加油站便利店仅仅两分钟呢？

关于养育健康孩子的建议令人目不暇接。有网站警告说，湖泊里可能充满了吃人大脑的阿米巴原虫，而另一个健康类网站警告说，在手腕上绑个发带可能会导致危及生命的感染。尽管这些风险微乎其微，但听到如此极端的警告，依然会让你对自己的育儿选择产生怀疑。

你是第一代动动手指就能搜索到任何事情的父母之一。你不再需要从医学词典里查找关于孩子身上的奇怪疹子的一小条解释，而是会在网上搜索到数百页的信息、推断和病例。在短短几分钟内，你就可能会被引导着做出判断——这一小块红色的皮肤可能是一种致命的皮肤癌。

没完没了的育儿提醒、贩卖恐惧和制造轰动，很容易让你沦为一个育儿抑郁症患者。

基于恐惧的养育方式会让孩子对这个世界充满焦虑

在安娜军事化教养孩子的案例中，她的目标是在任何时候都保持对一切的完全控制。她把孩子们的活动细分到无以复加的程度。她根本不知道，过度的控制会阻碍孩子的成长。

即使你没有把家变成新兵训练营，你也会有一些基于恐惧的教养方式。一不小心，你试图减轻自己焦虑的做法就可能导致你做出失败的育儿决策。

基于恐惧的养育方式会导致糟糕的决策

当你诚惶诚恐地养育子女时，你就无法为孩子做出最好的决策。当恐惧支配着父母的育儿策略时，他们最常做的事情是：

- 过分保护。当父母担惊受怕时，他们就会抑制孩子的活动。他们限制了孩子创造、探索和体验多彩童年的能力。
- 横加干预。他们经常事无巨细地干预孩子的每一件事情，强行加入自己的意见，即使这么做毫无必要。
- 避免不适。他们做育儿决定的依据是什么样的选择最不容易引发焦虑，而不是什么样的选择从长远看对孩子最有益。

阿普丽尔曾经因为焦虑困扰而来找我做心理治疗，她的身上就体现了上述的所有坏习惯。她小时候遭遇过一次痛苦的变故——她的弟弟在河里淹死了。现在，已经做了母亲的她也怕自己的孩子会淹死。

为了确保孩子们的安全，她总是围绕在孩子们左右，从不允许他们靠近海滩、湖泊或游泳池。她的想法是，只要孩子们永远不接近深水域，他们就不可能遭遇与她弟弟同样的命运。

有一天，7 岁的儿子去找邻居家的小朋友，他们本该在朋友的房间里一起玩，结果他跑到了室外，不知怎么掉进了邻居家的游泳池。糟糕的是，他还不会游泳。万幸的是，邻居听到他在水里扑腾，赶紧跑出来救了他。但阿普丽尔的精神因为这件事再度遭受了创伤。

她的本能反应是给予孩子们更多的保护。很久之后，她才意识到，她千方百计让孩子们远离任何水域的做法实际上让他们面临了更大的溺水风险。要想真正确保他们安全，她就要教孩子们学会游泳。

遗憾的是，像阿普丽尔这样的父母太多了。他们把精力放在了错误的地方。他们不去教孩子们必要的安全技能，而是设法让他们回避一切可能遭遇危险的事情。但是，你不可能永远让孩子远离可能的伤害。与假设你总能保护他们相比，更好的做法是让孩子具备应对危险境况的能力。

恐惧会传染

我在我的诊室里放置了各种各样的玩具。孩子们并不知道，这些玩具实际上是帮助我评估、诊断和治疗心理问题的工具。幼儿无法用语言表达他们的病态思维或描述他们的核心信念，但他们玩玩具的过程却可以告诉我，他们是如何看待世界的。

孩子们很喜欢玩玩具农舍和各种小动物。有些动物是典型的农场动物——猪、羊、牛和马，但也有看起来很危险的恐龙和像是在寻找食物的狼。

那些觉得外面的世界很安全的孩子会用围栏把捕食动物圈起

来。他们可能会说："霸王龙只能待在这里，我们必须把这些坏动物关起来。"

那些认为外面的世界很可怕的孩子会把家畜圈起来。孩子们可能会说："小猪，我必须把你关在栅栏里，因为我不想让你被大坏蛋们吃掉。"于是，食肉动物就可以随意游荡了。

通过这一情景，我可以大致了解他们的核心信念。他们是否认为世界本来就是一个好地方，只是需要把几个"坏东西"关起来？还是说，他们觉得世界很可怕，需要把"好人"和外面的世界隔开才安全？不管怎样，孩子们对外部世界的观念都源自他们自身的经历。

心理学家早就知道，父母的恐惧会遗传给孩子。父母得了焦虑症，孩子往往也会患上相同的疾病。

几十年来，大多数研究者都认为，焦虑只能通过基因传递。但是，约翰·霍普金斯大学医学院在 2010 年对同卵双胞胎所做的一项研究表明，事实并非如此——焦虑是一种可以习得的行为。

过度保护的父母之所以对孩子束手束脚，目的是确保他们的安全。但是，如果不让孩子经受困难，他们就无法学会自立，无法拥有成为健康、有责任心的成年人所需要的韧性。最终，父母试图缓解自己的焦虑，结果却导致孩子对他们过度依赖。

父母过度保护的后果之一，就是社会上涌现出大批回巢族[①]，这个群体主要是大学毕业生和 20 来岁的年轻人，他们又搬回了自己童年时的卧室。皮尤研究中心 2012 年的一项调查发现，在美国 18～34 岁的人群中，有 24% 的人会在某个时点回到家里与父母同住。

人们蜂拥回到父母家并不总是因为经济不景气、房租高和工资低。事实上，2015 年发表在《婚姻与家庭》杂志上的一项研究发现，经济问题并不是年轻人回家的主要原因。相反，大多数年轻人与父母同住的原因是，他们无法处理独立生活时所产生的情感痛苦。

研究者发现，许多年轻人并没有做好从青春期过渡到成年人的准备。找工作、从大学毕业、自己付账单，这些事对他们来说实在太难了。

他们当中的一些人采取了有害的应对方式，比如酗酒。另一些人则出现了心理问题，比如焦虑症和抑郁症。

对成人世界的准备不足并非美国所独有。2015 年在英国进行的一项调查发现，年轻人直到 29 岁才会“感觉”自己真的长大了。按照这些年轻人的说法，住在家里、玩电子游戏和看动画片是他们觉得自己没有长大的主要原因。

如果在成长过程中，孩子耳濡目染的是这个世界很可怕，他们

---

① 回巢族：当代西方社会用来描述年青一代的几种说法之一。被称为回巢族是因为他们在独自生活一段时间后，选择回到父母身边与他们共同生活。“回巢族”与父母共同生活的形式有很多种，可能是像未成年时那样高度依赖父母，也可能是高度自主且独立居住的状态。——译者注

需要不间断的保护，他们就没有机会来锻炼自己处理现实问题的能力。于是，他们当中的许多人回归童年时代的安乐窝的举动就变得可以理解了。

怎么做才好？

在安娜的案例里，她忙着确保佐伊遵循她制定的各种规则，却在大方向上发生了误判。她需要停下来反省，她应该教孩子掌握哪些技能，以及她应该采取哪些措施来帮助女儿成长为一个心智健全的成年人。

体育和军事领域有个说法，进攻是最好的防御。养育孩子也是这样。如果你想让孩子平安、健康地长大，你就不能把精力全部放在消除风险上。你要花些时间教孩子学习必要的安全技能。

想想你小时候是怎么活下来的

很难相信，我们对“危险”一词的认识发生了如此巨大的转变。几十年前司空见惯的事情现在却可能把父母们送进监狱。

美国强制使用安全带和幼儿安全座椅的时间并不长。但是，你敢想象你一边开车，一边让蹒跚学步的孩子在车里爬来爬去的情景吗？

哪怕十六七岁的孩子开车出去兜风时没带手机，他们的父母也多半会吓个半死。想想也是，假如情况紧急，孩子怎么跟你联系呢？此时此刻，大家似乎全然忘记了，我们当中的大多数小时候哪有手机啊，可我们还不是活得好好的？

花几分钟想想看，你小时候父母允许你做的那些事，要是换到今天，哪些会让你的父母坐牢，或者至少会被人举报给儿童保护机构。过去有许多事，人们都习以为常，可到了今天就会被认定为危害儿童或疏于看护。

回想一下，在没有马桶锁和插座盖的时代，你是怎么活过来的，这么做能帮助你正确看待当今这个过于注重安全的世界。想一想，有多少事情是你的父母允许你做的，而你却从未想过允许你的孩子去做。

权衡孩子面临的风险

记住，你的恐惧程度与实际危险程度无关。所以，即使有些事情让你觉得很可怕，也并不意味着它真的那么可怕。

那么，你如何决定你的孩子何时可以一个人待在家里呢？或者，你如何决定何时可以让孩子和他的朋友一起，去没有监护人陪伴的地方呢？先问自己下面这些问题：

- **我会对一个值得信赖的朋友作何建议？**如果其他父母问你："我应该让我的孩子这样做吗？"通常你的回应会更客观，没有那么情绪化，也更有逻辑性。所以，试着给自己一些建议，就像你给其他父母提建议一样。

- **事实是什么？**你要针对某个特定议题，尽可能多地了解相关信息。深入了解真实的危险水平和统计意义上的风险。
- **不让孩子这样做有什么风险？**你允许孩子做的任何事，都附带着一定的风险。但重要的是，你也要考虑不让你的孩子做某件事会带来什么样的风险。如果你凡事都说“不”，你的孩子就可能会欠缺社交能力，错过一些锻炼的时机，并且失去很多学习成为一个负责任的成年人所需的必要技能的机会。

当孩子说他想参加足球队，你的心就提到了嗓子眼的时候，或者，当孩子提出要去野外露营，你就立刻开始担惊受怕的时候，问问自己：“孩子究竟会面临多大的危险？”

关注安全，但不要过度

告诉孩子，他可以采取哪些措施来保护自己，这一点很重要。你应该告诉他，骑自行车要戴头盔，在海滩上玩耍要涂防晒霜，以及不要吃太多的糖。

但是，你的教育方式不同，效果也大不一样。不能仅仅因为你担心某件事，你就通过激发孩子的恐慌来“给他一个教训”。

2015 年，美国密苏里州的一家人就是这么做的，他们策划了一场绑架来警示孩子当心来自“陌生人的危险”。他们安排了一个朋友把孩子引诱到一辆卡车上并绑架了他。在被绑架的几个小时里，这个可怜的孩子一再被告知，他永远也见不到家人了。所幸，这些涉事的成年人最终都被抓了起来。

显然，他们有意让孩子感受生命遭遇威胁的做法越界了，给他一个“教训”的目的也没有达到。这是一个极端的例子，其实，想要教孩子认识外部世界的潜在危险，还有很多更恰当的方式。

你或许永远也不会用这种极端方式来教孩子注意安全，但你也要反思一下你用来鼓励孩子自我保护的方式方法，这很重要。给小孩看血腥的图片，吓唬他说这就是不戴头盔的后果，或者极力渲染“最恶劣的情形”，以此来威胁孩子别再咬指甲，这些都不是教他注意安全的良好方式。

你应该告诉孩子一些安全常识，并且制定一些有益健康的规则，比如“骑自行车要戴头盔，饭前要洗手”。

解释潜在的威胁时，你要把重点放在孩子怎样做才能保证安全上。不要说，“在商店里跟紧我，这样你就不会被绑架了”。而要问他：“如果你在商店里走丢了，你会怎么办？”你可以借助角色扮演和假想的情形，比如下面这个例子：

父母：如果有不认识的人把车停在你边上，让你帮他找小狗，你会怎么做？

孩子：我就说我不能帮他找。

父母：要是他说，你只需要上车待一会儿，然后很快放你下来呢？

孩子：我会告诉他，我爸妈不让我上陌生人的车。

父母：然后你会怎么做？

孩子：我会一直朝前走。

父母：如果他跟着你呢？

孩子：我会开始跑。

父母：你会向别人大声喊叫，让他们来帮你吗？

孩子：会，如果他还跟着，我就大声喊“救命”。

记住，我们关注的很多危险都不大可能发生。例如，在美国，每年大约只有 115 个孩子被陌生人绑架。与此相对应的是，每年有 203 900 个孩子被家族成员“绑架”。你会发现，与被陌生人绑架的思维定式相比，孩子被他认识的人所圈养的概率要高得多。

如何教孩子面对恐惧

安娜的军事化养育方式没能让佐伊自由发展她的自我认同感。安娜很幸运，佐伊宣示独立的方式只是染发而已。她完全有可能采取某种危险得多的方式宣示叛逆。安娜必须放松管教，好让佐伊有机会变得更加独立。

你要把宝贵的生活技能教给孩子，他需要这些技能来做出正确的选择。有时候，最好的生活课程是父母退后一步，给孩子自由来学会自立。

增加勇气，而非减少恐惧

任由恐惧来决定自己养育方式的父母会因为不想让孩子感到不适而阻碍孩子的成长。某位母亲可能会决定不送孩子去参加野外露营，因为她觉得“他会非常害怕”。或者，某位父亲可能会想：“我不该给女儿报名去打垒球，球队里的人她都不认识，心里肯定会很紧张。”

2012年发表在《家庭心理学》杂志上的一项研究表明，焦虑的父母在识别什么情形会导致孩子感到焦虑方面表现很差。他们错误地估计了孩子在面对困难时的反应，以为孩子会逃避困难的事情。同时，他们也对孩子接下来的表现做出了更多的消极预判。

因此，在外就餐时，如果孩子害羞，不敢跟服务生说话，有的父母就会替他点餐。或者，如果孩子不敢坐电梯，有的父母就会陪他走楼梯。

但是，这样的做法会传递错误的信息。他们会让孩子认为，他做不了他害怕的事情。而且，你为了减轻孩子的焦虑所做的迁就越多，孩子锻炼胆量的机会就越少，他也就越不可能克服恐惧。

你最不希望成长中的孩子认为你怀疑他的能力，你要坚持认为，“你可以做到”。让孩子相信他能行。

告诉孩子恐惧的好处

生活中随处可见“励志”招贴和语录，告诉人们如何消除所有的恐惧，但这些信息毫无营养。恐惧是一种自然而正常的情绪，它能保障孩子的安全。

适度恐惧是好事。假如孩子的朋友跟他打赌，鼓动他从悬崖上跳下去，或者迎着疾驰而来的车辆冲到马路中央，你肯定想让他意识到，他的恐惧是在警告他，那样做很危险。

告诉孩子，恐惧能帮助他。心跳加速、手心出汗可以让他做好应对可怕情形的准备。如果他被一只饥饿的狮子追赶，肾上腺素的激增将会帮助他迅速逃离。

但是，他的身体有时也会发出错误的警报，在不存在真实危险的情况下让他感受到恐惧。当他即将登台参加拼字比赛的那一刻，他的恐惧感可能会迅速飙升，那种感觉就像他要从悬崖边掉下去一样。于是他的身体就可能会按照面临生死存亡时的样子做出反应。

在孩子感到恐惧的时候，让他问自己："这是真的警报还是假的警报？"如果是假的警报，你就要鼓励他一步一步地面对恐惧。随着每一次成功经验的积累，他将逐渐相信自己有能力在不存在真实危险的情况下面对内心的恐惧。

描绘恐惧阶梯

直接接触是让孩子对恐惧脱敏的最好方法。帮助孩子识别他想克服的特定恐惧，然后想办法让他能够逐步面对这一恐惧。你可能需要采取很多步骤才能帮孩子实现他的目标，但你不能操之过急，每一步都要走得扎实，那么他就会对自己迈出下一步的能力逐渐树立起信心。

假如孩子不敢自己睡觉，你就可以描绘一幅恐惧阶梯，把他的目标写在最上面。然后找出他能够接受的实现目标的小步骤。它看起来可能会是这样：

- 睡在爸爸妈妈床边的床垫上。
- 把床垫移到爸爸妈妈房间的门口。
- 妈妈在我的房间里一直待到我在自己的床上睡着。
- 妈妈给我盖好被子，我开着夜灯在自己的房间里睡觉。

不要臆测这些小步骤的内容，你要了解孩子的想法，你觉得不那么可怕的事情可能在孩子看来并非如此。

你要让孩子体会一点不安，经过练习，他的恐惧感就会逐渐减弱。然后，你可以让他迈出下一步。一段时间之后，孩子会渐渐相信，他有能力一步一步向上走，最终克服恐惧心理。

教学龄前儿童初识恐惧

大多数学龄前儿童都经历过各种毫无道理的恐惧，比如床底下藏着某种怪物，或森林中有怪兽出没。然而，他们却不害怕父母警告他们要当心的事情，比如别在停车场里乱跑。他们还很难分清现实与虚构之间的区别，也不知道因果关系是怎么回事。

你不可能只靠动动嘴皮子，就能让你的孩子不再感到害怕，但你可以激发他的积极情绪来帮助他战胜恐惧。假如你家的 3 岁孩子确信衣橱里藏着一只怪兽，那就拿一支手电筒进去，在里面跟孩子一起看一本特别逗乐的书。这样一来，他看到衣橱就会联想到美好的感觉，不再会去想令他害怕的东西。

或者，如果他害怕打针，那就让去医院变成令人愉快的经历。出发前先去操场上玩一会儿，从医院出来后再犒劳他一下，他就会把“打针日”当成“开心的日子”。

教孩子在他感到害怕的时候觉察到这一点。你可以这样说：“我知道，你一个人在房间里关上灯会害怕。”仅仅得知你知道他害怕这一点也能帮他减轻一些恐惧。

教学龄儿童直面恐惧

学龄儿童也需要你跟他确认，感到害怕是很平常的事。当你的孩子说他不敢上台表演舞蹈时，你不要敷衍了事地说：“哦，你会没事的。”或者：“没什么大不了的，台下只有十几个人看。”相反，你可以说：“是的，有时候在别人面前表演是挺让人紧张的，但我知道你能做到。”

鼓励孩子每次都克服一点点恐惧。如果他不好意思跟陌生人交谈，那就教他如何保持目光接触和跟别人打招呼。或者，你也可以坚持让他在餐厅就餐时自己点饮料。让他知道，你相信他有足够的勇气去做，而且你会在一旁给他打气。

讲几个关于勇敢的人的故事，然后跟孩子聊聊什么是勇敢。此外，在现实生活中找几个勇敢的人，讲讲他们都做了什么。你也要乐于分享你自己的勇敢表现。

告诉孩子，你是怎么一点一点地克服恐惧的。你可以说："今天，我必须当着所有同事的面做报告。我特别紧张。我的心都快跳出来了，手也抖个不停！但是我一直在给自己打气，告诉自己肯定能行，必须鼓起勇气。我站在大家面前开始做报告，虽然心里非常紧张，但我觉得我做得很好。"

如果你的孩子是追星族，十分喜欢某位超级英雄，或者电影、图书、电视节目里的某个角色，你可以这样问他："如果那个大英雄感到害怕，他会怎么做？"这么做能帮助孩子变得勇敢一些。

教青少年接纳恐惧

由于大脑的各个部位发育速度不同，青少年的大脑有的部位已经发育成熟，有的部位还比较幼稚。这一点就体现在他们对危险的看法上。

十几岁的孩子一方面过分高估某些风险，一方面又对另一些风险视而不见。所以，如果看到孩子不敢邀请舞伴去参加高中毕业舞会，却敢骑车在车流中大胆穿行，你不必感到惊讶。

跟孩子谈谈风险，特别是可能被拒绝或遭遇尴尬的社交风险。确保孩子知道，虽然这些感受令人难过，但还是可以忍受。

让你的孩子逐渐适应，并以平常心对待难过的感受。你可以讲述自己曾感到尴尬或被拒绝的经历。但要小心不要拿自己与孩子做比较，比如，"很尴尬是不是？我在你这么大的时候……"你要谈谈你当时是如何面对痛苦感受的。

重点给孩子讲述被人拒绝或被团队排斥所带给你的人生启示。告诉孩子，因为害怕感情受挫而远离社会生活的做法可能会使生活索然无味。遇到陌生的人，尝试新鲜的事，这些都可能是让生活变得更加充实的关键。

很多时候，青少年会避免尝试新事物或将自己置身其中，因为他们怀疑自己是否有能力应对不适的感受。告诉你的孩子，一个人被拒绝恰好能证明他正在努力。鼓励他走出自己的舒适区，每天坚持向外迈出一小步。

青少年经常从别人那里寻求慰藉，想听别人说一切都会好起来，这些话能减轻他们的焦虑。既然你不可能一直守在孩子身边安慰他或给他打气，那就教他学会自我督导。当他说他为某件事感到紧张时，别不假思索地奉上贴心话。相反，你可以说：“你现在能对自己说点什么来帮你鼓起勇气吗？”

如果一个少年能提醒自己“我会好起来的”，或者“我已经竭尽全力了”，那就说明他已经做好了独自迎接挑战的准备。学会自我督导之后，他就能在感到害怕的时候减少对你的依赖，尽力独自面对。

此外，你一定要跟孩子谈谈安全风险。车祸是造成青少年死亡的头号杀手。但吓人的统计数据不一定能阻止你的孩子超速。但是，如果你告诉他，超速的后果很严重，可能会被吊销驾照、罚款，并毁掉那辆车，那他可能就要三思而行了。所以，你一定要告诉他眼前的危险和长期的潜在风险等任何能引发他共鸣的代价。

勇敢的孩子长大后会全盘衡量风险

萨万娜是最早搬来与我和史蒂夫同住的几个孩子之一。她刚跟我们住了几周，她的监护人就过来跟我们商量那年暑假的计划。学校很快就要放假了，她也没什么朋友，所以我们想确保她能在漫长的假期里参加尽可能多的社交活动。我们开动脑筋，探讨各种可行的方案。这时，她的监护人提议让她去参加为期一周的夏令营。

萨万娜毫不犹豫地说，她特别想去夏令营。她以前从未参加过夏令营，但由于爱好户外运动，她一直梦想睡在小木屋里，划着独木舟，围着篝火唱歌。

萨万娜很兴奋，但我一想到她要离开一周，心里就直打鼓。她脾气暴躁，精神一紧张就说不清楚话；当她和一群孩子在一起的时候，她喜欢滔滔不绝地讲啊讲。如果夏令营里的其他孩子不接受她该怎么办？如果她不喜欢那里呢？我真不想把她送到一个遥远又没有熟人的地方。

在接下来的几个小时里，萨万娜兴奋地谈着露营的事。她越激动，我就越紧张，担心她期望太高，在实际体验之后会深感失望。

她上床睡觉后，我转身问史蒂夫："你觉得她在夏令营会没事吗？如果她害怕了怎么办？"他提醒我说："还记得她当初刚搬来的样子吗？她认识我们俩吗？她处理得很好。不就是和其他孩子一起露营一周嘛，我相信她能处理好。"

当然，他说的没错。她是个坚强的孩子，经历过许多艰难困营，与她此前的遭遇相比，一个星期的夏令营算不了什么。

我原本也会给来找我治疗的父母们提出类似的建议：放心让孩子去玩吧。但这次我之所以担心不已，是因为萨万娜是寄养在我们家里的，这增加了我的顾虑，其实送她去夏令营是正确的选择。我的恐惧蒙蔽了我的判断力。

更可笑的是，我早就知道夏令营对寄养儿童有多么大的好处。只要来找我接受治疗的寄养儿童参加过夏令营，那段经历往往会成为他们最幸福的回忆。但是，我治疗的寄养儿童大多都没有机会参加夏令营，因为对寄养家庭来说，因此而产生的费用过于高昂。

所以当林肯去世后，我和他家人要求亲友不要通过送花来表达哀思，而是把买花的钱捐给一个基金会，帮助寄养儿童去体验营地生活。多年来，我们用收到的捐款送几十个孩子去了夏令营。年复一年，我听说一周的营地生活给很多孩子都带去了积极的影响。

然而，几年后的今天，我竟然会犹豫萨万娜是否该参加夏令营，理由是我担心别的孩子可能会不喜欢她！这太可笑了。

几周后，她去了夏令营，玩得开心极了。她成了一个"正常的孩子"，和其他孩子一起学习射箭，表演小品。我真的认为，跟那些不了解她身世的孩子一起玩的经历对她大有裨益。

当你为孩子想要做的事担心不已时（就像我和萨万娜的这段经历一样），你要告诉自己，精神紧张在养育孩子的过程中很正常，不能仅仅因为你感到害怕就设法阻止孩子去体验各种经历，无论这些经历是什么。

如果你让恐惧支配你的选择，你就会在无意间告诉孩子，他应该远离任何让他感到害怕的事；你会让他认为，他没有能力勇敢面对——你释放的这些信号有害无益。

内心强大的人不怕承担经过权衡的风险。重要的是要教会你的孩子，如果恐惧有益，那就直面恐惧。

如果你的孩子信心十足，相信自己完全有能力做那些听上去可怕的事，那就意味着他更有可能充分发挥自己的潜能。搬出去自己住，找工作，结识新朋友，挑战新目标，这些事都可能让人望而却步。但如果在你的培养下，孩子相信自己有能力面对恐惧，他就能做到天不怕地不怕，勇敢迎接人生任何挑战。

常见问题与陷阱

如果有些事情会引发你的恐惧心理，那就别让你的孩子受到直接的影响。例如，如果你害怕去看牙，那么在孩子看牙的前几次，你就不要陪他一起去。让你的伴侣、孩子的祖父母或其他值得信任的成年人带你的孩子去牙医诊所。否则，你的恐惧会影响你的孩子。他会在成长过程中一直把牙医诊所看作可怕的地方。即使你没有说过你害怕看牙，他也会察觉到你的痛苦。你的肢体语言、语气和行为会向孩子透露你的感受。

说到教孩子面对恐惧，许多父母都会掉进一个常见陷阱，那就是强迫他们的孩子直面某种恐惧。这么做可能会适得其反，导致孩子更加害怕。你可以鼓励孩子，给他打气，甚至犒劳他做出的努力，但别逼他去做让他害怕不已的事。

育儿中的恐惧可能成为一种难以戒除的顽疾。在管教孩子或者处理某些问题的方式上，你或许需要做出重大的改变。教孩子逐步克服恐惧很重要，但当好孩子的榜样，让孩子知道你能迎难而上也同样重要。

最后，你要知道，你提出的许多育儿问题都未必存在标准答案。一个孩子几岁可以被允许独自在家？谁都说不准。另外，谁都无法确定，孩子的朋友总能带给他正面的影响。因此，尽管许多网站和父母博主可能会给出不容置疑的建议，你也必须为自己和孩子做出判断。

有帮助的做法

- 教孩子觉察和识别恐惧。
- 帮助孩子识别警报的真与假。
- 指导孩子勇于面对恐惧。
- 回忆你幼时经历过的风险。
- 教给孩子安全知识。
- 描绘一幅恐惧阶梯，教孩子一步一步地面对恐惧。
- 增加积极情绪。

- 鼓励孩子学会自我督导。
- 权衡孩子实际面临的风险。

没有帮助的做法

- 只关注如何减轻你的焦虑，而不关心孩子需要什么。
- 迁就孩子，回避引发焦虑的情形。
- 把孩子的恐惧不当回事。
- 只顾眼前的事，不考虑长远目标。
- 阻止孩子体验不适的感觉。
- 使用威胁恐吓战术。
- 通过严守规则来控制你的焦虑。
- 在孩子面前暴露你的非理性恐惧。

第 5 章

他们绝不受孩子控制

16 岁的克拉丽莎是一名优等生和天才运动员。她和父亲艾伦、母亲詹纳住在一个中产社区。在外人看来，他们似乎是一个理想家庭。不过他们有一个秘密。

每当克拉丽莎的要求遭到父母拒绝时，她都会说："好吧，我要割伤自己给你们看！"开始的几次，只要克拉丽莎发狠说要伤害自己，她父母就告诉她别再这么吓唬人。所以克拉丽莎决定用实际行动来告诉他们，她是认真的。

一天晚上，她父母不同意她和朋友出去玩，她便走进自己的房间，用剃刀片割破了胳膊。第二天早上，詹纳看到她女儿手臂上的一条条伤痕，惊得目瞪口呆，赶紧把艾伦叫过来看。父亲非常不喜欢她这么做，他让克拉丽莎穿上长袖衣服遮住伤痕，直到伤口愈合。

他们希望她这么做只是一次意外，她会感到后悔，但他们错了。

接下来的一个周末，克拉丽莎告诉父母，她要去参加一个聚会。他们还没来得及回话，她就朝门口走去，边走边说："我什么时候回家要看我的心情。别逼着我早回家，不然你们会后悔的。”艾伦和詹纳立刻意识到，他们需要帮助。

他们走进我的诊室后，詹纳张口第一句话就是：“我感觉我们像是被孩子绑架了。”她很害怕，如果遇事不由着女儿的性子，她可能会再次伤害自己。

可悲的是，在青少年当中，自残是相当普遍的行为。但一般情况下，诱因是他们感觉压力太大，不堪重负。用自残来威胁父母的行为极其罕见，这是一个极不寻常的例子。

现在的问题是：

1. 艾伦和詹纳失去了控制权。克拉丽莎为达到目的不惜用自残相威胁，而她的父母却不知道如何阻止。
2. 克拉丽莎的安全成了问题。克拉丽莎的父母需要采用一种有益的方式来应对克拉丽莎以自残相威胁的行为。

我的建议包括：

1. 克拉丽莎要接受心理治疗。我打算支持艾伦和詹纳的努力。克拉丽莎要有她自己的治疗师，这一点很重要。
2. 制定一套规则。艾伦和詹纳需要制定明确的规则和相应的奖惩措施。他们必须共同努力，把规则与奖惩措施贯彻始终，哪怕克拉丽莎发出威胁。
3. 制订安全方案。他们需要知道如何以一种既有益又有效的方式来处理克拉丽莎的自残行为。这意味着，父母要认真对待她的自残行为，但又不能让它妨碍他们对她的正确养育。

他们同意，如果克拉丽莎威胁要自残，就不让她离开家。但是，把她留在家里是一种安全措施，不是惩罚。

他们向克拉丽莎解释说，以自残来相要挟的做法再也不能让她如愿以偿。相反，她必须服从他们的规则。

如果她威胁要伤害自己，他们就会在家里监视她。如果他们担心她的安全，他们会带她去医院做精神鉴定。

与此同时，他们把克拉丽莎房间里所有尖锐的东西都拿走了。他们甚至把剃毛刀从浴室拿了出来，她每次想刮腿毛都得找他们索要。

在接下来的几个月里，克拉丽莎的父母努力制定清晰的规则。他们为克拉丽莎制定了严格的起居时间表，并密切关注她去了哪里、做了什么。当她违反规则时，他们就剥夺她享有的部分权限。令他们惊讶的是，面对种种管教，克拉丽莎竟然没怎么反抗。

一旦克拉丽莎知道他们收回了权利，她就会听他们的。她不再以自残相威胁。她意识到，再也不能靠这种手段获得她想要的东西了。

你的孩子大权在握吗?

让孩子自主做出有益的选择，或是让他在家里拥有太多的权利，两者之间还是有很大区别的。有时候，你很难知道什么时候就越界了。你是否同意以下陈述?

- 我的孩子拥有改变我教养方式的权利。
- 我给孩子制定的规则很难实行。
- 我让我的孩子在决策家事时享有与我同等的发言权。
- 我让孩子在大人的事情上发表意见。
- 我通过讨好来让孩子服从管教。
- 我宁愿做孩子的朋友，也不愿做一个对他有威严的人。
- 我有时会忽视行为问题，因为我知道公开说出来没什么好处。
- 我经常和我的孩子争夺主导权。
- 我的孩子很少事先征求我的许可，相反，他只是告诉我他要做什么。
- 我有时要孩子对我的伴侣保守秘密。

父母为何把控制权交给孩子?

起初，艾伦和詹纳坚持认为，克拉丽莎一直都很乖。在她开始割伤自己之前，他们从未发现过任何问题。但是，他们稍加反思就意识到，在过去的几年里，她在家里获得了越来越大的权利。

她变得更加专横和苛刻。但是，因为她学习成绩优秀，又在运动场上叱咤风云，他们便认为应该把她当作一个成年人来对待。他们给了她额外的自由，让她自己做很多决定。

在不知不觉中，他们已经让她拥有了支配他们的权利。当他们让她晚上 10 点前回家时，她会回应说："那就定在 11 点吧。"因为她是个"好孩子"，所以他们通常都会让步。直到克拉丽莎割伤了自己，他们才意识到，他们给她定的规矩早已形同虚设了。

虽然你家的情况未必完全一样，但克拉丽莎的例子说明，父母出于良好的愿望，慢慢放弃了手中的权利。然后总有一天，他们会从迷梦中惊醒，发现自己已经陷入了危险的境地。

以自残相威胁只是孩子控制你的一种方式。事实上，这种类型的威胁相对来说比较罕见。但是，只要你任由孩子对你的思维、感觉或行为方式产生反面影响，这时你就开始向孩子举手投降了。

家庭等级关系的转变

最近的一个周六早上，一位朋友邀请我去她家喝咖啡。这次经历提醒了我，近年来，家庭等级关系已经发生了巨大的转变。早上 8 点，我来到她家，她出来迎接我。她压低声音说："孩子们还在睡觉。"

她真的是蹑手蹑脚地走进厨房，悄声对我说："咱们去后门廊喝咖啡吧。"我们坐在椅子上看着她家后院，她说："我希望孩子们能早点醒来，这样我丈夫就可以修剪草坪了。”

她的话让我浮想联翩。我不记得我小的时候谁家父母会担心在周六早上 8 点把自己家的孩子吵醒。实际上，那时的情形跟我眼前所见的刚好相反。那时的父母一般都是不由分说地直接把孩子们从床上拽起来，迅速开始新的一天。要做的家务那么多，哪有时间废话？谁家的父母都不会等到孩子们睡到自然醒才去修草坪，而且，那是小孩子要干的活儿。

很明显，在过去几代人的时间里，父母养育孩子的方式发生了巨大的转变。在 20 世纪五六十年代，父母认为给孩子倾注太多感情会让他们在情感上形成依赖。他们认为，过分呵护孩子会宠坏他们，因而强调服从而非春风化雨的教育。

随着科学家对大脑发育进程的了解不断深入，人们这才明白，原来关爱和精心养育才能让孩子达到最佳的健康状态。父母们开始重视孩子的需求，培养健康的自尊成为头等大事。他们的关注重点转向了个性和自主，而不是听话和服从。

久而久之，形势变得有些错乱。许多家庭内部的等级关系都发生了转变，孩子们更像是平等的家庭成员，而不是需要听话的人。孩子们被寄予更低的期望，承担更少的责任，在与父母的控制权争夺中占了上风。

控制权的转移并不全是坏事。研究表明，独断专行的父母（像独裁者一样强势的父母）培养出来的女孩缺乏独立性，男孩则具有攻击性。此外，他们的孩子患上心理疾病的风险更高。

让孩子们知道他们在家里有发言权的确是更为健康的方式。但是如果父母教育的钟摆朝着民主的方向摆得太远，过度重视孩子们的观点，这也是欠妥的。

父母们可能认为，自己给孩子很多选择，或者高度重视他们的意见，就是对孩子赋能放权。但是，赋能放权给孩子和给予他过多控制权之间有很大的差别。

以 2014 年涉及帕特里克·斯奈的事件为例。时年 69 岁的格利弗预备学校校长帕特里克·斯奈因工作合同没有续签，便以年龄歧视为由起诉了雇主。学校和他达成了协议，最终庭外和解。

协议条款规定，斯奈将获赔 8 万美元，外加 1 万美元的欠薪。此外，学校还将支付 6 万美元给斯奈的律师。

协议中有一项保密条款，该条款禁止斯奈夫妇向其专业顾问以外的任何人透露和解内容。然而，斯奈夫妇认为他们应该把结果告诉他们十几岁的女儿。

听到这个消息后，这个女孩就在脸书上发了一条消息：“我爸妈打赢了跟格利弗的官司！我正式宣布，格利弗将支付我今年夏天去欧洲度假的费用了。吃定它啦！”

为此学校提出了一项动议，法院裁定这明显违反了和解协议。学校不再欠斯奈钱了。

法庭文件显示，斯奈认为，当他的工作合同没有续约时，他的女儿遭受了“相当大的心理创伤”。所以他和妻子认为告诉她结果很重要，因为她知道他们在进行某种调解。

所以，他们认为透露内幕消息给女儿是尊重她。但实际上，他们给了她难以把控的权利。她不够成熟，无法保守秘密。

多年来，我接触过许多类似的父母，他们让孩子参与家庭的各种重要决策。比如，一个 10 岁的孩子在全家是否该搬到一个新城市的议题上投下了决定性的一票；一个 12 岁的小孩拒绝给妈妈的约会开绿灯！这不是放权，而是在给他们过于重大的责任。

问孩子“你要喝开水还是冰水？”是为孩子放权，让他决定对自己最有益的选择。但是，让他决定全家人每天晚上都吃鸡块和薯条，则是给予他管控你的权利。

有些父母不愿主事

斯科特因过度紧张来寻求帮助。他的紧张主要来自 16 岁的儿子本。本刚从高中退了学，白天睡大觉、吸大麻、玩电子游戏，晚上和他的狐朋狗友们出去鬼混。

斯科特担心本的未来，但他不知道如何激励儿子去干正事。他说：“他虽然不再上学，但还只是个孩子，我不能把他赶出家门。”

我向他们推荐了一套强化介入服务。这个项目包括一个治疗师团队，他们会到他家去，现场解决家庭成员在互动中存在的问题。一名治疗师会专门协助斯科特制定规则和奖惩措施。他们还会做校方的工作，帮助本毕业，或者至少让他拿到普通同等学力证书。

斯科特同意和他的女友讨论一下。因为她就住在他家，所以要确保她能接受这一介入服务。当他从我这里离开时，他似乎大大地松了一口气，原来还有这么一个项目可以帮助他们。

但是，等他过了一周再来时，却说不想接受这项服务了。虽然他的女友同意了，但本不同意。

我解释说，这不必征得本的同意。治疗师团队在解决这类家庭问题方面经验很丰富，那些问题少年从来都不认为自己需要帮助。这次干预也无须本的配合。但斯科特坚持说，如果他的儿子不感兴趣，他就不会这么做。

我感到很难过，明知本在荒废他的高中时光，每天瘫在沙发上吸毒，无所事事，他的父亲却拒绝接受专业的帮助，任凭他自甘堕落。斯科特并没有让本做出有益的选择，而是让他继续过着不健康的生活。

以下是像斯科特这样的父母让孩子拥有太多权利的常见原因：

- **他们缺乏领导技能。**有时，父母们不愿意做决定。他们可能缺乏沟通技巧，或者不知道如何激励孩子采取行动。
- **他们缺乏育儿技能。**一不知道怎样建立规则，二不知道怎样执行规则，这样的父母很难树立威信。
- **他们缺乏情感支持。**当父母缺乏朋友和家人的支持时，他们有时会转而从孩子那里获得情感上的满足。父母向孩子吐露心事，则模糊了双方的界限。
- **他们缺乏儿童发展知识。**有时，父母认为授权给孩子是正确的做法。他们没有意识到小孩不是小大人，权利过多对他们的成长没有好处。

给孩子太多的权利会扰乱家庭等级秩序

在克拉丽莎以自残相威胁的案例中，她的父母觉得他们无法制定规则并严格执行。然而，她的行为清楚地表明，她还没有准备好享有更多的自由和承担更大的责任。一旦她的父母授权给她，他们就很难再收回了。他们需要制定适当的规则来约束她，同时做好对付她潜在抵抗的准备，然后他们才能开始真正地教育她。

给予孩子超出他把控能力的权利可能会招致严重的后果。因此，你要仔细检查一下，你的一些做法是否给了孩子过多参与家庭事务的权利。

孩子需要的是规则，不是成为统治者

在达到特定年龄之前，孩子们不能投票、开车或辍学是有充分原因的，因为他们还不具备做出重大人生决定的能力。青少年时期是他们学习如何做出更好选择的时机。

孩子的大脑还没有发育完全。大脑中负责控制冲动、解决问题、控制情绪和做决定的部分还不能像成年人的大脑一样起作用。因此，你的孩子不仅缺乏做出最佳选择所必需的生活经验，他的大脑也不够成熟，无法准确衡量风险。

当孩子们拥有可以支配成年人的权利时，他们就错过了宝贵的人生课程。他们错误地以为自己已经知道了一切。没有经过适当的培训就成为说一不二的“大老板”，结果注定是灾难性的。

不要被孩子表现出他们要发号施令的意图所蒙蔽。孩子的不当行为常常是对你为人父母的能力的考验，同时也是给你的机会。你的孩子想确认，当他们无法控制自己时，你能掌控局面。如果你放任孩子胡闹而不干涉，他就会质疑你的领导力，也可能会变得焦虑。

我曾经给一对夫妇做过心理治疗，他们有一个叫利亚姆的儿子，当时 14 岁。利亚姆整天逃学，经常从商店偷东西，打架也是家常便饭。警方不止一次出面解决他的问题。

为了不让他坐牢或被伤害，他的父母把他送进了一所治疗学校。这所学校专门给高危青少年传授基本生活技能，并解决他们的情绪和行为问题。

让他们惊讶的是，利亚姆在治疗学校表现很好。事实上，他做得很好，仅仅一个月后，指导老师们就把他送回家了。但令他父母惊恐的是，他一回到家就故态复萌。

于是，他们把他送进了另一家治疗中心，那里专门治疗有严重行为问题的青少年。利亚姆再次被评为模范学生，又是待了没多久就出院回家了。

但是回到家没几天，他的老毛病又犯了。他母亲断定，他肯定是在“耍花招”。她来到我的诊室问我：“我怎样才能找到一个治疗机构，让他在里面住足够长的时间，让他露出原形？如果他想得到一些真正的帮助，他就需要在里面待更长时间。”

但这并不是故事的全部。利亚姆在治疗机构的环境中表现很好，因为那里对他有纪律约束，作息也有规律，行为不当就会被惩罚。

但在家里时，他的父母不知道该怎样约束他。当他说要在外面过夜时，他们不知道该如何阻止他。当他被禁足时，他能想方设法逃出家门。当他们拿走他的手机时，他就用电脑和朋友上网交流。他们没有因为他胡作非为而惩罚他，他也就懒得去遵守他们的规则。

还有一些更深层次的问题。利亚姆的父母和他关系不好，所以他也没兴趣尊重他们。他对他们的管理能力缺乏信心，因此根本不理睬他们制定的规矩，并为所欲为。

这个问题很普遍，已经成为一个社会问题。孩子们经常被指责"有问题"，并被送到治疗中心或少年管教机构。他们回到家后，如果环境没有改变，他们的行为问题很可能会继续存在。

环境在少年儿童的行为中起着重要的作用。如果没有适当的界限，他们就可能会表现出行为问题。

规则少等于麻烦多

有研究报告指出，给孩子太多权利会对他们造成伤害。让孩子决定自己什么时候睡觉，全家该怎么度周末，或者他们是否真的需要刷牙，会让孩子产生以下严重问题：

- **缺乏自制力。**孩子们需要父母介入，教会他们自律，比如如何存钱和如何坚持自己的目标。如果没有适当的指导，他们很可能直到成年也学不会自制。

- 增加健康问题的风险。大多数孩子选择垃圾食品而不是健康食品，更喜欢玩电子游戏而不是读书。研究表明，不怎么受约束的孩子，身体健康更容易出问题，龋齿、肥胖症等的发生率更高。
- 增加心理健康问题的风险。孩子们实际上并不想掌管一切。当他们觉得你无法保证他们的安全时，他们更容易出现心理问题，比如抑郁和焦虑。
- 学习成绩较差。如果没有适当的管理和约束，孩子们的学习成绩更可能出问题。
- 看电视的时间过长。溺爱型父母放任孩子每天看 4 个小时以上电视的可能性比其他父母高出 5 倍。显然，看电子屏幕的时间过长，无论是电视、视频游戏还是电脑，都有损健康。
- 冒险行为的发生率更高。拥有太多权利的青少年在学校行为不端的可能性较高，酗酒的可能性也更大。

怎么做才好?

在克拉丽莎威胁要自残的案例中，艾伦和詹纳首先要做的是坚持立场。他们必须介入，明确表示他们是掌控者，他们愿意处理任何因收回权利而导致的行为问题。

他们向克拉丽莎解释说，如果有必要，他们会带她去急诊室。

他们不会让她继续威胁他们，妨碍他们采取必要的措施来确保她做出明智的决定。

大多数父母不会被孩子以自残相威胁，但很多父母不时会有种被“绑架”的感觉。一个在杂货店撒泼打滚的 4 岁孩子可能会发现，他当众大哭大闹让你很尴尬。如果你不买他想要的东西，他会让整个店里的人都知道他不开心。或者，你 8 岁的孩子可能已经明白，甜言蜜语能让你变得心软，这样他就能如愿以偿了。

让自己掌握主动权

在孩子需要帮助时改变你的做法与因为他无法控制自己的情绪而向他屈服是两码事。如果孩子病了，你从学校把他接回家照顾，这是好父母应该做的事。但如果在孩子发脾气的时候向他让步，你就会让他养成坏习惯。

这里有更多如何让自己掌握主动权，而不是让你的孩子支配你的例子：

1. 开出条件。

- 自己掌控。告诉孩子：“你吃完西蓝花后可以再吃一块饼干。”
- 放弃权利。孩子提出“只要你给我两块饼干，我就吃西蓝花”的条件，你接受了。

2. 使用奖励，不是贿赂。

- 自己掌控。对他说：“我们购物时你要跟紧我，你可以选一件小玩意儿当奖品。”

- 放弃权利。对他说：“给你几块糖，但你必须保证我们在店里时你都要乖乖的，好吗？”

3. 严格执行规则，如有违反，坚决惩戒。

- 自己掌控。告诉他：“如果你现在不上床睡觉，明天一天都不能玩电子游戏。”
- 放弃权利。为了应该什么时间睡觉跟孩子争吵了 30 分钟，没有采取任何惩戒措施，最终还是让孩子推迟了上床睡觉的时间。

建立清晰的等级秩序

如果你和孩子的界限已经有点模糊了，那你可能需要做些额外的努力，重新树立你的权威。这里有一些方法来建立一个清晰的等级秩序，以此来规定父母和孩子的权限：

- 避免让孩子听到大人谈话。你的孩子不需要知道苏西阿姨正面临破产，或者邻居有了外遇。你要谈论大人的事时，记得把孩子支开。告诉你的孩子，小孩子不需要知道一切。
- 只能享有赢得的权限。不要让孩子玩电子产品或和朋友出去玩，除非他赢得了这样的权限。就像是，除非你做好了本职工作，否则你的老板不会给你发工资。只有在他的表现符合你的预期之后，你才能允许他享有一些权限。
- 告诉孩子他做事需要征得你的许可。不要让孩子来告诉你他要和朋友出去，或者告诉你他要借车。明确表示，只有得到你的允许，他才能这样做。让他养成事前请求准许的习惯，有时也要接受你说“不”。

- 不要征求孩子的同意。当涉及重大决定时，不要问你的孩子：“如果我们搬家，你觉得可以吗？”你可以这样问：“你觉得搬家怎么样？”但要明确表示，无论如何你们都要搬家，即使他不愿意。

拒绝卷入主导权之争

和孩子争吵意味着你会以不同的方式放弃主导权。首先，如果你不再冷静，你的孩子就能看出来，他可以通过挑衅来控制你的情绪。他可能很喜欢说“不”，而这么做就是为了看你生气的样子。

其次，你跟他争论的每一分钟，都让他在推迟你要他做的事上赢了一分钟。他可能会试图引诱你陷入长时间的争论，只是为了分散你对现在要做的事情的注意力。

看看这个例子：

父亲：到时间了，关掉电视去打扫你的房间。

孩子：我待会儿去打扫。

父亲：不行，现在就去做！

孩子：你就像个训练新兵的教官！你总是在指挥我。

父亲：如果你老老实实去做家务，我就不用老是提醒你了！

孩子：我都不知道你究竟想让我做什么。我的房间没那么乱。

父亲：当然很乱！地上堆满了东西，我都看不到地板了。

这父子俩你来我往的每一分钟，不论争辩的是他是否真的像一个教官，还是他儿子的房间是否真的那么乱，结果都意味着他的孩子在成功地推迟打扫房间。无论是他彻底转移了话题，还是他只是拖延了本该做的事，围绕他不作为的争论都赋予了他更多的主导权。

以下是更好的回应方式：

父亲：到时间了，关掉电视去打扫你的房间。

孩子：我待会儿去打扫。

父亲：如果你现在不去打扫，今天就别想再玩你的电子设备了。

孩子：你就像个训练新兵的教官！你总是在指挥我。

这时，爸爸可以等大约 5 秒钟，看看儿子是否会起身去打扫他的房间。如果儿子不这样做，爸爸就把电子设备拿走。与其进行冗长的争论，不如适时发出警告，随后言出必行，这样就会发出一个明确的信息，那就是，父亲掌握着主导权。

虽然一开始就给孩子警告未免过于严厉，但接下来受到几次惩戒后，你的孩子就会明白你说话算数。你要这样训练他，好让他认识到，对于你的命令，争论或拖延都无济于事。

当你拒绝陷入争夺主导权的斗争时，你其实是在告诉孩子，他有能力控制自己的行为，但他不能控制你的行为。但是，就像你给孩子传达的信息是他不能强迫你做事，你也必须认识到，你同样也不能强迫他做事。

为了迫使一个 12 岁的孩子打扫他的房间而不断大喊“现在就去”，不会让你重新掌握控制权。随着你的情绪开始失控，孩子反而在主导权之争中占据了上风。

使用能够彰显控制权的语言

还记得 20 世纪 80 年代的情景喜剧《科斯比一家》吗？其中有一集描述了语言是如何充分体现父母权威的。在这一集里，克利夫·赫克斯塔布尔十几岁的女儿瓦妮莎说，她的同学们都欺负她，因为她告诉好朋友，她家花了 1.1 万美元买了一幅画。其他孩子都开始挖苦她，说她一定觉得自己高人一等，后来她还和其他女孩打了起来。从学校回来时，她心烦意乱。她告诉父母：“如果我们没那么多钱，就不会有这种事！”克利夫回应道：“让我把事情说清楚，好吗？你妈妈和我很有钱。你没钱。”

作为父母，你们是主事的。是你们在工作并支付家里的账单，这意味着你们拥有家里的一切，包括孩子的钱都是你们给的。孩子可以从你们这里获得权限并挣些零花钱，但前提是，这一切都来自你们的给予。

虽说用“我们”和“咱们”之类有包容性的词语来反映你们家倡导“人人为我、我为人人”的努力是好的，但父母的语言也应该反映出你们是这个家的掌控者这一事实。当你们的孩子要求推迟一个小时再睡觉时，不要说“我们可以商量一下”，而要说：“说说你的理由，然后我跟你爸爸（或妈妈）讨论一下。”

对孩子的反馈持保留态度

给孩子过多权利的表现未必总是那么显而易见。孩子的评论和意见可能会对你的判断和感受产生潜在的不良影响，最终会导致你的生活受到干扰。例如，你的孩子说：“你是最差劲的妈妈！”

想法：你开始回忆你在教养孩子时犯过的所有错误，开始怀疑你的一些决定。最后，孩子的说法导致你得出结论，你确实是个差劲的妈妈。

感受：你感到羞愧和内疚。

行为：下次他要什么东西时，你就给他买，努力让他觉得你是一个好妈妈。

这样一来，孩子的侮辱就对你的行为造成了不良影响。再比如，你的孩子说：“你太落伍了，居然不知道色拉布是什么。”

想法：你默念着你的孩子懂得多少你不懂的电子产品。你想通了，想弄明白孩子在网上都做了什么根本就是徒劳的，因为你永远都弄不懂。

感受：尴尬和沮丧。

行为：你不再试图监督你的孩子在网上做什么。

孩子就说了一句话，你连想都不想就信了，并且不再监控孩子的上网安全。提醒自己，孩子的说法不过是他的一面之词，何况他的看法经常会改变。记住，当孩子表达强烈的意见时，他往往别有用心。归根结底，你并不需要孩子认可你要做的事。

如何让孩子拥有有益却有限的权利

在克拉丽莎自残的案例中，艾伦和詹纳必须向她表明，不管她喜欢与否，父母定的规矩必须遵守。他们需要告诉孩子，在某些家庭决策方面，她没有决定权。

让孩子拥有一定的自主权，同时又要确保你没有给予他支配你的权利，这确实比较难。告诉孩子，他可以获得新的权限和额外的责任，但这一切都来自你的授权。

认清孩子的秘密武器

如果你的孩子发现他无法光明正大地获得权利，他就可能会使用一些秘密武器来赢得这场战斗。通常来说，这些秘密武器就是一些小伎俩，目的是让你感到内疚、尴尬或者忧心忡忡，从而逼你就范。

小时候，我妹妹的秘密武器就是让我父母不胜其烦，最后只好缴械投降。她充分利用了自己唱歌跑调的特点。只要父母拒绝满足她的要求，她就开始放声高歌。她会不停地唱，有时能持续几个小时，直到我们所有人都忍无可忍，只求她别再唱了，任何要求都答应她。

在我多年来治疗过的孩子里，有些孩子掌握着复杂得多的秘密武器，比如有一个 4 岁的孩子会在生气时屏住呼吸。他曾经昏倒过，这吓坏了他的父母。从那以后，他们就会在他的脸憋得发青之前早早认输。他明白，憋着不呼吸是满足他任何要求的好方法。

我还见过一个 10 岁的孩子，他每顿饭都要吃花生酱和果冻三明治，否则他就会绝食抗议。一天晚上，他拒绝吃晚饭，他的母亲吓坏了。她担心他会饿死，赶紧拿来花生酱和果冻给他吃。

你的孩子可能还会使用其他一些小伎俩，以便在跟你的较量中占上风，比如：

- 谩骂
- 假装他不在乎惩罚
- 尖声喊叫
- 不停地哭求
- 在公共场合让你难堪
- 乞求
- 说狠话威胁

- 说刻薄的话，比如“我恨你”或者“我要去和奶奶住”
- 对你不理不睬
- 动手打人
- 满口应承，比如“如果这次你答应我，以后我就再也不提别的要求了”
- 当你说“不”的时候想法报复
- 激发你的愧疚感

如果你的孩子想用不恰当的方式获得主导权，那就要明确地指出这一点。你可以说：“我知道因为我不让你去朋友家，你很难过。你是想让我感到愧疚，然后改变主意。但你这么做对我来说是行不通的。”

告诉孩子，你允许他在尊敬的前提下反对你的命令。如果他认为你给他定的睡觉时间太早，或者你不给他买小狗不公平，那他要说明理由。

例如，他可以列出他应该被允许养小狗的十大理由，或者，他可以写信告诉你，为什么他应该获准晚点睡觉。如果他以恰当的方式表达了自己的想法，你就要耐心倾听。

不过，你也要明确告诉他，仅仅因为他以恰当的方式陈述了他的想法并不意味着你会改变主意。为了做出最佳决策，最终的决定将取决于你和你多年的人生经验。

教学龄前儿童关注自己的行为

随着学龄前儿童独立意识的增强，他们倾向于以一些相当无理的方式表达自己的要求。当他们无法随心所欲的时候，就会大发脾气，你很可能会听到他们不时冒出一句：“你凭什么管我！”

明确告诉孩子，他的行为由他控制，而你的行为由你控制。即便他选择尖叫、乞求或大发脾气，你还是会不为所动。告诉孩子，胡闹不会让他得偿所愿。

记住，学龄前儿童不听管教有时是为了得到关注。所以反复说“停下来”或“别那样做”实际上会让他更来劲。无视孩子的胡闹，装作对他的抱怨不止或尖叫等恼人行为无动于衷，会让孩子明白，无论他怎么折腾都是徒劳。

不过，重要的是告诉孩子，他做什么能够影响你，但不能控制你。你可以尝试说：“你说我不好时，我感到很难过。”或者：“你不听我的话，我会很生气。”

不要把你的情绪或反应归咎于孩子。像“你把我快折磨疯了”之类的话会让他觉得，他拥有迫使你产生某种感受的能力。语言上的细微差异会影响孩子的核心信念，即他有多大的能力。

教学龄儿童远离成人间的谈话

有个最简单的方法来确定孩子如何看待他在家里的地位，那就是在大人交谈时看他怎么做。如果他认为自己可以打断你说话，那他很有可能认为，他和你是平起平坐的，甚至比你高出一等。

当然，任何孩子都有打岔的时候。他可能会在另一个房间里大喊大叫，或者他要出门练球时会问你有没有看到他的足球鞋，但是除非你的孩子患有冲动控制障碍，比如多动症，否则这种情况应该并不多见。

除了打断别人说话以外，那些认为自己拥有同等权利的孩子还会加入成人之间的谈话。无论你是在谈论如何改造卫生间，还是想买什么样的车，他们都会主动建议你该怎么做，这不是一个好迹象。

当你的孩子为大人的事出主意时，你要态度坚决地告诉他："这不是你该管的事。"

跟孩子说清楚，父母积累了足够的知识和智慧才能做出最好的决定。孩子要做的是遵守你们的规则，而不是操心你们将为家庭做出什么样的选择。父母可以邀请他对一些小事发表看法，比如，"我们应该给奶奶的蛋糕涂黄色还是蓝色的糖霜？"但要明确告诉他，在重大决策上他没有同等的发言权。

教青少年意识到一切都是他的选择

青少年时期是评估你家孩子自我认知能力的重要时期。你当然不希望他像我们在第 1 章讨论的那样存在受害者心态，但你也不希望你的孩子认为他是宇宙中心。因此，如果你的孩子意识到他在生活中拥有某种权利，这很好，但同样重要的是，他要知道自己的权利有限度。

孩子的表达方式很能说明他内心的信念。如果他总说"我的老师让我读了太多的书"，或者"你让我打扫我的房间"这样的话，你就要提醒他，这些都可以选择的。虽然不做这些事会带来相应的后果，但没有人强迫他去做。

你可以指出他有选择的主动权。他的老师没有强迫他读所有的书。相反，他选择满足老师的期望，这样他就能成功。虽然这是一个微妙的区别，却是非常重要的区别。

父母要注意那些表明孩子以为自己拥有很大权利的说话方式。如果他说“周五晚上你得开车送我去看电影”，这时你要提醒他，是否开车送他完全是你的自由。

被适当赋权的孩子会成长为内心强大的人

梅肯兹是一个 9 岁的小女孩，她因为表现出“小大人”的行为而与我和史蒂夫同住。她的亲生父母都有严重的药物滥用问题。作为三个孩子中的老大，梅肯兹在父母吸食毒品和酗酒期间承担起了照顾弟弟妹妹的重任。

后来，儿童保护机构把孩子们从家里接走，并把这三个孩子都安置在了同一个领养家庭。再后来，我和史蒂夫遇到了他们。梅肯兹姐弟三人的养父母都很能干，因此不需要她再照顾弟弟妹妹，但她已经习惯了，很难改变。

她对他们发号施令，和他们争吵，当第一任养父母试图管教他们时，她经常出面干预。

结果，州政府被迫决定将她从领养家庭中接走，只留下她的弟弟妹妹。就这样，她来到了我们家。

她继续定期去看望她的弟弟妹妹。随着时间的推移，她接受了自己姐姐的角色，而不是父母的角色。她得知她仍然可以读书给她的弟弟妹妹听，教他们玩游戏，但她不再需要为他们的幸福负责。她开始相信，养父母可以照顾好他们。

她也结交了同龄的朋友，第一次有机会玩得很开心。看着她第一次能表现得像个孩子一样，真是令人感慨万千。

最终，她回到了先前的领养家庭，与弟弟妹妹团聚。但她也费了相当长时间才确信养父母把一切都搞定了。

当你给孩子适度赋权时，他会觉得自己拥有成长和学习的自主权，但他不会因为要负责而感到焦虑和害怕。在成长过程中，他会觉得你是一个值得信赖的领路人，他也会越来越信任自己做决定的能力。

内心强大的人不会放弃他们的掌控力。不让你的孩子控制你，你就成了内心强大的榜样。他会发现他无法控制你，但他可以控制自己。

放权给孩子，让他自己做一些决定，而不是让他控制你，将帮助他成长为一个内心强大的成年人。不管他面对的是一个刻薄的老板还是一个粗鲁的伴侣，他都会表现得像你一样，可以清醒地意识到，他不会让任何人拥有支配他思维、感受和行动的可能。

常见问题与陷阱

家里的大人之间互相支持非常重要。如果你允许孩子违反规则，而你的伴侣却强迫他们遵守，你们就会在家里形成不良的互动关系。你要告诉孩子，家里的事由大人做主，以此来明确家庭的等级秩序。

有时候，父母一方会要求孩子对另一方保密。虽然让孩子“别告诉爸爸我们花了多少钱”或“我们就跟妈妈说你按时上床睡觉了”似乎并不是什么大不了的事，但这些秘密破坏了规则和等级秩序，更不用说会损害你们之间的关系了。即使你和伴侣意见不一致，你们也要在孩子面前表现出一致的立场。

在不健康的离婚或分居状态中，权利有时会成为令人头疼的问题。让孩子充当父母一方的“信使”或“间谍”都属于非常有害的做法，对家庭成员间的关系有害无益。重要的是要让孩子依旧像孩子那样生活、玩耍，让大人去操心孩子的抚养权问题和法律问题吧。

另一个常见的问题发生在你急需孩子守规矩时。也许你正在飞机上，你的孩子尖叫不止，因为他已经吃了不少零食，而你拒绝再让他吃。你不想让其他乘客听他尖叫两个小时，这时你该怎么做？

在这种并不常见的情况下，可以为了照顾你周围的人而让步。但是，如果你的孩子经常这样做，比如在你早上乘车上班时这样做，你就可能得任由他尖叫几次。一旦他发现发脾气不起作用，他也就不会再这样做了。

但是很重要的一点是，你也不能滥用你的控制权。如果不是什么太重要的决定，例如孩子说他不喜欢坐过山车，那就不要逼迫他这样做。尊重孩子的意见，同时告诉他，他可以做他自己，不需要跟其他人一样。

有帮助的做法

- 避免控制权之争。
- 设定明确的界限。
- 奖惩严明。
- 保持冷静。
- 拒绝屈从于孩子的操纵行为。
- 禁止孩子参与成人谈话。
- 让孩子意识到一切都是他的选择。

没有帮助的做法

- 陷入争论使孩子延迟遵守规则。

- 屈服于孩子的操纵行为。
- 允许孩子让你暴跳如雷。
- 允许孩子参与成年人的决策。
- 没有在家里建立起清晰的等级秩序。

第 6 章

他们绝不苛求完美

大多数九年级学生能在地球科学课的考试中得到 C 以上的成绩就高兴得不得了，凯莉却因为得了 A- 而落泪。尽管跟她搭档做实验一般都能得 A，但没有人愿意这么做，因为只要别人的表现达不到她的要求，她就会言语粗暴。

她不只在科学课上有这种表现。如果在其他科目上得到所谓的“糟糕成绩”，她也会哭鼻子。她经常跟英语老师争论，只要她的作文没有得 A，她就恳求他重新打分。

当凯莉“又哭了”的时候，其他学生通常都是翻一下白眼，但凯莉似乎没有注意到。她的目标不是要拥有完美的社交生活，而是平均绩点数达到最高的 4.0。

凯莉已经到了几乎每天都要求与指导老师谈话的地步，她要么想听取提高成绩的建议，要么抱怨学校的评分系统不公平，指导老师觉得她苗头不对，就建议凯莉寻求心理治疗。

就这样，凯莉来到了我的诊室，陪同她的是母亲纳丁。我问凯莉和纳丁是否明白指导老师建议她做心理治疗的原因。纳丁答道："凯莉知道她有能力拿到 4.0 的平均绩点，但她没做到，这让她很伤心。"

奇怪吧？纳丁似乎并不关心凯莉的心理出没出问题，而是更担心她的成绩。"我一直告诉她不要哭哭啼啼地浪费时间。她应该集中精力提高学习成绩。"纳丁解释道。

"我们可能会聘请家教先帮她修改英语作文，然后再交给老师，这样我们就可以帮助她提高成绩，真正像样的大学不会愿意录取一个英语成绩达不到 A 的学生。"纳丁说。凯莉点点头附和着说："我觉得请个家教会对提高我的成绩有很大帮助。"

纳丁问："你见过聘请家教帮助学生获得全 A 的例子吗？"听着母女俩商量起如何获得理想的平均绩点数，我意识到，她们对"问题"的定义和我完全不一样。这也意味着她们设想的解决方案和我的完全不同。在我看来，问题的焦点在于：

1. **凯莉感受到必须拿 A 的压力。**如果凯莉得不到最高分，她就觉得自己是个彻底的失败者。虽然她成绩很好，但她认为自己还不够好。
2. **凯莉缺乏应对失望情绪的情感技巧。**每当凯莉得到不满意的成绩时，她就会哭鼻子。她需要来自指导老师的大量情感支持，同时她还很难交到好朋友。

我的建议是：

1. **纳丁需要心理治疗。**纳丁似乎是凯莉追求 4.0 绩点背后的驱动力。除非她不再对凯莉施加如此大的压力，否则凯莉还会继续苛求完美。

2. 对凯莉的治疗可以帮助她更温和地与自己对话。如果成绩不理想，责骂自己也无济于事。让她学会自我同情，使她能更快地从失望中走出来。

3. 培养凯莉的社交和情感技能。每天在学校里，只要对成绩不满意，凯莉就会哭鼻子，向同龄人发泄不满，还天天要求见指导老师，所有这些都影响了她的社交生活。处理好她内心的狂乱不安，有助于改善她的行为表现。

我向凯莉和纳丁解释说，作为治疗师，我的工作是尽可能帮助她做到情感正常、心理健康。如果她们的目标是聘请家教，并采取更强有力的措施来提高凯莉的成绩的话，那么我无能为力。我认为追求 4.0 的平均绩点对她来说不是适当的目标，因为这已经给她的生活带来了不良影响。

我们讨论了她们当前做法的利弊，以及我所提出的建议的利弊。纳丁起初担心，如果今后的重点不再是设法提高凯莉的成绩，而仅仅是维持现状，那她就会自甘于做一个“平庸”的学生。而“平庸”的学生就进不了顶级大学，也得不到奖学金。这种担忧不无道理，但为了努力实现完美，她们将付出巨大的代价。凯莉的心理健康会出大问题。或者，照这样下去，等到她高中毕业，恐怕她已经精神崩溃，上不了大学了。

我建议她们考虑我提出的方案，等她们决定要解决凯莉的情绪问题时再来找我。她们未置可否就离开了我的诊室，我有些怀疑今后是否还会听到她们的消息。

然而几周过后，纳丁还是打来了电话，要求预约面谈。她说，过去几周情况变得更糟。凯莉睡不好觉，而且一直烦躁不安。她觉得她们需要帮助。

纳丁同意做心理治疗，这样她就能学习如何帮助凯莉，不再苛求完美。在她努力改变对凯莉的期待的同时，我也在努力帮助凯莉改变她对自己的期待。

我先让凯莉学习一些呼吸技巧，以便帮她在没拿到 A+ 的成绩时设法让自己平静下来。既然她在学校里情绪失常的表现已经造成了严重的社交问题，我想帮助她避免再出现类似的状况。

我对凯莉的治疗主要集中在改变她的核心信念上。她学会了更宽容地与自己对话，而不是责怪自己说:“我犯了这些错误，我真失败。”或者，“如果我不能一直都得 A，那我就永远也不会成功。”与此同时，纳丁也不再强调完美。

凯莉和纳丁都认识到，追求卓越是有益的，但追求完美却不是。当纳丁不再对凯莉施加巨大的压力时，凯莉就能意识到，她不需要完美无缺也能获得认可。

你期望完美吗？

好父母希望他们的孩子成功。但有时候，这种追求会过度。下面这些情形在你生活中出现过吗？

在你的个人生活中：

◎ 当我担心我不能完美地做成某件事时，我就会拖延。

◎ 当我完成一个项目时，我会过度关注那些让我抓狂的小错误或小瑕疵。

◎ 要么我把事情做到最好，要么我根本不做。

◎ 我对自己犯的任何错误都很挑剔。

◎ 为了实现我的目标，我会不惜一切代价。

在养育子女的过程中：

◎ 我想让我的孩子实现我无法实现的梦想。

◎ 如果孩子没有像我想象的那样去做事，我就感到很难受。

◎ 我的自我价值在一定程度上取决于孩子的成绩。

◎ 我只希望孩子参加他擅长的活动。

◎ 我批评孩子的次数超过赞扬他的次数。

为什么父母会苛求完美？

父母们分为两个极端：一些父母认为无论谁赢得比赛，每个人都应该得到一座奖杯。但另一些父母对孩子的表现从来都没有满意过，即便孩子赢得了“最优秀选手”的奖杯。

纳丁就是个从未真正对孩子满意过的妈妈。但她以为，告诉凯莉争取拿到 4.0 的平均绩点才能上好大学是为她好。她想当然地认为，正是自己设定的“高标准”激励着凯莉努力上进。她只是不明白，盲目追求完美弊大于利。

虎妈们认为求全责备造就完美的孩子

《虎妈战歌》一书的作者蔡美儿有句名言：“中国的父母要求孩子取得完美的成绩，因为他们相信孩子能做到。如果他们的孩子没做到，中国的父母就会认为这是因为孩子学习不够刻苦。”

蔡美儿还说过，如果一个西方孩子在考试中得了 A-，他的父母会因为他表现出色而表扬他。但如果一个中国孩子得了 A-，父母则会质问：“怎么会这样？”

为了培养完美的孩子，蔡美儿从不允许她的孩子参加集体娱乐活动、校园演出或玩电脑游戏。相反，她要求孩子们每科成绩都拿 A，还要会演奏钢琴和小提琴。

蔡美儿在《华尔街日报》的一篇文章中写道，她的一些西方朋友认为，让他们的孩子每天练习 30 分钟到一个小时的乐器就算严格要求孩子了。“对于一个中国妈妈来说，前一个小时不过是热身，第二和第三个小时才是真正的苦练。”蔡美儿说。

如果一个中国孩子得了 B-（蔡美儿认为这是不可能发生的），“伤心欲绝的中国妈妈就会找来几十道，甚至上百道练习题，然后和她的孩子一起做，直到孩子拿到 A 为止。”

蔡美儿没有意识到，她的孩子们错过了积累宝贵人生经验的好时机，而那些经验可能对他们未来的成功至关重要。通过谈判解决冲突（经常在集体娱乐活动期间出现）对于事业成功是至关重要的。如果她从不让孩子们失败，她的孩子又如何学会从失败中振作起来呢？

当然，蔡美儿的心态并不局限于中国父母。很多父母都认为，追求完美会让孩子变成完美的人。

舞台妈妈和体育爸爸把自己的梦想寄托在孩子身上

这种不甘人后的教养方式不仅仅局限于学习成绩。舞台妈妈要把自己的女儿培养成芭蕾舞者和选美冠军，而体育爸爸则鞭策着自己的孩子在球场和运动场上出类拔萃。他们对完美的要求很少与孩子的需求有任何关系。相反，这么做只是为了治愈父母的心灵创伤。

从未进过职业联赛的体育爸爸们会寄希望于他们的孩子取得自己从未获得的成就。尽管美国只有 1% 的高中生运动员能获得一级大学的奖学金，但体育爸爸们坚信，他们的孩子能创造奇迹。他们还希望自己的孩子能创造更大的奇迹，跻身职业球队。

如果孩子没有达到完美的水平，有些人甚至会要求平整一下运动场。在这个崇尚高压育儿的群体中，有些人的表现相对温和。比如有这样一位父亲，他从未实现在全美橄榄球联盟打球的梦想。因此，为了让儿子拥有竞争优势，他推迟了孩子上幼儿园的时间，这样他家孩子就会比别的孩子大一岁，也就意味着他个头更高，以便他能在球场上占上风。

而在另一个极端，你会发现像奇托医生那样的父亲。奇托是新墨西哥州阿尔伯克基市的一名儿科牙医。为了让儿子在球场上占尽优势，他把儿子的橄榄球头盔带扣磨得极为锋利。头盔导致多名球员被划伤，其中一位甚至需要缝针。有关官员说，那个头盔带扣“锋利得足以划破杂志封面了”。奇托被判处 48 小时监禁，缓期一年执行，此外还必须做 400 小时的社区服务。

幸好美国大多数父母的做法都不会如此极端。但许多父母已经在大费周章地带孩子奔走全美，到处参加体育比赛。或者，他们也鼓励孩子练习到深夜，即便受了伤也坚持不下场。他们这么做都是为了让孩子出人头地。

不只是体育爸爸们不顾一切地帮助他们的孩子抢跑，舞台妈妈们也经常使用不光彩的手段。

在电影《绿野仙踪》中成功饰演多萝西的女演员朱迪·嘉兰就是一例。她出名后演出任务繁重，据说她母亲为了逼迫她去演出，平常会给她吃两种药，一种令她精力充沛，另一种帮她安眠，这严重影响了她的健康。

何况，如今的数字技术已经为“世界是个大舞台”这一说法赋予了新的含义，很多舞台妈妈都通过互联网让自己的孩子声名大噪。

以“切切秀”为例。切切从3岁起就开始表演。她的母亲抓拍一些她的滑稽动作，然后发布到社交媒体上。切切已经吸引了数十万粉丝，并通过产品推广和收费见面会赚取了数千美元。

在接受《大都会时尚》杂志采访时，切切的母亲说，她告诉切切，无论她喜不喜欢，她都得表演，因为“那是她的工作”。她接着还说：“我要做的大事，就是让切切上电视，在全世界出名，而不仅仅是在社交媒体上。”当然，还有大把父母都想让他们的孩子成为明星。

专家们说，父母们如此痴迷于让孩子看起来完美无缺或表现出众的原因在于，他们把孩子看成是自我的延伸。于是，他们强迫孩子去做自己做不到的事，以此来实现他们未竟的梦想。

荷兰乌得勒支大学的一项研究发现，把自己代入孩子生活的父母实际上是在弥补自己的人生缺憾。这类父母背负着曾经的遗憾和失望，无法释怀，于是沉浸在孩子的荣耀中感受骄傲和满足。但不幸的是，虽说父母们得偿所愿，孩子们却深受其害。

知道目标该定多高很难

作为父母，激励孩子尽最大努力当然很重要。你理应信任他，即使在他怀疑自己的时候。当他以为自己不能再朝前多走一步时，你要鼓励他继续走下去。

但是，你很难知道你应该对孩子寄予多高的期望。如果你不确定，你可能就会在不知道孩子极限的情况下设定高得离谱的期望。

你很容易参照周围孩子的情形确定“正常”标准，但这种做法有时会适得其反。

你的闺蜜可以夸耀她的孩子在 2 岁之前就学会了自己如厕，但这并不意味着你家孩子 3 岁还穿纸尿裤就是发育不正常。

听到其他父母谈论他们的孩子，或者看到他们在社交媒体上发布的动态信息之后，你可能会开始感到恐慌：为什么我家孩子都 7 岁了，还不会做乘法和除法？孩子都 12 岁了，为什么还是没有一所大学的招生老师来找他？因为你听到和看到的东西都让你认为，别人家的孩子已经远远超过了你的孩子。

把你的孩子与他周围的孩子盲目比较可能会让你对他的期望超过他的能力。当你的孩子不能满足你的期望时，你和他都会感到沮丧。

每个孩子都是独一无二的。环境、生理条件和人际等众多因素都会影响孩子的成长。从孩子的性别到父母的收入，任何事情都可能影响孩子的成长步伐。虽然了解孩子在特定年龄段的“正常”表现非常重要，但你也要记住，最了解孩子的是你。孩子可能擅长数学，却在阅读上落后。他或许是全校最好的橄榄球员，但仍然不会自己系鞋带。如果你看不清孩子的长处和短处，你就很容易把标准定得太高，要求他做到远远超出自己能力范围的事。

苛求完美对孩子的心理健康有害

纳丁认为，凯莉能严格要求自己是件大好事。但她不知道，凯莉在课堂上哭泣并且一直感受到极大的压力，这实际上已经对她的高中学业造成了严重的影响。

许多像纳丁这样的父母都赞同一句老话——“百炼成钢”，在他们看来，要想让孩子成才，你就得加大压力。但他们并不是鼓励孩子们尽力而为，而是强迫他们做到尽善尽美。从长远来看，这样做必定事与愿违。

孩子力求表现完美可能会导致你忽视问题

完美主义父母不只是希望他们的孩子完美，他们也要求自己完美。即使种种迹象都表明，有些事已无可救药，他们还是要拼命挽回，这可能会给他们自己和孩子带来严重的后果。

克里斯蒂娜·霍普金森就是这样。在《每日邮报》的一篇文章中，她描述了自己的好胜心驱使自己凡事都力求完美的过程。的确，无论在学业还是体育方面，她都取得了出类拔萃的成绩。

她认为，人生中每一个障碍都是她成就卓越的机遇，就连怀孕也不例外。她通过紧急剖宫产手术产下了儿子，他获得了完美的阿普加评分。霍普金森认为，这是她能拥有一个完美孩子的证据。在她带着新生儿出院回家后，她为自己能够为客人做午餐和泡茶而感到自豪。她暗自得意地揣度，大家一定对她剖宫产手术后恢复得如此迅速而赞叹不已。

她告诉所有人，包括社区助产士，她已经进入了新手妈妈的角色，一切都很顺利。她没有提出任何疑问，而是专注于让自己显得完美。助产士们认为她"母乳喂养得很好"，便减少了探访的次数。但情况随之不妙，霍普金森注意到她的孩子有些没精打采，但她拖着不带他去医院，她担心自己看起来像一个偏执或无能的母亲。

就这样过了 5 天，当助产士再来探访时，孩子的体重已经减轻了 25%。他因为新生儿高钠血症被紧急送进了医院，这种情况是有可能致命的。孩子处于脱水状态，血液中的钠含量已经升高到了危及生命的程度。

幸运的是，住院 8 天后，孩子恢复得不错，可以出院回家了。霍普金森说，这件事改变了她的人生观。她承认，如果不是那次经历，"我还在沾沾自喜于生养了一个如此优秀的儿子，而不会意识到会有那么多事（几乎所有的事）是我们无法控制的"。

和霍普金森一样，很多父母都希望因为拥有"完美的家庭"或"完美的生活"而获得他人的赞赏。他们认为出现问题、残疾、疾病或失败都是软弱的表现，这种心态对他们的孩子极为不利。

这就好像出现问题或疾病，就会让他们从神坛坠入凡间，沦为别人眼中的凡人。通常，因为害怕被视为“软弱”，他们不愿接受他人的帮助。

他们不去解决问题，而是无视问题，希望问题能够自行消失。他们试图掩盖，而不是坦承自己的弱点。他们否认自己的痛苦，并拒绝寻求帮助。但实际上，他们的内心并不强大，而只是为了得到别人的认可故作坚强。

孩子为尚未实现目标而付出代价

期望孩子完美的父母很可能存在所谓的“社会期许式完美主义”。他们认为，只有一直保持完美，别人才会尊重他们。他们确信，自己犯的任何一个小错误都可能导致他们失去别人的爱。

但是从表面上看，你很难发现他们的痛苦。他们巧妙地隐藏了自己的恐惧和不安，因为他们已经完全掌握了如何掩饰内心混乱。

社会期许式完美主义与许多问题有关，其中包括：

- 心理健康问题。追求完美的孩子更容易出现心理健康问题，比如抑郁症、焦虑症和厌食症。但由于他们善于掩饰自己的症状，所以往往得不到及时的治疗。
- 自我挫败的行为。研究表明，完美主义与暴饮暴食、拖延和人际冲突有关。讽刺的是，恰恰是渴望成功的完美主义者亲手毁掉了自己的目标。
- 长期的欲求不满。完美主义是成功的大敌。那些觉得自己永远都无法达到别人期望的孩子过着痛苦的生活。长大成人后，不管获得多大成就，他们都不会感到心满意足。

最令人不安的是，研究发现，那些觉得自己无法实现目标的孩子更容易自杀。在2013年发表在《自杀研究档案》杂志上的一项研究中，研究者访谈了12～25岁自杀男性的父母。超过70%的父母表示，他们的儿子对自己的要求和期望过高。

富裕社区的自杀事件也层出不穷，这令研究者怀疑，起因可能是孩子们承受着超越常人的压力。在硅谷，青少年自杀率已经飙升至全美平均水平的5倍。美国疾病控制与预防中心称其为慢性卫生问题。

这与我们在2014年看到的情形类似。当时，弗吉尼亚州费尔法克斯县的青少年自杀率急剧上升。调查人员得出的结论是，学生们脱离实际的期望、父母施加的压力和父母对心理问题的否认都是风险因素。

加州大学经济学家加里·雷米和瓦莱丽·雷米将当今的竞争文化称为“幼儿竞赛”。随着越来越多的孩子上大学，名牌大学的名额变得日益稀缺，父母之间的竞争也越来越激烈。为了考进名牌大学，孩子们要花更多时间做各种准备，以此来满足获得竞争优势的持续需求，这种状况或许会让孩子们觉得，他们永远也无法满足父母的期待。

因此，如果在条件优越的私立学校里表现优异的孩子都感觉自己失败了，可以想象，有学习障碍的孩子是什么感受。英属哥伦比亚大学关于青少年自杀的一项研究发现，89% 的自杀遗书含有拼写错误。研究者的结论是，这些青少年中的许多人可能有学习障碍，也许他们觉得自己无法与同龄人相比。

不管你的孩子是上哈佛的材料，还是需要特殊教育，期待他的表现超过他的能力都可能造成致命的后果。但不幸的是，大多数自杀孩子的父母从未想过孩子会自杀。

怎么做才好?

不能容忍成绩低于 A+ 的凯莉需要明白，成绩不理想并不是世界末日。如果她对 B 不满意，她可以争取下次做得更好。但是苛责并告诉自己多么失败于事无补。

凯莉妈妈必须改变她对成功和失败的看法，并传达给凯莉。凯莉需要知道，即使她没有达到妈妈的期望，妈妈也依然会接纳她。然后，她才能原谅自己所犯的错误。

定期检查你对孩子的期望。你是在督促他尽心尽力，还是在逼迫他做到完美?

你是否给孩子施加了太多压力

你可能很难分辨自己究竟是不是“那种父母”。或许，你在看孩子的棒球比赛时会过于兴奋。或许，当孩子未被选中参加拼字比赛时，你坚持要求与校方见面讨要说法。

你给孩子施加太多压力的表现也可能非常微妙，下面是你需要注意的 5 个信号：

- 批评多，赞美少。过分关注孩子的错误，而不管他哪里做对了，这会让他觉得自己很失败。
- 拿别人家的孩子来比较。你总说“强尼每天练习 4 个小时”或“你姐姐数学考试从来没不及格过”之类的话，不停地拿孩子跟别人比较，而且完全不考虑他的个性。
- 认为很多事都能改变命运。在童年时期，几乎没有什么机会是错过了就不会再有的。所以，如果你发现自己在说“如果你想进重点班，这次考试就得拿 A”，或者“如果你想入选全明星赛，今晚的比赛就要超常发挥”之类的话，那你就要静下心来想一想了。提醒自己，来日方长，孩子会有很多机会大放光彩。
- 经常发火。如果孩子表现不及预期让你感到烦躁和沮丧，说明你也感受到了压力。而发脾气可能意味着你期望过高。
- 对孩子管得事无巨细。高压心态的父母往往会成为控制狂。如果你喜欢围着孩子打转，以确保他做的每件事都“正确无误”，那你多半是在迫使他做到完美。

随着孩子不断成长和成熟，你的期望也会水涨船高。但是有时候，期望提高的速度会超过能力增长的速度。所以，你要时刻警惕这些信号，不要对孩子抱不切实际的期待。

传递关于成就和失败的正确信息

我在一所初中做心理医生的时候，发放成绩单那天总会发生一些有趣的事。在放学回家时，有些孩子会把脑袋探进我的诊室说："莫林女士，我得了4个A！"另一些成绩不佳的孩子则会在面对父母之前先来我这里打打气。

有一天发放成绩单后，西蒙来到了我的办公室，他当时刚开始跟我做治疗。那次考试，他得了两个B。他哭着对我说："我现在可能得搬到我爸爸那里住了。"

西蒙的父母在他8岁的时候离婚了，他们多年来一直在争夺孩子的监护权。法官最近准许他跟随妈妈生活。但妈妈明确告诉西蒙，只有法官认为她把西蒙抚养得很好时，他才能一直跟妈妈生活。这意味着，他必须成为优等生。

可怜的西蒙确信，他需要取得完美的成绩才能跟妈妈一起生活。现在，他害怕自己做得不够好。

西蒙离开后，我给他妈妈打了电话。我原以为她会说，她并不是有意那样说的。可她跟我证实，她确实告诉西蒙，他必须所有科目全得A才行。他和爸爸一起生活的时候成绩都是A，所以她担心一旦成绩下滑，别人会说她是一个不称职的母亲。

她同意下周来我的诊室面谈。她承认，即使西蒙的成绩单上有几个B，在她看来也没有关系，但她担心法官会怎么看。

我解释说，告诉西蒙每门功课都得 A 才能和她一起生活，这让他承受了巨大的压力。每次他考砸了或没做好作业，他都担心自己的处境会受到威胁，这对他来说不是件好事。

起初，她并不赞同我的批评。她反问道：“那么，假如他的成绩下滑，别人又会怎么看我呢？”我问她：“如果你给他施加这么大的压力，要求他表现完美，结果他心理上出了问题，那又会让别人怎么想？”

我解释说，从监护权的角度看，我从未见过哪个孩子因为成绩单上有两个 B 就不得不搬走。但我看到过这样的例子，父母当中的一方给孩子施加了过多的压力，以至于他想去和另一方生活。

她坚持认为，西蒙的成绩单会影响下次法庭听证会的结果。于是我建议她去找她的律师谈谈，多了解些这方面的情况。

不过我也告诉她，即使成绩不理想会影响到西蒙和谁一起生活，告诉西蒙实情对他也没有好处。相反，她最好的选择是鼓励他积极上进，帮助他尽力做好。如果他不得不搬去和爸爸生活，那也是因为法官认为爸爸那里的居住条件更好，而不是因为西蒙学习成绩不好。

她同意不再要求西蒙必须每门功课都拿 A。而且她告诉他，法院正在评估她的表现，看她是否在帮助孩子刻苦学习，争取好成绩。

当然，西蒙已经听她说过，他必须全拿 A 才能和她一起生活，所以在接下来的几周里，他整天都提心吊胆，害怕听到坏消息，要他搬回爸爸那里。但让他欣慰的是，这种情况并没有发生。

事实上，在我给他做心理治疗期间，他一直和妈妈生活在一起。而且，他也能从容看待自己的成绩了。妈妈改变了态度，法庭那边也没动静，这让西蒙的内心稍稍平静了一些。他现在考虑的主要问题是何时摘掉牙箍，在棒球场上打哪个位置，而不是担心他会因为成绩不好而被迫搬走。

暗示孩子如果表现不好就会有坏事降临，这种做法是有害的。跟孩子说“你今晚要是踢不好就拿不到奖学金”，或者“今晚的表演非常重要，不能出任何差错”，这样的话会给他传递错误的信息。

压力也并非总是来自父母。老师和教练也可能告诉孩子，他一辈子只有“这一次机会”，一旦失败就永远都无法成功。我曾无意中听到老师对学生说：“如果你的 SAT（学业能力倾向测验）成绩不好，你就上不了大学。”但实际上，如果一次考得不好，孩子们可以申请重考。SAT 成绩只是影响大学招生官做决定的一个因素。所以，你要考虑所有可能给孩子带来压力的方面，这很重要。

不管事情有多么重要（事情往往没有你想象的那么严重），你都要告诉孩子，你希望他尽力而为。所以，与其要求他从不出错，不如告诉他，即便他的表现没有达到自己的期望，他也有强大的内心重新振作起来。

追求卓越，而非苛求完美

多项研究一致表明，父母只有在孩子的学业上寄予合理的期望，孩子才能实现它。如果你设定的目标高不可攀，孩子就很可能会放弃它。即使他确实做出了一些成绩，他也无暇体验成功的喜悦，因为他还要考虑如何在下一场比赛中做得更好，或者如何保住他的冠军头衔。

如果你的孩子追求卓越而不是完美，他的错误就不会摧毁他的自我价值感。以下是可以帮助孩子追求卓越的 3 种做法：

- **问你自己，这一期望满足的是谁的需要。**你想让孩子成为明星球员，是因为这么做会让你感觉良好吗？你想让孩子取得好成绩，是因为你想让自己更像个好家长吗？你要确保，你的期望所满足的是孩子的需要，而不是你的需要。
- **注重努力过程，而非结果。**你要说“我希望你坐下来学习一小时”，而不是“我希望你考试得 A”。明确告诉孩子，坚持不懈和不断练习能帮他做得更好。
- **当孩子表现出不堪重负的迹象时，后退一步。**如果你的孩子跃跃欲试，那么鼓励他迎难而上就是正确的举动。但是，当孩子出现强烈的抵触情绪时，你再让他坚持到底就没有好处了。如果他说他讨厌踢足球，或者他再也不想弹钢琴了，那可能就说明，你的要求太高了。

表扬和批评交替进行

一味批评你的孩子很不妥，这么做会伤害你们的关系，打击孩子的积极性。

批评完孩子要加一句肯定，表扬完孩子要指出不足，表扬和批评交替进行，就像做三明治一样。

你可以参考下面这几个例子，先指出孩子做得好的地方，再表示你希望他做得更好，最后用积极的口吻结束你的话：

- “嗯，你的衣服都收好了，不错。书架还是有一点点乱，不过你的床收拾得很整洁。”
- “你今天在比赛中表现得很好。不过我注意到，一旦教练把你放到外场，你就有点走神。我觉得，在比赛中，不管你处在哪个位置，都要尽量集中精神。还有，我看得出，你每次击球时，出手都很果断。”
- “你在这个项目上花了很多精力，你这个词好像拼错了，其他都挺好的。”

首先指出好的方面，给孩子一种成就感，帮助他看到他做得好的地方。然后，告诉他哪里需要改进，让他变得更好。接着再表扬他几句，让他充满动力。

但是，你也不要过多使用表扬和批评交替进行的方式。有时只要表扬孩子就够了，别硬把批评塞进去。否则，孩子会觉得他已经做得足够好了，你是在鸡蛋里挑骨头。

如何教孩子尽力而为

在纳丁和凯莉追求 4.0 的平均绩点的案例中，放弃完美主义的关键是减轻凯莉的压力。她必须学会尽她最大的努力，而不是一味追求完美。

如果你的孩子凡事都追求完美，那他很可能总是感觉自己无能。教孩子关注他能控制的事情，比如他有多努力，态度有多积极，不要太在乎是否能获得完美的结果。

寻找灰色中间地带

注意表露孩子存在完美主义心态的迹象——比较明显的是，遇事爱走极端。

初露端倪的完美主义者要么认为自己是大赢家，要么是彻底的失败者。他们认为，一个简单的错误就能使他们的所有成就都归零。如果你的孩子有这种倾向，你就可能会听到他们这样说：

- “我数学考砸了，答错了两道题！”
- “我竟然在舞蹈表演进行到一半时跳错了几步，我肯定是最差劲的舞者！”
- “我那场比赛踢得真臭，两次射门都没进！”
- “我没入选爵士乐队，继续吹萨克斯管已经没有意义了！”
- “我在参加学校音乐剧的试演时搞砸了，他们只给了我一个临时演员的角色，我不要再唱下去了！”

如果你听到孩子的话里存在非黑即白的极端表述，你就要告诉他，世上的事情很少有非黑即白的。你要帮他找到灰色中间地带。

你可以问他这样的问题：“有没有这种可能，虽然你犯了一个错误，但总体表现仍然很不错？”你也可以说：“你今年没入选，并不代表你明年也不能入选。你有一整年的练习时间。”

你也是孩子的榜样，因此要注意你的言辞。即使你没有直接和他说话，他也会在无意中听到你的谈话，并注意到你的态度。

不要说他的数学考试“所向披靡”，也不要说他的体操表演“登峰造极”。这些标签会让孩子的思维变得极端化。

同样，父母在日常交流中也要避免使用极端化的语言。如果你在求职面试中答错了一个问题，不要一回家就说你面试面砸了。正常的做法是报喜也报忧，把话说得平衡一些。比如，“我觉得，关于我以前的工作经历，我的回答还不错，但他们问我最大的缺点时，我就卡壳了”。

教学龄前儿童不断尝试

孩子们并非天生就是完美主义者。假如真是那样的话，他们就可能永远都学不到任何东西。你能想象，一个蹒跚学步的孩子会因为害怕摔倒而拒绝走路吗？或者，你能想象他在第一次摔倒后就认为自己很失败，并因此再也不做尝试?

谢天谢地，小孩子不会那样想。相反，他们会不顾一切地尝试和学习新的东西，并且变得更好，但他们并不追求完美。

学龄前儿童尤其如此。他们想要像大孩子一样，尽管他们的运动和协调能力还不完善，注意力持续时间比较短，也缺乏其他必要的技能。

正是在这个阶段，一些父母急于求成，开始向孩子施加压力。这种做法毫无道理。研究表明，孩子学会走路的早晚与他日后的运动技能和智力的高低无关。事实上，不管你的孩子是在 9 个月大还是在 20 个月大的时候开始走路，到他上学的时候，他的运动技能都会和很多孩子大致一样。

因此，当你忍不住要让孩子超越同龄人，早早就识字或做算术题时，一定要记住成绩好并不能代表一切。除非他拥有其他的软技能，比如当他生气时能让自己平静下来，与人发生冲突时知道如何和平解决，否则他早熟的成绩未必能有后劲。

所以，父母要抑制自己想让孩子凡事都争先的冲动，而且要教孩子建立良好的人际关系，享受快乐。即使孩子犯了错，你也要赞扬他做出的努力;当他坚持面对困难的任务不放弃时，你要给他鼓励。

教学龄孩子适度开心玩耍

好胜未必是一件坏事，但有的学龄儿童却会在争当第一的路上走得太远。你可以通过跟孩子玩一个气球游戏来测试他好胜心的强弱，这个游戏既简单又有趣。

先吹好一个气球，然后跟孩子一起玩传球游戏，交替击打气球。与此同时，你要随机喊出分数，比如，“它在你打到之前从椅子上弹开了！加10分！”然后继续喊：“哦，它碰到了天花板，减1000分！”确保你的评分是随机的、没有道理的。如果他争辩，你甚至可以说：“反对无效，减22分！”不要计算总分，游戏的目的就是开怀大笑。

如果你的孩子笑着和你一起玩，这就是个好兆头。可如果他一再坚持“这不公平”，然后就不想继续玩了，你就该考虑一下，你们家平常是否太在意输赢了。当然，如果你自己都不愿意玩这种不计总分、“纯粹为了逗乐”的游戏，那么你大概也能猜出，孩子争强好胜的性格像谁了。

有些孩子的个性使他们比其他孩子更喜欢竞争，你最好多关注孩子的实际表现。你希望他做事能尽最大努力，但你不希望他有不惜一切代价必须做到完美的感觉。

说到设定目标，你可以问孩子，他心目中的合理目标是什么样的。他期望在社会研究考试中得A吗？还是他觉得能及格就不错了？

鼓励他做得比他所期望的稍好一点。如果他说自己能拿B，你就问他：“你能做些什么来增加你拿B+的机会？”也许再努把劲，或者向老师求助可以让他的成绩再上一个台阶。

但是与此同时，你也要跟他说清楚，成绩的好坏并非完全由他控制。虽然他能控制自己付出多大努力，但他无法控制老师出题的难易程度。

让青少年知道不完美也没有关系

青少年有时会认为，他们的不完美、各种毛病或过去犯过的错误会降低他们的自我价值。一个十几岁女孩来找我做心理治疗时，坚持说自己“身材难看”“数学很差”，所以不可能招人喜欢。随后，我给她做了“挑选鹅卵石测试”。

我的诊室里有一个箱子，里面装满了大小适中的鹅卵石。我经常会让孩子从中挑出一块他们最喜欢的，然后我会问：“你为什么选这一块？”

孩子们通常会这样回答：“嗯，它的边缘有一条奇怪的裂缝，显得很漂亮。”或者：“我喜欢点缀着白色斑点的红石头。”然后我会说：“就是说，即使这块石头有瑕疵，比如说凹凸不平，颜色也不一致，你还是喜欢它，对吗？”话说到这里，他们往往会明白我的用意，于是会心一笑。这个练习能帮助孩子理解，不完美并不会让他们变得逊色，反而让他们变得独一无二，而别人也依然会爱他们。

告诉孩子，他能面对不完美。有时，你甚至可以鼓动孩子故意犯错。对于有完美主义倾向的父母来说，鼓动自己的孩子故意做错事可能会很伤脑筋。不过，这么做可以帮助孩子认识到，不完美并不是世界末日。

如果孩子在班上是一个完美主义者，那就鼓励他在写作业时故意犯一个错误，比如答错一道数学题，或者在英语作文里拼错一个单词。让他看看，即使这样天也没塌下来。虽然这听起来有些匪夷所思，但是怂恿孩子偶尔犯个错误或许能改变他一生的轨迹。当他看到，虽然自己捅了个小娄子，但是天没塌，地也没陷，一切都照旧，这时，他就更愿意放弃他必须永远完美的执念。

告诉孩子，他很坚强，有能力面对犯错的事实，也能够承担相应的后果。容忍自己的不完美能让孩子更加信任自己面对负面感受的能力。

对自己有合理期待的孩子能欣赏他人的成功

10 岁的奥利维娅是一个被领养的女孩。她的养父母必须去外州处理紧急事务，于是让她和我同住了几个星期，直到他们返回。

在离开之前，奥利维娅的养父母告诉我，跟领养系统中的许多孩子一样，她的过度顺从可能是一种生存技能。或许只有在她“乖”的时候，她才不会遭到虐待。但是现在，她极力表现得像是一个完美小孩。因为她生怕自己犯错，以免养父母去找“更乖”的孩子。

在接下来的几个星期里，奥利维娅急于讨好的心理表现得十分明显。她会主动询问：“我能扫地吗？”或者：“我能用吸尘器把家里吸一遍吗？”她从不抱怨任何事。事实上，不管你怎么支使她，她总会说“没关系的”。

自那之后，奥利维娅就成了由我临时照看的常客。每当她的养父母需要出城或者参加不方便奥利维娅同去的活动时，她都会来我这里。看着她这些年的转变，我感慨不已。

在被领养期间，她一直认为是自己不够好才被带离父母的。她认为，如果她不好好表现，别人就不会收养她。但这些年来，她的领养家庭一直在用行动表明，即便她有过失，他们也爱她。当她终于确信自己不需要完美也能得到爱时，她开始变得独立而自信。

当你的孩子认为他足够好（即使他不完美）时，他就愿意去做可能会失败的事情，他就能坦然面对失败，并且从失败中振作起来。内心强大的人不会嫉恨别人的成功。但是，如果你期望你的孩子是完美的，他就总能在身边发现比他更聪明、更富有、更有吸引力、更成功的人，他会认为自己永远都不如别人。你要明确告诉孩子，他只需与昨天的自己相比有所进步就足够了。

常见问题与陷阱

父母对完美的期望可能不仅仅局限于体育运动或学习成绩。有些父母希望孩子举手投足优雅完美。有的父母可能希望他们 4 岁的儿子在餐厅用餐时长时间坐着一动不动，而另一位爸爸可能会想不通，为什么开车出去时，他 8 岁的儿子总是在车后座跟弟弟打闹个没完。

重要的是，你必须记住，你的孩子总会违反规则。他总会不守规矩、犯错误。

谈到孩子的行为，许多父母都会落入一个常见的陷阱，那就是对孩子期望过高，且操之过急。这在设计奖励规则的时候尤其如此。

一位父亲可能会告诉女儿，如果她做家务满 1 个月，她就能挣 100 美元。但这个目标过于宏大，她可能坚持不了那么久。更好的做法是嘉奖孩子的阶段性目标完成情况，即每完成一项家务就支付一定报酬。给她一个“要么全部得到，要么什么都得不到”的预期会让她觉得，她付出的努力可能毫无价值。

当你的孩子表现不完美时，你要注意反馈方式，这很重要。不要被你的恐慌冲昏头脑。如果他的科学考试成绩很差，这不见得会毁掉他的生活。我从未听过一个成年人说："我在十年级时，有次生物考试不及格，这耽误了我的一生。"

因此，与其教导孩子避免失败，不如告诉他，他的内心足够强大，足以让他面对不完美的现实。帮助孩子看到，他仍然是一个可爱、优秀但不完美的人。

有帮助的做法

- 赞美，批评，再赞美。
- 追求卓越，而非完美。
- 给孩子讲讲你失败的经历。
- 问你的孩子他对自己有哪些期望。
- 鼓励完美主义者故意犯些小错误。
- 留意你是否给孩子施加了太多压力。
- 不拿别人家的孩子来比较。
- 适当开展纯粹的娱乐活动，不带有任何竞争色彩。

没有帮助的做法

- 威胁孩子，如果他表现不好，就会有糟糕的事情发生。

- 苛责孩子。
- 总是对孩子的错误念念不忘。
- 给孩子示范“要么全部得到，要么什么都得不到”的思维方式。
- 期望自己完美。

第 7 章

他们绝不允许孩子逃避责任

吉姆和玛莎打电话到我的办公室，要求“尽快预约”治疗。几天后，他们第一次见到我时，玛莎说：“我们终于让儿子搬出去了，再也不想让他回来了。我们需要你的帮助。”

“我知道这听上去不近人情，但他真的太难缠啦！”吉姆解释说。他们的儿子克里斯高中毕业后不愿意上大学，只想开始工作。但他从来也不去找工作。相反，在接下来的7年里，他一直沉迷于电子游戏，和朋友们混在一起。他有时会说正在找工作，但他的父母根本不相信他找过。

等克里斯到了25岁，好不容易找了个服务生的工作时，他的父母欣喜若狂。他提到要和朋友合租一套公寓，他们就开始帮他收拾行李。他总算要独立生活了，这让他们感到十分欣慰，更让他们喜不自禁的是，他终于要走出他们的地下室了。

玛莎说：“他就是太懒了。我下班回家，会发现他用过的盘子堆在水槽里，脏衣服随意丢在浴室地上。我要是让他清理，他就会跟我急。”

吉姆说：“我们也会因为钱的事跟他吵架。他要求我们给他买音乐会的门票，或者给他钱，供他和他的朋友们吃喝玩乐。有时候，我们不得不给他钱，就为了让他离开家。”

现在，吉姆和玛莎终于不用天天跟儿子吵架了。但是，他们的问题并没有画上句号。

克里斯挣的钱不够他独立生活的花销。他每个月还要向吉姆和玛莎要钱。为了帮他保住公寓，他们只好给他钱，但这也不是长久之计，他们的银行存款眼看着越来越少，不知道今后该怎么办。

当我问及克里斯的理财能力时，吉姆和玛莎承认他对此一窍不通。他们也不清楚他究竟是否能量入为出、做预算或存些钱。他们也不知道儿子能挣多少钱。每当他们问克里斯存了多少钱或挣多少钱时，他就不耐烦地说这不关他们的事，他们也就不再追问。

我说如果他们每个月都给儿子钱，那当然关他们的事，他们点头称是。但由于他自己不愿意说，他们也无能为力。

不过有一件事是肯定的：只要吉姆和玛莎听之任之，克里斯就不会自动改变。如果吉姆和玛莎想让儿子在经济上稳定下来，他们首先要改变自己。

吉姆和玛莎面临的问题包括：

1. 积蓄即将耗尽。他们挣的钱本来就不多，持续不断地接济克里斯很快就让他们捉襟见肘。再这样下去，账户里就连一分钱都不剩了。

2. 他们不想让克里斯搬回家。他们认为，克里斯在外面住是最佳选择。当然，他们也不想让他无家可归。

我建议他们和克里斯建立以下基本规则：

1. 他必须告知收入情况。如果父母每个月都给他钱，那么他们当然需要知道他能挣多少钱。
2. 他必须和父母一起做预算。做预算是理财的第一步。
3. 他必须和父母一起学习理财。一家人每周见一次面，支付账单，了解收支状况，处理预算，这些是帮助克里斯学会量入为出的重要步骤。
4. 他每个月只能从父母那里得到一定数额的钱。如果吉姆和玛莎决定继续接济克里斯，他们需要明确数额，并且要设置严格的限制，哪怕他超支了也拒绝给他额外的钱。

吉姆预计克里斯会拒绝接受这些规则。如果得不到他们的接济，他就会被赶出公寓。然后，他就不得不搬回家。而因为上班路途太远，他就会辞掉工作。从此，克里斯又会永远和他们生活在一起。这让吉姆忧心忡忡。

我提醒他，如果克里斯选择不与他们合作，处理好收支状况，他就要接受没钱付账单的直接后果。而且，如果他被逐出公寓，他们也没有义务让他搬回家住。

吉姆同意他们没有让克里斯搬回家住的“法律义务”，但他觉得从道义上说，他们该这么做。他认为，克里斯不像其他年轻人那么聪明。

我劝慰他们，克里斯能从高中毕业，就说明他足够聪明，他不仅能保住工作，也能学会理财。假设他没能力养活自己，只会给他一个借口，让他一辈子都不想承担责任。

吉姆和玛莎同意回去考虑一下。下周再来时，他们同意按我说的计划做。吉姆说他花了很长时间考虑这个问题，最终决定帮儿子自立。他感到很遗憾，早年没有教过克里斯理财技巧，但他知道，如果现在还不教的话，克里斯恐怕这辈子都学不会了。

过了几天，他们把新计划告诉了克里斯。听完他们介绍的各项规矩后，克里斯说："你们好像根本不在乎我吃饭的钱够不够！"然后他"啪"地挂了电话。随后一周都没他的消息。但后来，他打电话来要钱。

吉姆和玛莎态度很坚决，说他们需要先见面谈谈财务问题。克里斯说他们"控制欲太强"，然后又挂断了电话。但到了第三周，他又打电话说，他该付的那一半公寓租金到期了，只要能给钱，让他做什么都行。

他们同意去克里斯的公寓见面，一起评估他的财务状况。克里斯不知道他挣了多少钱，也不知道他欠了多少钱。吉姆和玛莎帮他算清了账。

然后，他们帮克里斯建立了收支预算。加上小费，他的收入也不足以应付支出。于是，吉姆和玛莎同意支付他的购车款，条件是他要学着量入为出，并允许他们继续辅导他学习财务技能。

吉姆和玛莎后来只和我约谈了两次。他们说，他们感觉压力小多了，他们开始对未来和儿子将来的生活充满希望。尽管克里斯已经是成年人了，但他们觉得今天才开始做早就该做的事，培养他足够的责任心来独立生活。

你是否让孩子承担了足够的责任？

别把孩子当小大人看待，这很重要。但同样重要的是，不要把他当成一个无能的孩子。所以，当你想让你的孩子“只是个孩子”的时候，一定要记得，你还要把他培养成一个负责任的成年人。你身上发生过下面这些情形吗？

- 我经常代替孩子做他力所能及的事情。
- 我不让孩子做太多家务。
- 我的孩子可以保留他的权利，不管这是不是他争取来的。
- 我不会花太多时间教孩子掌握生活技能，比如洗衣服或量入为出。
- 我弄不清楚究竟该让孩子承担多少责任。
- 我常常原谅孩子的错误或健忘。
- 我多半会让我的孩子就“当个孩子”吧，而不是培养他的责任心。

为什么父母会让孩子逃避责任？

在克里斯小的时候，吉姆和玛莎认为他不如哥哥聪明，因此对克里斯的期望值较低，他们也从来没有花太多时间帮助他学习生活技能，让他更有责任感。

幸运的是，他们终于开始教他一些成年后的生活技能。而这些技能如果能在孩子还小的时候教授，要容易得多。但是，出于各种原因，许多父母并没有把责任心的培养放在首位。

虽然你可能不会养育出一个想要一辈子啃老的孩子，但你可能会让他逃避某些责任，从而限制他潜能的发挥。

父母只见树木不见森林

有时候，父母太关注结果，而忘了孩子在成长过程中能学到很多经验和教训。比如说，如今美国的父母越来越喜欢起诉老师，这种趋势令人十分不安。

当孩子作弊、旷课次数过多或成绩不达标时，父母会起诉学校。有时，在诉讼的威胁下，或在校董事会的压力下，老师们会更改成绩或取消纪律处分。儿童权利受到侵犯就起诉学校并不是什么新鲜事，但“糟糕成绩”侵犯儿童权利的观点似乎正日渐流行。

就算老师打分“不公平”，父母就该起诉老师吗？面对不公是重要的生活技能。看到父母和其他成年人如此面对生活中的不公情形，孩子们也会有样学样。你的孩子很可能会在某个时候遇到蛮横的老板或待人刻薄的上司，但这并不意味着他需要起诉他们。

同样的道理，一些父母不太关心怎样培养孩子的责任感，而是更关注他们的孩子能不能比过其他的孩子。因此，他们将所有精力都倾注在确保孩子的成绩单能够吸引大学招生人员上。

很明显，在大学申请表上写上“我每天都整理床铺”是不大可能让孩子进入常春藤盟校的。在父母们看来，与其教孩子们叠衣服或换床单，不如让他们多参加一些课外活动，丰富他们的简历，比如拉大提琴、争取进入校运动队，以及带领数学竞赛团队在比赛中夺冠。

事实上，现在的大多数父母根本不让孩子做任何家务。根据布劳恩研究公司 2014 年的一项调查，尽管 82% 的成年人说他们小时候要做家务，但只有 28% 的人让孩子做同样的事。

这意味着，多达 72% 的孩子在家里过着饭来张口、衣来伸手的生活！他们不知道该怎样为家庭做贡献，他们错过了学习重要技能、为未来做准备的时机。毕竟，知道如何为家庭做贡献才能让人在未来拥有幸福的婚姻。

孩子的责任心需要共同培养

有时候，你很难知道在你和孩子之间，责任的分界线在哪里。也许，你认为你的职责是维护好自己的家。当孩子的房间乱七八糟时，你会觉得清理房间是你的责任，因为他的房间是你的房子的一部分。

或许，你觉得你有责任保证孩子获得他需要的东西，以便他能顺利地接受学校教育，参加各种活动。于是，如果他忘记把足球鞋放进书包，你就会在他训练开始前专程送鞋给他。毕竟，如果你都不能保证孩子穿戴整齐去踢球，那你怎么说也不像个尽职尽责的父亲或母亲吧。

说到家务事，亲力亲为的效率当然更高。教孩子洗衣服、做饭也是挺费时间的。何况孩子要是犯了错，比如把容易掉色的红衬衫和一大堆浅色衣服一起扔进洗衣机里，那后果也是很严重的。因此，为了省时省力，避免不必要的麻烦，许多父母都选择自己承担所有家务。

而且，当你真要教孩子做些家务时，你很可能要教很多次才行。比如花不少时间教他修剪草坪，免得高低不平，或者教他准备一桌满足全家人口味的饭菜。对于许多父母来说，他们忙里忙外，根本没有时间培养孩子的责任心。

有些父母很难放手

塔妮娅是一名职业女性，她曾经因为心情郁闷而找我寻求心理治疗。一天，在治疗进行到一半时，她的手机响了。塔妮娅说："是我儿子的电话，请稍等一下。"

她接了电话，开始柔声细气地说话，好像对方是个 3 岁的孩子。"好吧，今晚就热些薯条和热狗当晚饭，可以吗？明天来我这里吃晚饭吧，我来做千层饼。"她说。

挂断电话后，她解释说："每当我儿媳去外地，我儿子就会给我打电话求助。他想知道今晚应该为孩子们准备什么晚餐。"到现在，他还在为这种小事向她讨教，这让她感觉很受用。

她说："我一直担心他们长大后会离开我，现在我很高兴他们还需要我这个妈妈。"

接下来，我们有了一个新话题，即塔妮娅的人生目标在多大程度上与照顾孩子有关。以前做全职妈妈时，她总是大包大揽替他们做事。如今，她 30 岁的儿子竟然不知道该给他的孩子做什么晚餐，而她内心深处竟有一种病态的自豪感。

那天她在我的诊室接她儿子电话的举动让我迅速确定了治疗的切入点。治疗的重点转到了如何以有益的方式帮助一位空巢老人确立生活的意义和目标上。

和许多父母一样，塔妮娅难以忍受伴随孩子们长大成人而带来的失落感。为了缓解自己的伤感情绪，塔妮娅仍然不合时宜地插手孩子们的生活。孩子们对她的依赖，给了她一些短暂的快乐，但这不足以让她感到自己的生活丰富多彩。

在我做社工的第一份工作中，我有一位临床主管曾经说过："你把孩子养到 12 岁以后，你的角色就要从司机转变为乘客。"这并不是说，孩子在他们十几岁的时候不需要你，而是说与其为他们做事，不如让他们自己承担更多的责任。

允许孩子逃避责任会拖延他们成熟

我的客户吉姆和玛莎追悔莫及，他们真想让时光倒流，好重新培养克里斯的责任心。尽管从年龄上说，克里斯早已是成年人，但他在心理上还没有进入成人世界。他缺乏独立生活所需的技能，而他的父母则要为此付出代价。

所以，你可能认为，每天为 10 岁大的儿子铺床不算什么，或者替你的孩子填写大学奖学金申请表是在帮助他。但是回头看去，你却可能是在帮倒忙。如果你不让孩子们有机会为自己的生活负责，他们就无法学到发挥最大潜能所必备的技能。

不负责任的孩子成长为不负责任的大人

如果孩子们没有学会主动承担责任，他们将来就会对成年后的生活缺乏准备。他们往往缺乏在大学、军队或工作中取得成功所必备的技能。因此，我们注意到另一种令人不安的趋势：父母过度介入成年子女的就业。密歇根州立大学 2007 年进行的一项调查显示，32% 的大公司表示，员工父母曾通过各种方式与公司联系过。31% 的招聘经理表示，他们见过父母替他们的孩子递交简历；4% 的招聘经理表示，他们遇到过父母陪着子女一起来面试；9% 的招聘经理表示，一些父母曾出面帮子女谈工资待遇。

一些人力资源部门表示，当员工受到纪律处分时，他们会接到相关员工父母的电话。就像在中学一样，年轻的成年人一遇到麻烦就找爸爸妈妈诉苦。他们的父母也乐于掺和进来，不管自己的孩子在工作中出了什么错，他们都要想方设法为他们开脱。

如果你认为你的孩子无法自己找到工作，或者你认为他无法独自面对工作上的难题，这本身就是一个大问题。这并不是说，你的孩子不需要你的帮助。他可能不知道该如何谈待遇问题，或者，他也可能想让你帮他看看简历。你可以把人生经验传授给他，但这与大包大揽地替孩子做事完全不同。

如果你总是想着把你的孩子从困境中解救出来，让他与责任隔绝，他就会缺乏在现实世界生存所需的经验和信心。孩子未来的老板或者伴侣不会对一个在经济、身体和情感上仍然依赖父母的人感兴趣。

怎么做才好？

以吉姆和玛莎为例，他们希望儿子克里斯更有责任感，但他们的所作所为非但没有给予他更多自主权，让他负起责任，反而助长了他的任性胡为。如果他们不改变做法，他们就可能永远停留在左右为难的困境中。

他们想让克里斯做出改变，首先就得确保他学会自立。这意味着，他们必须先给他当老师，还不能放手让他去做。

你试图让孩子规避责任的做法其实是在害他。你要制订一个计划并严格执行，帮助你的孩子获得必要的技能，以便成长为一个负责任的成年人。

期望你的孩子有责任心

大多数父母都低估了孩子的能力。但如果你越俎代庖，他就不再愿意自己学着做。

让你的孩子有机会练习独立做事。虽然让他协助你做事确实需要花费更多的时间，但你可以把这些时间当作一种投资。你现在教他做事所花的时间越多，你将来替他做事所花的时间就越少。

以下是帮助孩子增强责任感的一些例子：

- 与其给他切水果，不如带他看你放水果的地方。说说葡萄为什么要洗了再吃，或者苹果为什么要切了再吃。下次他要吃水果时，你也让他做一些事，比如叫他去拿水果，或者在他洗水果的时候告诉他怎样才能洗得更干净。
- 孩子比赛前，别问孩子：“你为今晚的比赛准备好水瓶和制服了吗？”而要问：“你需要带哪些东西去参加今晚的比赛？”
- 如果孩子要准备一个项目参加科学展览，不要在截止日期前的那天晚上坐下来和他一起赶工。你可以早点提醒他说：“你的科学展览项目好像要在两周内完成吧。你怎么做才能按时完成呢？”你可以帮助孩子确定每天的工作量，以确保他能按时完成这个项目。

在孩子成长和成熟的过程中，你要不断给他独立处事的机会，展现他的责任心。当他犯错时，你将知道他需要更多的机会来练习。

让你的孩子承担责任

每天早上，曼迪至少要叫 6 次，13 岁的儿子瑞安才会起床。头几次，她都温言细语地叫他。但当他一直赖着不起时，她就会没好气地大吼着摇晃他。等他好不容易慢吞吞地从床上爬起来后，又磨磨蹭蹭迟迟不出家门。

瑞安每周都有好几次赶不上校车。曼迪只好开车送他去学校，这导致她上班经常迟到。瑞安错过校车当然让她很沮丧，但她觉得自己别无选择，只能送他去学校。“我不能因为他没赶上校车就让他待在家里。他巴不得那样呢！”她说。

他们住得离学校太远，瑞安步行去学校不太安全，因此我建议曼迪把开车送他去学校的时间和油钱都算在他头上。

问题是，瑞安没有钱。他从不做家务，所以他没有挣过零花钱。好在曼迪同意改变做法。

如果瑞安没赶上校车，他就得做家务，直到挣到足够的钱还她。在做完家务前，他不能享有任何权限，包括玩电子游戏。

于是，下次瑞安没赶上校车时，曼迪就送他一程，告诉他车费是 15 美元。那天晚上，她给了他一份家务清单，每项标价 1 美元。

他需要完成清单上的所有家务才能还清路费。

她告诉他，在做完家务之前，他不可以玩电子游戏，或者和朋友出去玩。令她惊讶的是，那天晚上，瑞安完成了清单上的所有家务。第二天，她只叫了一次，瑞安就起了床，还提前几分钟赶到了校车站。

新做法取得了这么好的效果，让曼迪十分高兴。不过，她知道，在未来的某个时刻，瑞安可能还会犯老毛病。但是这一次，她已经准备好要让他为自己的行为负责。

注意，你的一些做法可能已经在无意间奖励了孩子不负责任的行为。以下是一些例子：

- 一个 8 岁的小女孩懒得把自行车放进车库，总是随手把它扔在外面。她知道爸爸下班回家后会替她把自行车收起来。
- 一个 10 岁的女孩总是说她没有任何家庭作业。等到上床睡觉的时间，她突然想起有项作业没做，而她的父母允许她熬夜完成。
- 一个 12 岁的男孩“忘记”做一项重要的家庭作业，直到交作业的前一天晚上才想起来。他知道妈妈会帮他拼凑一些内容，这样他的成绩就不会太差。
- 一个 14 岁的男孩一周都没有练习钢琴，他知道老师会生气，于是说服妈妈告诉钢琴老师他生病了，这样老师就不会生气了。

如果你的孩子不负责任，你就要让他付出一定代价，由此培养他的责任感，以免再犯。如果你不追责，他不会主动改正。以下是一些让孩子付出一定代价，促使孩子增强责任感的例子：

- 在足球赛季，一个女孩把衣服弄丢了。她把两件运动衫放在了衣帽间里，后来再也没找到，她父母就让她用自己的零花钱去买新的运动衫。
- 有个男孩骑自行车兜风时忘了戴头盔，他的父母没收了他的自行车。
- 每次戏剧导演通知大家下一次排练的日期和时间时，一个女孩从不认真听。她的父母就让她自己打电话给导演，问清具体的日期和时间。她的父母还定了一项规矩，如果她想搭车去排练，就要提前 24 小时通知他们。

让“惯犯”自作自受

有时候，你可能不用特意责罚孩子，只需袖手旁观，任由他承担自然后果。当你的孩子是“惯犯”时，这一点尤其有用。

以下是一些例子：

- 一个孩子忘记把篮球鞋装进书包，这已经是第三次了。他的妈妈拒绝再送鞋去学校，要给他个教训——没有运动鞋，他就不能参加训练。
- 一个孩子信誓旦旦地说他没有任何家庭作业。他的父母没有查看他的作业簿，而是允许他第二天没完成作业就去上学。课间休息时，他不得不待在教室里写数学作业。

- 一家人来到游乐园，刚进大门，孩子就要在几分钟内花光他所有的零花钱。他的父母没有拦着他，让他这样做了。然后，在接下来的一整天里他都没钱玩任何项目了。

当你的孩子承担自然后果时，你要表现出同情而不是愤怒。你可以说："我知道，你不能参加训练，心里很难过。但愿下次你能记得带上球鞋，这样就能和大家一起训练了。"

让孩子承担自然后果比较适合 8 岁以上的儿童。低于这一年龄的孩子理解能力不足，他们不知道这是他们行为的直接结果。

如果你打算让孩子承担自然后果，事先应确认这种后果会给孩子一个深刻的教训。或许，有的孩子在课间休息时极不情愿留在教室里，而换作另一个孩子可能根本不在乎。因此，你要想清楚一件事的自然后果会对孩子产生怎样的影响。

利用祖母戒律

祖母戒律教导我们，要以负责任的行为换取权限。给你的孩子创造一个积极的生活氛围，让他认识到，他随时可以采取行动，努力争取自己想要的东西。所以，你不能说"你不打扫干净房间就别想出去玩"，而要说"你把房间打扫干净就可以出去玩了"。

措辞上的细微变化对孩子如何看待自己的责任有巨大的影响。

他更有可能意识到，“什么时候获得权益由我说了算”，而不是，“我不能得到某样东西，因为我的父母不愿意给”。

这种态度的转变告诉你的孩子，他要对自己的选择负责。他选择承担的责任越大，他就会获得更多的权益。

下面是一些有效实施祖母戒律的例子：

- 你写完作业就可以玩电脑了。
- 你把玩具收好后，我们就一起玩游戏。
- 你做完家务后就可以骑自行车了。

在你告诉孩子他做出一个好的选择会有什么好处之后，给他留出一些时间做决定。别不停地唠叨、乞求或提醒他该做他的事了。如果天色已晚，他还没做完家务，你就告诉他今天不能出去玩了，但他可以第二天再去。

做一个负责任的榜样

虽然和孩子谈论日常责任很重要，比如打扫房子或去上班，但更重要的是，你要表现出认真对待责任的态度。一个负责任的成年人要扶危济困，动手解决问题和关心大家的安全。

所以，虽然有时候你可能禁不住想要偷懒，逃避责任，尤其是在你忙得焦头烂额的时候。但你要记住，你的孩子一直在看着你。如果他看到你不怕麻烦勇于担责，他也会认识到负责任是一件多么重要的事。

以下是父母做了负责任的榜样的一些例子：

- 在杂货店购物时，一位父亲注意到地上有摊水。他建议店里的一名员工找人清理一下，免得有人滑倒。他告诉他的孩子，虽然这不是他们干的，但他既然发现了，就有责任帮助解决这个问题。
- 一位母亲看到年迈的邻居出去散步时看起来好像心事重重，便走上前去问她是否需要帮助。她告诉她的孩子，帮助遇到困难的人很重要。
- 一位母亲注意到，有个校车站处在盲角。每天早上，几个孩子都会在那儿的马路边等车，看来存在安全隐患。这位母亲向学校反映了相关情况。她对孩子解释说，学校可能也想听到这类事关安全的建议，这样他们就可以设法消除隐患，保障孩子们的安全。

有时你可能忍不住会说："应该有人为此做点什么。"这种情况需要注意。你完全有机会成为那个人，并展示给你的孩子。即使没人提出要求，你也愿意主动站出来做正确的事情。这样你的孩子会更有可能认识到，他有机会甚至有责任在他的生活中做同样的事情。

如何教孩子负责任

在克里斯啃老的案例中，吉姆和玛莎不得不制定一些基本规则。他们必须找到一种方法，教他们的儿子本该在小学就学会的东西，但他们又不能像对待小孩子那样对待他。关键是，在克里斯很小的时候，他们没有教给他必要的生活技能，现在要重来一遍，可以想象难度有多大。

想想看，你有哪些做法可能会让你的孩子逃避他有能力承担的责任。父母要积极主动地教孩子做一些事，帮助他学会负责任，越早越好。

尽早让孩子参与家务劳动

不要低估一个能自己铺床的孩子所蕴含的能量。明尼苏达大学的研究者发现，从小就开始做家务的人，长大成人后更可能取得成功。做家务比家庭收入、孩子的智商或家庭背景更重要。

研究还发现，孩子在三四岁时就应该开始做家务了。那些直到十五六岁才开始做家务的孩子，将来取得成功的可能性会降低。然而，即使你的孩子已经十几岁了，也不要绝望。亡羊补牢也比什么都不做好。

主持这项研究的副教授马蒂·罗斯曼说，家务劳动有助于培养我们一辈子的责任感。幼儿从做家务中获得能力、自立和自我价值的提高，这些都可能有助于他们未来的成功。

做家务的孩子长大后会更适应环境，对他人更有同情心。从小教会孩子负责任，甚至可以帮助他们在成年后拥有更好的人际关系。

你要让孩子明白，做家务和负责任的行为并不总是充满乐趣。但不能因为感觉无趣就不去做。完成自己不喜欢的事也是一项基本的生活技能。

至于孩子们做家务该不该给报酬，各方研究结论不一。有些研究表明，孩子做家务挣零花钱的做法，会让他们养成不给钱就不做任何事的习惯。可另一些研究表明，付钱给孩子做家务可以让孩子学会理财。

所以最好是将这两种做法折中。不要每做一件家务活就给钱。一个家庭的所有成员都应该分担一些家务事，比如摆放饭桌、收拾自己的餐具、刷锅洗碗之类，这都是一个好公民的基本素养。

重要的是你的孩子在没人督促，也不会挣到零花钱时，仍能主动去做这些事。你期待他会有这种表现，只有这样，你才能确定，将来他和室友或伴侣住在一起时，能承担起责任，而不用别人提醒。

你要确保孩子能认识到他人的需求并伸出援手。如果奶奶需要人帮忙把刚买的一堆日用品从车上拿下来，或者一个朋友正吃力地抱着几个盒子，你希望他不需要别人提醒，就能主动上前帮忙。而且，你也不想让他期望得到报酬。所以，一定要强调做个好公民的重要性，乐于助人，不求回报。

你可以给孩子安排能够得到报酬的家务。有些原本就是要花钱找人做的事，比如修剪草坪或洗车之类的，就是他可以挣零花钱的机会。你要做的是订立一些规则，帮助他学会理财，不乱花钱。

接受解释，而不是借口

如果你的孩子把事情搞砸了，让他解释，但不要让他为自己不负责任的举动找借口。借口总是把事情的结果归咎于他人或外部环境，解释倾向于承担责任。这里有一个例子：

借口：我考试不及格，因为老师讲得不够好，她都没告诉我们该复习什么。

解释：我考试不及格，因为我没看懂资料，理解不对。

即使考试难度很大，或者老师没有讲解清楚，孩子仍然是有选择的。如果他没听懂，他可以寻求帮助。教他对自己的行为负责，提高他今后获得成功的机会。

当你的孩子找借口时，你要帮他指出来。告诉他："这听起来像是一个借口。你怎么做才能防止这种情况发生？"或者："你在这其中要负什么责任？"帮助孩子弄明白，找借口并不能减轻他的责任。

教学龄前儿童做帮手

在培养一个真正有责任感的孩子方面，成功的标志是他不需要别人提醒，就能认识到什么时候应该出手相助。虽然这项素质好像没那么容易习得，但你可以在学龄前就开始引导孩子。一个简单的做法就是把你的孩子称为“帮手”。

加州大学圣迭戈分校 2014 年的一项研究发现，3～6 岁的孩子更喜欢以“做帮手”的方式帮助别人。而在他们可以选择是否帮助别人的时候，他们的表现就不够积极。（类似地，斯坦福大学 2011 年的一项研究发现，如果成年人把自己视为选民，而不是帮忙投票的人，他们就更有可能去投票。）

如果孩子们把自己看作帮手，他们会随时在必要时出手帮助别人。所以你要对孩子说“咱们看看今天怎么当帮手”，或者“你真是个好帮手”之类的话，这有助于塑造孩子对自己的看法，让他认为自己是一个有能力、独立的人，能够帮助别人。

学龄前孩子还不能做很多家务，但你可以教他做帮手，让他参与到你正在做的事情当中。让他帮你洗碗，拖地板。你出门办事或去购物时，让他做点小事，并夸赞他是“一个得力的小帮手”。

以下是一些你可以分配给学龄前孩子的家务：

- 叠被子
- 收拾玩具

- 给袜子配对
- 整理自己的衣物
- 清扫灰尘
- 拖地板
- 倒空卧室或浴室里的小垃圾桶

教学龄儿童将不同的事关联起来

只要有可能，你就要指出孩子的行为和结果之间的直接联系。有些话能帮孩子把前因后果联系起来，比如：“我们来弄清楚这其中的关联。你学习真的很努力，正是因为下了功夫你才取得了好成绩。”或者：“多亏你每天晚上都在后院练习，你的球技才大有长进。”

如果他付出了很多努力，但还是失败了，你就要向他保证，他的努力不会白费。你可以说：“所有的练习都是为你明年入选球队做准备。”或者：“刻苦学习可以帮你学到更多，但不一定总能让你取得好成绩。”

当你的孩子意识到他的选择会影响结果时，他就会对他的决定承担更多的个人责任。随着年龄的增长，他会发现自己对达到目标的可能性有相当大的控制力。

除了找出不同事情之间的关联，你还要给他分配一些家务，帮他增强责任感，比如：

- 拖地
- 做一些简单的食物，比如烤奶酪三明治

- 择菜
- 把洗衣店洗好的衣服收起来
- 给自己打包午餐
- 清洁浴室
- 用吸尘器清理地毯

教青少年放眼未来

如果你的孩子已经十几岁了，那么过不了几年，他就要进入成人世界了。所以，学会冷静下来着眼大局是很重要的技能。

你的孩子学习成绩好，擅长运动，但这并不意味他就能成为一个负责任的成年人。你的孩子需要学习所有的生活技能，除了做家务（比如洗衣服）之外，他还需要培养社交技巧、人际关系技巧和沟通技巧等技能。

不要忽视一些你自以为孩子已经知道该怎么做的简单事情。不少十几岁的孩子不爱打电话，他们习惯了发短信，对电话礼仪一无所知。你的孩子很可能需要和一个活生生的人通电话。因此，让他自己去安排一个约会。或者，当他对某种产品或服务有疑问时，让他打电话给那家企业。

把每一天都当作帮孩子学到更多生活技能的好时机，当他违反规则或没有履行他的责任时，把它看作是他需要更多练习来做出更好决定的信号。

此外，这个年龄的孩子应该具备了做很多家务的能力。你可以让孩子轮换着做不同的家务，把所有家务都尝试一遍。以下是一些可以分配给孩子做的家务：

- 做饭
- 换床单
- 照顾弟弟妹妹
- 洗车
- 修剪草坪
- 洗碗
- 去商店买东西
- 擦玻璃
- 除去花园里的野草
- 耙草地

有责任心的孩子会成长为坚韧的人

韦罗妮卡担心她 14 岁的儿子扎克患有多动症，就带他来我这儿做心理治疗。她说扎克健忘、做事缺乏条理，而且十分懒惰。我在诊室经常见到这样的现象，深感挫败的父母实在想不通，他们的孩子为何缺乏做事的动力。但在和他们交谈了一会儿之后，问题的症结就逐渐显现出来了。

韦罗妮卡断定扎克是个不负责任的孩子。所以，她不停地提醒他做每一件事。她会说："扎克，去比赛时别忘了带上你的水瓶。"或者："记住，你今晚要为科学考试复习功课。"

由于她事无巨细都会提醒，扎克也就从不用心管理他的时间。他一直等着妈妈告诉他该干什么。而且，当她让他做一件事时，他通常只是做到刚好完成任务，一点也不会多做。

他并没有学着独立思考，而只是服从命令。难怪他健忘、做事情无条理。幸运的是，韦罗妮卡只需在教养孩子时改变一些做法，就能帮助扎克变得更负责任。

由于韦罗妮卡总是唠叨个不停，提醒扎克要做什么，扎克也就避免了承担任何后果，从未体验过自己的行为会带来怎样的影响。一旦开始让他面对一些自然后果，他的责任心就显著增强了。

给孩子布置一些困难的任务，即使他有时会失败。经过练习，他会学会总结经验，再做尝试。而且，他会发现，他可以做到他以为自己做不到的事。

让孩子为他的行为负责。假以时日，他就将学会如何做一个负责任的人。而且，他也将学会从失败中吸取教训，再做尝试。

内心强大的人不会因为一次失败就放弃。但是，孩子需要练习面对失败，这样他才能学会不被失败打倒。教孩子承担责任是帮他学会面对困难和在失败后做出改进的最佳方法。

常见问题与陷阱

有时候，父母会在传统性别分工观念的影响下分配家务。比如让女孩刷锅洗碗，让男孩打扫车库。你要确保不要让孩子所学的技能受制于性别。

另一个常见问题是不能一以贯之。有时候，父母精力充沛，能够认真督促孩子做家务，或者在培养孩子的责任感上更用心。但在他们疲惫不堪或压力过大的时候，他们就可能松懈下来，不再坚持。要知道，除非你坚持不懈，否则你的孩子不会真正掌握这些技能。你现在越是认真培养孩子的责任感，将来就越少操心。

孩子因承担责任而感到压抑的原因往往是他不明白你的期望。只是告诉孩子“打扫你的房间”或“做你的家务”远远不够，你要让孩子明白你的要求和你对他的期望。

如果你的孩子总犯老毛病，别发火。长篇大论地训斥孩子也没用。千万别这样说：“你怎么总是忘记带你的运动鞋？你要带到学校的东西并不多，这么简单的事你还总是忘！”

正确的做法是和孩子一起解决问题。你可以这样说：“这是你第三次忘了带你的运动鞋。我们该怎么做才能帮你记住呢？”不管是你的孩子需要在门口贴上随身物品清单，还是在平板电脑上设置备忘录，你都要帮助他想办法变得更有责任感，并且与他共同努力，达成目标。

有帮助的做法

- 期望你的孩子有责任心。
- 不负责任要接受惩罚。
- 如果孩子总是犯同样的错误，让他承担自然后果。
- 利用祖母戒律。
- 把你的孩子称为“帮手”。
- 让孩子从小就开始做家务。
- 相应的权限必须是孩子自己挣得的。
- 让孩子承担责任。

没有帮助的做法

- 唠叨、乞求和责备孩子。
- 当孩子不负责任时，你总是帮他开脱。
- 允许孩子为他的行为找借口。
- 注重安排活动，而不是培养孩子的责任心。
- 大包大揽，为孩子做得太多。
- 不能严格执行惩戒措施。

第 8 章

他们绝不过度保护孩子

自从5年前离婚以来，朱莉一直独自抚养自己的三个孩子。他们的年龄分别是16岁、14岁和10岁。她的前夫迈克尔住在附近，通常每周都会去看望孩子几次。但是，由于他的公寓只有一间卧室，孩子们从来没有在那里过过夜。

事实上，他们甚至很少去他的公寓。于是，迈克尔常到朱莉家里看孩子，那是他们结婚时住在一起的房子。朱莉也觉得这么安排更方便一些，因为他的公寓太小了，而孩子们有游戏机、自行车等各种物品。

朱莉和迈克尔没离婚时，迈克尔就经常出差。所以即使他们离婚了，孩子们的感受也没有什么不同。他们见到迈克尔的次数几乎和从前一样多。

朱莉非常同情迈克尔的处境。由于迈克尔仍然单身，她每周日晚上都请他去吃晚饭。她知道他不擅长做饭，所以总是让他把剩饭带回家。

迈克尔也会到朱莉家过节。朱莉认为，为了孩子，他们应当像一家人那样为孩子们庆祝生日和圣诞节，这很重要。她买了礼物，却把迈克尔的名字写在了上面。

这些年来，朱莉交过几个男友，但都不长久，除了现在的男友戴维，他们已经在一起大约半年了，朱莉认为，他们将来很有可能会在一起。

但是，这里有一个问题。当迈克尔和戴维见面后，迈克尔表现得非常粗鲁。他对戴维很不客气，还在朱莉和孩子们面前对戴维冷嘲热讽。

为了让戴维免遭迈克尔的羞辱，当迈克尔来看望孩子时，朱莉就会去戴维家。然而最近，他们越来越感到，这么做非常不便。

还有两个月就是圣诞节了，朱莉变得越来越紧张。她想邀请戴维到她家去，陪孩子们一起过节。但她知道，迈克尔肯定也想来。

为了解决这个头疼的问题，她来找我治疗。她想知道该如何过圣诞节、和谁过，无奈百思不得其解。“恐怕还没到圣诞节，我就精神崩溃了。”她说。

她很清楚，她必须向前迈一步了，她再也不想和迈克尔纠缠在一起了。我问她，为什么跟迈克尔一起过节这么重要，她说：“因为孩子们希望我们都在一起，像一家人那样。”

同时邀请戴维和迈克尔前来过节会造成紧张和尴尬。但是她觉得，如果迈克尔没来，孩子们会非常难过，她不想毁掉他们的节日。而与此同时，她也想和戴维一起过圣诞节，这使她左右为难。

朱莉所面临的问题是：

1. 她在拖延痛苦的到来。虽然她已经离婚了，但她不想让孩子们经受由此带来的痛苦。她想把离婚对孩子们的伤害降到最低，但实际上，她只是拖延了这一不可避免的后果。
2. 她的选择正在伤害她与戴维的恋情。朱莉无法迈出下一步。她与迈克尔的藕断丝连使她无法与戴维维持正常的恋情。

我的建议是：

1. 与迈克尔保持距离。虽然有些夫妻确实在离婚后保持了亲密的友谊，但显然，迈克尔和朱莉无法做到这一点。她需要在他们之间设立起合适的界限。
2. 允许孩子们感受痛苦。尽管他们离婚已经好几年了，但他们从未在生活上真正分开。如果现在要这样做，那就意味着所有人都要承受悲伤。

朱莉花了几周时间才想通，她决定与迈克尔保持亲密关系只是暂时让孩子免遭痛苦。她发现，现在是时候和迈克尔划出更清晰的界限了。只有这样，她才能继续自己的生活。

所以，她第一次告诉迈克尔，她不希望对方在圣诞节那天到她家来。她也没有让戴维来她家。她不想让她的孩子们把父亲的缺席怪罪到戴维头上。

她和孩子们度过了一个没有迈克尔的圣诞节，他们尽可能地做了调整，并决定养成一些属于他们自己的过节习惯。朱莉说，当时的气氛不大对劲，迈克尔不在，孩子们很难过。但她向他们解释说，现在他们要跟迈克尔分开生活了。那天稍晚些时候，孩子们才去迈克尔家里看他。

在接下来的几周里，朱莉开始对迈克尔做出更多的限制。她告诉他，他要在自己家里见孩子——至少大多数时间是这样。而且，每周日晚上，他都不能再回来吃饭。

她甚至换了门锁，并且没有给迈克尔钥匙。这意味着，迈克尔再也不能随意进出了。他必须像客人一样按门铃。

迈克尔对这些变化并不满意。他对她说“不要再做这些可笑的事了”。但是朱莉明白，他这样愤怒是为了让朱莉停止目前所做的改变。于是，她坚持了自己的决定，明确表示他们必须分开生活。

朱莉注意到，她的孩子们对这些变化似乎感到很难过。我告诉她，孩子们的反应是正常的。终于，他们要开始为他们的家庭不再完整而悲伤了。

悲伤是疗愈的组成部分。除非朱莉允许孩子们感受悲伤、愤怒等所有因为家庭环境改变而激发的各种情绪，否则他们永远都不能完全接受父母离异的事实。

随着时间的推移，朱莉发现，这些变化正在展现出积极的影响。她发现，自己的生活终于能够向前迈一步了。而且，她认为孩子们的情绪也逐渐平复，已经基本接受了眼下的生活。

你有没有过度保护孩子?

有时，你要帮助孩子避免遭受不必要的痛苦。但是，有些父母在这一点上做过了头，形成了过度保护，使孩子没有机会体验挣扎，而后者能把他们锤炼得更为坚韧。下面这些话听起来耳熟吗?

- 有时我会避免告诉孩子真相，因为我想保护他免受痛苦。
- 我努力确保孩子不会感到自己的感情受到伤害。
- 我觉得我的孩子承受不了太多困难。
- 我有时会在比赛中故意输给孩子，因为我不想让他感到难过。
- 我总是关注有什么事能让孩子即刻感到快乐，而不管长期后果如何。
- 如果我觉得孩子可能会被拒绝，我就会劝他不要去。
- 我竭尽所能防止孩子冒险。
- 我认为，孩子不应该承受任何心理痛苦。
- 我想尽可能地保护孩子远离现实世界的问题。

父母为什么会保护孩子免受痛苦?

朱莉跟迈克尔离婚了，因为她认为这么做无论对她还是对孩子来说都是最有利的选择。但与此同时，她也不想让孩子承受因离婚导致的痛苦。所以，她认为正确的做法是继续与迈克尔保持亲密的关系。但是，迈克尔无法忍受她有新的恋情。而且，努力使孩子避免痛苦的做法显然对所有人都没有好处。

想一想，你在什么时候可能会保护孩子免受痛苦，这一点很重要。然后，想想这种痛苦是否在某种程度上对他们有益。

快乐是一种时尚

每当我问父母他们想让孩子拥有什么时，我最常听到的回答是："我只希望孩子开心快乐。"无论孩子有抑郁症、学习障碍、躯体疾病还是严重的行为问题，我所遇到的父母几乎都希望孩子能够快乐地生活。

显然，父母对快乐的强调不只局限在我的诊室里。上网一搜，你就会得到超过 50 万篇讲述快乐养育的文章，比如《养育快乐孩子的 7 种方法》和《养育快乐孩子的 10 种方法》，作者都宣称，他们的"秘诀"总能让孩子面带微笑。

然而，虽然关心孩子的快乐很有好处——研究表明，快乐的人收入更高，人际关系更融洽——但快乐不应当成为你的短期目标。

允许孩子不做家务确实能立即给他带来快乐，但这么做不会让他成为一个负责任的人，而一个不负责任的人不大可能过上真正幸福的生活。

孩子要什么就给他买什么确实能让他立即获得快乐，但是，如果不需要等待就能得到自己想要的，他就永远都不会珍惜自己所拥有的东西。如果你想让孩子成为一个真正快乐的人，你就必须让他在生活中经历一定的痛苦。然而，很多父母却无法容忍让孩子痛苦。所以，他们从中干涉，帮助孩子避免任何有可能使他们感到痛苦的事情。

帮助孩子避免危险和强烈的痛苦是正确的做法。但是有时候，父母一不小心就会矫枉过正，试图让孩子避免一切痛苦。

下面这些做法就属于过度保护：

- 撒谎或隐瞒。母亲告诉女儿，医生说她体重正常，尽管医生说孩子超重了。
- 操纵结果。下棋时，父亲故意输给儿子，以免孩子输棋不高兴。
- 严格设限。父母担心孩子受伤，因此不让他参加运动队。
- 心软。为了不让十几岁的儿子忍受尼古丁戒断症状，母亲为他买香烟。
- 代替孩子做事情。打扫车库原本是孩子的事，母亲却替他做了。
- 分散注意力。家里的狗狗死了，为了不让孩子感到难过，父母带他到处参加各种活动。

孩子们不应该承受更多的痛苦

每当有养子女搬进家里时，我们都倾向于不让他们遭受更多的痛苦。那些被虐待、忽视和与家人分离的孩子们不应该去面对繁重的家庭作业，或者被从棒球队里除名。但是，把孩子保护起来，不让他们经受日常生活的压力，并不能弥补他们所经历过的苦难。

事实上，经历过苦难的孩子往往需要提升他们面对日常问题的自信。我们家 10 岁的养女玛丽莎就是这种情况。她没能保护她的弟弟妹妹免遭继父虐待。她觉得自己是个坏孩子，什么事也做不了。

但是，通过每天让她面对小小的挣扎，比如与朋友吵嘴或遇到有一定难度的作业题，她发现自己很擅长解决问题。她意识到，当别的孩子受人欺负的时候，她可以站出来主持公道，当她有问题不明白的时候，她可以找人去问清楚。

把这些小问题一个个地解决掉，有助于改变她对自己的核心信念。取得了足够多的成功后，她就能发现，自己是一个有能力在这世上有所作为的人。

当孩子经历痛苦事件时，父母就会本能地倾向于过度补偿。离婚或家人去世后，父母可能会说："他经历的事情太多了，我不想再让他承受其他痛苦了。"但是，你无法让孩子逃过生活中的所有困难。过度保护则会发出错误的信息。它会告诉孩子，你太脆弱，无法应付现实生活，这会影响他对自己和世界的看法。

过度保护是在告诉孩子，他们承受不了

朱莉试图保护孩子远离伤痛，但从长远来看，这么做对孩子并没有好处。她的孩子们早晚要面对一个事实——他们的父母已经分开。所以，尽管采取措施来减轻伤痛很有必要，但试图让他们完全

避免伤痛则只会推迟伤痛的到来。

有时候，你很难分清你对孩子的保护是否超过了限度。短期来看，你可能会觉得自己做了正确的事情，孩子看起来既快乐又健康。但从长远来看，他可能会承受严重的后果。

孩子们比你想象的坚强

阿迪 8 岁，是一个非常焦虑的女孩。她母亲说她总有些焦虑，但最近尤其严重。她咬手指，无法专心听讲，夜里也不敢一个人睡觉。

我给阿迪做了几周的治疗，以便进一步了解哪些类型的事情容易让她焦虑。我排除了校园霸凌、做噩梦等常见原因，但是很明显，她心里还藏着些特别的东西。

终于，她在几周后说："我听到了爸爸妈妈说的话，他们说我爸爸得了糖尿病。"我问她对糖尿病的了解，她说："得了糖尿病会死。因为它的名称已经说得很清楚了。[①]"然后开始哭："我不想让爸爸死。"

我们邀请阿迪的妈妈参加了治疗，她证实，她丈夫确实被诊断为糖尿病。但是，由于怕阿迪担心，他们没有告诉她。他们认为她承受不了这个消息，所以就选择了隐瞒她。显然，阿迪已经了解了真相，但由于缺乏信息，她做出了最坏的设想。于是，在过去几周

① 在英语中，"糖尿病"（diabetes）的第一个音节的读音与"死亡"（die）相同。——译者注

里，这个可怜的孩子一直认为她的爸爸随时会离她而去。

治疗的措施之一是为她讲解关于糖尿病的知识，让她明白糖尿病不会让人突然死亡，这样她就放松了下来。

父母常常会低估孩子的承受力。孩子很聪明，即使你不说他们也明白。尽管你的出发点是好的，但你对孩子的保护有可能会适得其反。

如果孩子发现你没有说实话，他就可能往坏处想。如果学校发生枪击案，他就会觉得自己也面临着同样的危险。一个孩子听到来自学校其他孩子的枪击事件，可能会开始觉得他也极有可能遭遇枪击。如果缺乏事实信息，他就可能胡思乱想，即使安全措施已经到位。

不要与痛苦为敌

阿娃是一个 6 岁的小女孩，为了解决一些行为方面的问题，她一直在我这里接受治疗。治疗刚刚进行了几周，我就接到了她母亲打来的电话。

她说她家的猫咪毛毛生病了，阿娃爸爸带毛毛去看了动物医生。动物医生检查后发现，毛毛的病情非常严重。他们认为，最人道的做法是立即为猫实施安乐死。

见到爸爸没有带猫回家，阿娃问：“毛毛哪儿去了？”阿娃妈妈插嘴说：“动物医生觉得毛毛很可爱，想让它在动物医院多住几天。”听到这个消息后，阿娃非常生气，她说动物医生应该把毛毛还给他们。

现在，阿娃妈妈不知道该怎么办了。她承认，她已经走进了死胡同。但是，她之所以编造故事，是因为她不想让阿娃痛苦。

我告诉她，她应该告诉阿娃真相，同时解释自己为什么撒谎。起初她十分犹豫，觉得这个消息会让阿娃受不了。于是，我告诉她这么做并非长久之计，阿娃早晚会知道真相。

在下一次治疗当中，阿娃告诉我，毛毛已经死了。连同阿娃妈妈，我们一起谈论了这件事所引发的悲伤以及阿娃应该如何消化这一情绪。

跟阿娃妈妈一样，很多父母都会为了保护孩子而找借口和撒谎。但是，撒谎给孩子传递了错误的信息。最终，当孩子知道自己被欺骗时，他们会更加心痛。

诚恳地面对孩子。如果撒了谎，那就说出真相。然后，向孩子敞开怀抱，帮他抚慰内心的痛苦。

可悲的是，那些从未获得应对痛苦所需技能的孩子们常常会用一生去逃避痛苦。他们可能会通过辗转于各种事情来麻痹自己的感受，他们也可能去寻求只会给他们带去片刻解脱的、有害身心的应对之策。

孩子在经历中学习

我刚开始在大学教课时，也和别的教师一样接受了如何在学生身上发现心理问题的培训。作为一名心理健康专业人士，我清楚地记得，校方非常用心地确保所有教职员工都有相应的工具和资源来帮助身陷困境的学生。

但是，仅仅过了一两个星期，我就意识到，校方为什么会如此严肃地对待这个问题。每周下课后，学生都会留下来聊天，但很少有人会说学习方面的事。相反，他们谈得最多的是他们与室友相处的问题，以及大学生活压力大的问题。当然还有其他问题。

当时我只有 30 岁，离开大学还没多久。但是，我却不记得我在上学时听过有哪位同学向老师寻求过心理方面的帮助。不过我此时已经了解，这些问题并不只出现在个别大学，大学生的心理素质下降是普遍现象。

2015 年，面向全美大学教师的《高等教育纪事报》上发表了一篇题为《痛苦的流行病》的文章。大学与学院心理咨询中心协会的前主席丹·琼斯在文中表示，今天的大学生们“没有学到安慰自己的技能，因为他们的父母把他们所有的问题和障碍都解决掉了。他们似乎不像前几代人那样有勇气”。

有研究支持了这样一种观点：在应对现实世界的痛苦时，今天的大学生的内心比以往任何时候都要挣扎。在一项 2015 年所做的对美国大学新生的调查中，半数受访学生反映，他们在多数时间里都备感压力。学生们普遍感觉，他们处于焦虑、孤独和抑郁之中，而大多数大学都在努力满足学生对心理健康的需求。60% 的受访者说，他们后悔没有在心理上对大学生活做足准备。88% 的受访者表示，与心理方面的准备相比，他们之前更重视的是学业方面的准备，导致他们当中的许多人都不知道该如何应对他们的苦恼。超过1/5的学生表示他们转向毒品或酒精来缓解压力。而且自然而然的，那些苦恼更多的人成绩也更差。

很有可能，这些年轻人大多都在缺少磨炼的保护中长大。没有学会应对心理挑战的孩子会遭遇很多日常问题，直至成年也仍然如此。

你的孩子不会因为你告诉他如何唱歌就能成为歌唱家。他可以看很多书来了解如何成为一名优秀的篮球运动员，但那些书不会让他进入美国职业篮球联赛。如果他想擅长某件事（比如解决烦恼），他就需要不断练习。

一个人在一生当中，一定会经历某些艰难的处境。失业、贫穷、婚变和失去亲人都是他有可能在某一时间需要面对的困难。如果他现在不学着消化痛苦，他就不会具备应付将来生活中的困难的能力。

怎么做才好？

当朱莉最终决定改变她与迈克尔的关系时，她意识到，她必须让孩子们面对痛苦。这意味着，她要允许孩子们因为父亲不在家里而难过，也要允许他们因为无法再像一家人那样过节而生气。

所有人都需要时间来消化他们的“家”已解体的事实。离婚意味着他们的父母会分开生活，而认识到这一点则意味着孩子们必须适应变化。

你要教给孩子成功应对痛苦所需的技能，而不是阻止孩子承受痛苦。然后，你的孩子才能用痛苦的经历来塑造强大的内心。他不仅能忍受痛苦，还能从痛苦中成长。

了解你如何看待痛苦

你对痛苦（无论是身体上还是心理上的）的态度可能会让你不惜一切代价去帮助你的孩子免除痛苦。如果你对痛苦有下面这些态度，你就很难放手让孩子经历痛苦：

- 痛苦是难以忍受的。
- 孩子无法承受痛苦。
- 痛苦是不好的。
- 孩子不应该忍受任何痛苦。

如果父母持有以上看法，他们就会想方设法为孩子免除一切痛苦。如果孩子遇到芝麻大点困难你都要帮忙，那他就没机会学习怎么面对痛苦了。结果，孩子面对痛苦的能力也会下降。而在这时，父母的保护只会变本加厉，最终进入恶性循环。

研究表明，让孩子体验一些痛苦有很多好处：

- **痛苦有助于孩子感受快乐。**从未感受过痛苦的孩子也感受不到快乐。为了真正理解快乐，你必须时不时地体验痛苦。
- **痛苦可以帮助孩子加深友谊。**共同经历过痛苦的孩子很容易形成深厚的友谊。无论是孩子和他的朋友都失去了宠物，还是龙卷风警报让他们感到害怕，共同的痛苦经历都有助于孩子们结成深厚的友谊。
- **从痛苦中解脱能带来更大的快乐。**虽然痛苦不是一件愉快的事，但从痛苦中解脱会让人开心。无论是孩子在紧张的表演后长吁一口气，还是在连续两年落选足球队后终于入选，都会比一帆风顺的情形更让他快乐。
- **痛苦过后的奖励更让人满足。**在运动场上流汗后，饮料会更好喝。辛勤修剪草坪后，得来的零花钱也更珍贵。痛苦能激活人的感官，而使平日里的奖励更让人满足。
- **痛苦让人感受当下。**与瑜伽或冥想让人活在当下类似，痛苦也有助于让孩子感受当下。活在当下是一种技能，有时痛苦能帮助人觉察此时此刻的感受。

教孩子转移对剧烈痛苦的关注

肯定有一些时候，你需要让孩子避免遭受痛苦。如果他已经站在悬崖边上，你肯定不会希望他从坠落中学到什么。当孩子处于危险境地时，让孩子免遭痛苦非常重要。如果你家的 4 岁孩子想和一只咬人的狗玩耍，或者你家的初中生想去参加一个可能会发生酗酒、没有大人监督的聚会，那你无论如何都要站出来保护他。

但是，也有些时候，你无法百分之百保护你的孩子。如果孩子腰疼得厉害，或者在等待牙医给他做根管治疗时感到非常害怕，这时要他“忍着”没有什么帮助。在剧烈痛苦的时刻，你要帮他分散注意力来渡过难关。谈点轻松的话题，一起读一本书，或者让孩子完成一项任务，让他不再只关注疼痛。同样，如果孩子正在经历情感上的痛苦，比如他最好的朋友刚刚搬走，那么带他去郊游或许可以让他暂时从痛苦中解脱出来。

不过，你也要跟孩子解释清楚。例如，“我想让你感觉好一点，所以我希望跟你聊聊你的假期能让你好受一点”。你还要继续解释，分散注意力可能是帮你应对剧烈痛苦的好办法，但我们不能一遇到困难就这样做，否则孩子就可能养成回避问题的习惯，受不了一丁点儿压力。

告诉孩子：“虽然这很难，但是我知道你很坚强，一定能行。”向孩子传递一条明确的信息——你相信他有能力面对困难的处境。

把孩子需要了解的事情告诉他

最近，《华盛顿邮报》上刊载了一篇题为《父母应该如何与孩子讨论这个世界的大灾难？》的专栏文章。文中写道，一位母亲试图保护她 8 岁的女儿不受灾难性事件的影响。作者萨拉马兰尼斯·范德沙夫谈到她的做法——收起了报纸，关掉了电视，也不听收音机，因为她不想让女儿知道有坏事发生。

但是有一天，女儿无意中看到了关于马来西亚航空公司 MH370 航班的电视节目，这架飞机在飞往北京的途中失踪了。一时间，萨拉不得不向女儿解释，这则新闻说的是什么。跟女儿一起谈论真实世界的经历促使她思考："我给她制造的一部分保护壳已经被永远地揭开了。我无法修补它，而且现在她已经知道，保护壳是我制造的。"

如果你从来没有告诉孩子，这个世界有坏事存在，他就会从相信生活充满美好一下子认识到罪恶的存在。这是一个巨大的鸿沟。你最好能给孩子呈现一个稍加美化的世界，而不是把他完全蒙在鼓里。

事实上，今天的世界是可怕的。尽管你 6 岁的孩子不需要知道最近发生的恐怖袭击的血腥细节，你 8 岁的孩子也不需要知道你正在等待祖母的病理检查结果，看活检诊断是不是癌症，但让孩子彻底远离现实生活可能会让他变得过于天真。

一般来说，不到 7 岁的孩子不能看新闻。听到自然灾害、犯罪和世界危机可能会让孩子感到不安。而且，这些报道中的图片和视频可能会超出孩子的承受能力。

但这并不意味着，你要阻断孩子了解任何信息。孩子依然会从他人那里获得信息。因此，当孩子提出问题时，你要给他提供与他的年龄相符的信息，这很重要。如果你的孩子才 4 岁，你对他说"有些坏人总想伤害别人"就足够了。

大一些的孩子很可能会从朋友口中或网上得知这个世界正在发生什么事情。因此，把一些基本情况告诉孩子是非常必要的。下面是一些具体的做法：

- **家人生病。**如果家里有人身患重病，那么孩子很可能会发现家里气氛不对劲。如果那种疾病可能会让家人在外表上发生改变，那你就要告诉孩子到底发生了什么事，这非常重要。告诉孩子疾病的名称，再跟他谈谈治疗所采取的步骤。
- **死亡。**小孩子还不能理解死亡是永久的，所以 5 岁的孩子似乎会接受他心爱的亲人走了，可过一会儿又会问，他什么时候能再次见到他（她）。不要说诸如“奶奶睡着了”或者“她走了”这样的话。相反，你要说：“奶奶的身体停止工作了，我们再也见不到她了，但我们仍然能爱她并在心里记住她。”如果是大一些的、十几岁的孩子，你要诚实而直接地告诉他们：“我很难过地告诉你，奶奶今天去世了。医生说他们没有办法了。”然后准备好回答随后的关于死亡的各种问题，比如死亡是什么，人死后去哪里了。
- **恐怖主义。**你要使用孩子能理解的语言，比如，“有些坏人会伤害别人”。此外，你要强调人们正在采取措施来保障你的安全，比如，“为了保护我们的安全，很多人都在努力工作”。除非孩子已经进入青春期，否则不要过多地谈论宗教或政治。
- **自然灾害。**无论是洪水、龙卷风，还是森林大火，你都只需简要地说明情况。不要提供不必要的细节，只要确保孩子大致了解即可。告诉孩子，人们正在采取哪些步骤来解决问题，比如，“消防员正在努力救人”。
- **即将来临的事情。**如果即将来临的事情会让孩子感到不安，你就不要提前给他太多提示。知道自己下个月会做手术可能会让孩子十分焦虑，以至于他此刻的生活都无法正常继续，那就提前一周或一天稍稍提醒他一下，然后详细地告诉他，都有哪些人会做哪些事情来帮助他。帮助孩子面对痛苦事件的最佳方式之一是提醒他，这世上有很多好人在保护我们的安全。

罗杰斯先生曾经说过："当我还是个小男孩时，每当看到新闻里有可怕的事情，妈妈都会告诉我，'向别人求助。你总能找到愿意帮助你的人'。"这是一个很好的建议。告诉孩子，警察、政府官员、紧急救援人员、医生等很多人都在不间断地保障人们的安全，减轻他们的痛苦。而且，你一定要告诉他，所有公民也都在贡献着自己的力量。

正如我们在第 7 章中所讨论过的那样，你可以通过让孩子成为一个"助人者"来增强他的主动性。成为"助人者"既可以让孩子负起责任，又能帮助他面对艰难时刻。让孩子也参与到改善现实中来。告诉他，可以给工人们写感谢信，或者和你一起做件他力所能及的事，去帮助别人，比如给需要帮助的人捐衣捐钱。

承认痛苦

我 6 岁时摔了一跤，弄伤了胳膊。我扶着右手腕，哭着跑回了家。母亲给我检查伤口时，碰巧她的一个朋友也在家，那位阿姨说："别看了，不是很严重。"

虽然确实很疼，但我很快停止了哭泣。我不想在阿姨和她的孩子们面前表现得不勇敢，所以我强行忍住不哭。在他们离开后，我还是继续装出一副勇敢的样子，还说一点儿都不疼。

在接下来的几天里，疼痛加剧了，但我还是一声不吭。到了第三天，我的手腕完全不能动了。尽管我试图掩盖这个问题，但是当我试图用左手拿勺子吃豌豆时，母亲发现我的右手腕已经完全不听使唤了。她带我去看医生，结果X光片显示，我的右手腕骨折了。母亲感觉自责不已，我记得她问自己："我怎么能让她连续三天拖着骨折的手腕到处跑，自己却什么都不知道？"

这并不是母亲的错，她不知道我的手腕骨折了。她那位朋友的话使我隐瞒了自己的伤势。她完全不承认我的痛苦，而且，当时还是一个小女孩的我认为她懂的事情比我多。

否认孩子的痛苦（无论是心理上的还是身体上的）是起不到任何帮助作用的。抑制悲伤或痛苦不会让问题消失，就像我的手腕会持续疼痛一样。相反，这么做可能只是在告诉孩子，他的感受是不对的。

试着这样讲话："我知道，确实很疼。"或者："我知道你现在非常难受。"即便孩子的反应看似有些夸张。然后，鼓励孩子用富有建设性的方式面对痛苦。

如果孩子的言谈举止不够得体，那就不要给他太多关注，以免变成奖励。如果孩子在商店里绊倒了，尖叫着在地板上打滚，你只需安静地对他说："看来你需要上车休息一会儿。"等他平静下来后，你再带他回到商店完成购物，同时不给予他过多的关注。关注太多或许会让孩子发现，表达自己的痛苦（无论是心理上还是身体上的）是吸引你关注或逃避他不想做的事情的好办法。

同样重要的是，不要在可能会造成痛苦的事情上撒谎。说“打针一点儿也不疼”会损害你的可信度。如果确实会疼，这样说可能会更好：“这可能会有点疼，但我知道你能坚持住。”

当某件事确实会造成痛苦的时候，你要传递这样的信息——无论如何，这件事还要做，因为它很重要。例如你可以这样说：“参加朋友的饯别会可能会很难过，但是，难过也很正常，重要的是，你要在她走前去看看她。”

教孩子面对痛苦

在朱莉的案例中，她一直想方设法避免让孩子们受到伤害。尽管她感到内疚，不想让孩子们承受父母离异所带来的痛苦，但事实是，她的孩子们需要有机会去学习面对痛苦。教孩子如何面对困境有助于培养孩子坚韧的内心。

教孩子分辨痛苦是敌是友

在疲惫时坚持跑步和在受伤时坚持跑步非常不同。同样的道理也适用于心理上的痛苦。有时，你需要忍受痛苦坚持下去；有时，你需要休息或寻求帮助。

告诉孩子，痛苦既可以有益也可以有害。以下是一些例子：

- 恐惧。在阻止孩子做危险事情（比如从桥上跳下去）的时候，恐惧是朋友。但是在阻止孩子做一些好的事情（比如向老师提问题）的时候，恐惧也可以是敌人。
- 悲伤。悲伤能提醒你纪念过去的一段经历。因此，把死去的宠物用笔画下来或许能医治孩子的创伤。但是，如果悲伤妨碍了孩子与他人的交流，并且使他不再有兴趣做他喜欢的事，这时悲伤就是有害的。
- 愤怒。愤怒可能是孩子看到他人遭遇不公对待时的反应。看到朋友受人欺负，他可能会义愤填膺挺身而出。但是，当他的愤怒伤害到别人时，愤怒就变成了敌人。

如果你发觉孩子存在某种心理困扰，就要跟他聊一聊。你可以这样问他："你觉得你的恐惧是朋友还是敌人？"跟孩子讲讲情绪影响他的各种方式，并且一起想办法来处理这些情绪。

有时候，孩子很难理解痛苦可能会有用处。但只要多加沟通，孩子就会慢慢发现，困境和负面情绪也能对他有所帮助。

抚慰心理创伤

乔舒亚是一个脾气火暴的 13 岁男孩，有人介绍他来找我做治疗，因为他经常在学校打架。他几乎每天都要对其他孩子大打出手。老师们非常担心他的心理状况，于是采取了各种措施，可是最终都无济于事。

然而，与人们的描述完全不同的是，在我的诊室里，乔舒亚实际上是一个非常惹人喜爱的男孩。他轻手轻脚，很有礼貌。

在治疗进行了几周之后，乔舒亚几乎是顺带地提到，他还有一个弟弟。这对我来说是个大新闻。根据之前对他家庭的了解，我只知道他有一个姐姐。他的父母从来也没有说过，他还有个弟弟。于是，我开始询问关于他弟弟的事。他透露说，他弟弟比他小两岁，但是因为一次可怕的事故，5 岁时去世了。乔舒亚很快补充道："这是一件伤心的事，但是我还好。"

随着我对乔舒亚的了解越来越深入，我发现他在生活中几乎从来不提他的弟弟。他说："听到他的名字，爸爸妈妈会非常难过，所以我们就不谈这件事了。"事实上，在他的弟弟去世后，一家人还收拾行装，搬到了新的城市，继续过他们的生活，好像他的弟弟从来都没有存在过一样。

难怪乔舒亚有时会对其他孩子动粗。他从来没有机会消化自己的悲伤情绪，于是悲伤就转化成了愤怒。

我约见了乔舒亚的父母，并提出了他们最小的孩子这一敏感话题。得知乔舒亚把事情的经过告诉了我，父母二人都很惊讶。他的母亲说："我们觉得这件事对他来说太残酷了，所以我们从来不提这件事。我们觉得，让他在一所谁也不知道他过去的新学校里开始新的生活能帮他忘掉这件事。"

然而，乔舒亚忘不掉。他想念弟弟。他从来都没有机会以对自己有益的方式来消化痛苦。

我告诉他的父母，在我看来，乔舒亚尚未消化的悲伤是他攻击他人的一大原因。我建议他们带乔舒亚参加悲伤互助小组，让他跟同龄的孩子谈谈自己的感受。同时，我也建议他们和孩子一起接受心理治疗，这样他们就都能开始处理自己的情绪了。幸运的是，他们同意了。

乔舒亚必须治愈他破坏性行为背后潜在的痛苦。慢慢地，随着时间的推移，他的攻击性行为消失了。

告诉孩子，坚强和故作坚强是两码事。故作坚强的孩子可能会用“我不难过”或“我不在乎”这样的话来掩饰他们的痛苦。但仅仅忍受痛苦是不够的，孩子还要从痛苦中学习，这非常重要。而且，在他们能够进行这一学习之前，他们必须首先感受痛苦。无论让孩子难过的事情是什么，比如他的朋友说了一些刻薄的话，或者他没能入选棒球队，你都要鼓励他承认，他心里很难过。

跟你的孩子聊聊治疗创伤的重要性，无论是身体上的创伤还是心理上的创伤。如果他的胳膊上有伤口，他就得把伤口清理干净，同时小心照顾它，以防感染。如果伤口真的很深，他可能就需要去找医生缝合。同样，心理上的创伤也需要处理。如果心理创伤确实很严重，他可能就得去看医生，以确保把它治好。

你无法控制孩子将会在他的生命中遭遇的所有痛苦经历，你也无法让他免除一切痛苦。因此，与其费尽心机不让他遭遇困难，不如集中精力教给他以有益的方式处理创伤。

帮助孩子表达痛苦

处理情感痛苦的方式之一是谈论它，所以要鼓励孩子在经历内心挣扎的时候大声说出自己的痛苦。

如果他不喜欢向任何人表露痛苦，也可以让他写日记来宣泄他的情感，减轻他的痛苦。能够帮助孩子处理情绪的日记有很多种形式，比如：

- 图画日记。还不会写字或写字困难的孩子可以用图画来记日记。每晚临睡前留出几分钟时间，让孩子画一张描绘他一天生活的图画。这么做能教他了解自己都做了什么以及感受到了什么。
- 私密日记。孩子们可以在私密日记里记录每一天中他的想法和感受。一些孩子喜欢空白日记本，而另一些孩子需要有简单提示的日记本。你可以给孩子买印有如下提示语的日记本，比如“下面是我今天做过的事情”，或者“下面是我的感受”。提前和孩子谈一谈，看他是否想和你一起看日记，还是说，他不想让任何人看他的日记。
- 亲子日记。这种沟通型日记是表达你的感受的有效方式。这种做法尤其适用于那些不好意思当面谈论自己感受的大孩子。你可以让孩子在写完日记后把日记交给你，这么做有助于你了解他们心里想的事情。然后，你可以接着孩子的日记往下写，教给他一些处理情绪和问题的小窍门，或者只是告诉他，你在认真倾听。

教学龄前儿童面对困难

如果可以选择，孩子会自然而然地避免困难的处境。积极的鼓励可以让学龄前儿童更愿意做事情，即便这事情并不容易。

给孩子树立一个好榜样，告诉他你过去也遇到过困难，但是却没有放弃。告诉他你当时的想法，比如："我真的累了，但是无论如何，我都要继续跑下去。"或者："我有点害怕滑下去，但我知道我能顺利完成，所以我要勇敢地滑下去。"

如果孩子愿意忍受轻微的痛苦，你要对他表示赞扬。你可以这样说："我知道拼这张图很费力，但是看到你一遍遍地尝试，我感到非常高兴。"或者："很多人都不敢邀请新朋友和他们一起玩，但是你已经做到了！"

直面困难和挑战能帮助学龄前儿童获得自信。但要注意循序渐进，一次只前进一小步，让孩子能够体验成功。如果你教他做的事情太困难或给他造成太多痛苦，他就会怀疑自己。将来，他也不大可能再去接触那些事情。

教学龄儿童提升适应力

孩子将会在他们的生活中面临困难、痛苦和各种问题，这是不可避免的。但是，你可以采取措施来减轻这些事情带给他们的负面影响。

想象一下，你的孩子有一个名叫适应力的存钱罐。通过帮助他获得应对困难所需的技能和工具，你有无数的机会将硬币投入他的存钱罐。每当他经历痛苦的时候，这就像是从罐子里取出一枚硬币。只要他的存钱罐里还有很多硬币，他就有钱可付。如果你能定期帮他存钱，拒绝、失败和悲伤就不会产生多大的伤害。

为孩子的存钱罐投入硬币的最佳方式是让他相信自己的能力。对自己的能力有自信的孩子能更好地应付困难。你要发掘孩子的兴趣，帮助他培养才能。

帮助他人也是提升适应力的好办法。为弟弟妹妹读故事或帮助隔壁老奶奶打扫院子的孩子会发现，他有能力做一些事情来让这个世界变得有所不同。在面临困境的时候，这有可能会成为他振作起来的关键。

教青少年从痛苦中学习

十几岁的孩子可能不太喜欢整天和你说话，不过这也没关系。事实上，这可能意味着，他正在开始变得独立。

但是，孩子必须能与其他健康的成年人交谈，这很重要。列一张清单，写出孩子愿意与之讲话的值得信赖的人。努力找出至少 3～5 个人，当孩子面临挣扎时，他可以向他们寻求帮助。这些人可能包括教练、祖父母、伯父伯母（姨父姨母）、邻居、朋友等任何能够倾听孩子心声的人。

你要确保孩子知道，跟他人谈论自己面对的困难有助于他从不同的角度看待问题，这可以帮助他从困难中吸取经验。失去朋友、失恋、落选运动队等经历都有可能让孩子的内心变得更为坚韧。

告诉孩子，痛苦的经历可以转变为重要的人生教训。跟他说说，你从自己经历的痛苦中学到了什么。也许手头紧张让你学会了善用金钱。或者，失去某个家庭成员让你学会了珍惜和亲人在一起的时光。

最重要的是，你要告诉孩子，大多数人都比他们自认为的更坚强。向孩子保证，自我怀疑、质疑自己承受痛苦的能力都是正常的。但是最终，痛苦是生活的一部分，而且渡过难关可以让你变得更加强大。

经受过磨炼的孩子长大后不惧风浪

研究者花费大量时间探索了战胜逆境对儿童的益处。在肯特州立大学 2016 年所做的一项研究中，研究者对父母长期承受躯体病痛的成年人做了调查。

与存在肉眼明显可见的损伤或残疾的父母不同，在这些父母当中，很多人的病痛并不容易被他人觉察。很多成年人患有不容易从外表看出来的疾病，比如克罗恩病、纤维肌痛和长期腰痛等，这让他们的孩子的境况变得尤其艰难。

在被问及他们的童年经历时，这些成年人发现，他们在成长过程中所经历的情感痛苦给予了他们很多财富：

- **更深入的理解。**他们的经历使他们能够以不同的角度看待世界。他们说，他们变得更有同情心，并且能更好地理解，这世上有很多事情是人力所不能及的。
- **更坚强的性格。**因为他们的经历，他们更多地提到同情和宽恕，决心和动力也更强。

- **更熟练的技能。**他们学会了很多实用技能，比如理财和时间管理技能，以及应对困难的技能。
- **更负责的态度。**父母的疾病让他们了解了自我照料的价值。他们明白健康饮食、养成不吸烟等好习惯的重要性。
- **更虔诚的信仰。**很多人都说他们怀有强烈的信仰，他们借助祈祷来帮助自己渡过难关。

如果孩子没有机会去承受某些重负，他就不会变得更加强大。让孩子承受一点点痛苦和艰辛，能让他掌握相应的技能并更好地度过一生。

你无法让你的孩子免除痛苦，也无法陪他一起经历人生的所有困难，他得独自经历一些苦痛。教给孩子从痛苦中成长所需的技能，会让他变得更加强大。

内心强大的人不害怕独处。他们接纳自我，相信自己即使面对风吹浪打也能气定神闲。遇到困难时，他们能通过深入思考来寻找让他们走出困境的工具。他们不只是忍受痛苦，而且还能从痛苦中学习。

常见问题与陷阱

有时候，父母不愿意在孩子面前表露痛苦。他们不会当着孩子的面哭泣，也不会承认自己难过。

父母这样做可能会让孩子感到非常困惑。他们长大后可能会觉得流露情感是不好的事，认为感受到痛苦是软弱的表现。所以，你要给孩子做一个好榜样，这很重要。有时，当你痛苦时，你可以把这一感受向孩子表露出来。只是要注意，你要确保让自己以有益的方式来处理你的心理创伤。

许多父母都会落入另一个常见误区，即他们觉得自己必须无所不知。当难过的事件发生时，你完全可以告诉孩子，你不知道接下来会发生什么。或者你也可以表示，你不知道有些事为什么会发生。

而且，即使出错也不要太过自责。在决定何时让孩子面对某些挑战以及让他承受多少痛苦的时候，没有什么做法是绝对正确或错误的，你只需要见机行事。

有时，你或许会觉得你给孩子的挑战超过了他的能力。也有时候，你或许会觉得你对他保护太多。不用想太多，你只需要记住，关注孩子的表现，随时做出调整。

有帮助的做法

- 让孩子远离剧烈痛苦。
- 如果某件事会带来痛苦，那就如实告诉孩子。
- 承认孩子的痛苦。
- 鼓励孩子写日记。
- 设置适应力存钱罐。
- 支持孩子循序渐进地面对痛苦。
- 帮助孩子从痛苦经历中汲取经验。
- 检视你对痛苦的态度。
- 为孩子提供适应他年龄的信息。
- 教孩子分辨痛苦是敌人还是朋友。

没有帮助的做法

- 不承认或只部分承认孩子的痛苦。
- 通过撒谎不让孩子痛苦。
- 鼓励孩子故作坚强。
- 期待孩子在没有足够支持的情况下应对困难。
- 掩饰你的痛苦。
- 阻止孩子面对困境。

第 9 章

他们绝不为孩子的情绪而自责

杰里米和苏珊娜陪着12岁的女儿格雷丝参加了她的第一次治疗，原因是格雷丝在学校里出现了社交问题。我问格雷丝，她觉得老师为什么想让她来找我，她说："因为学校里的其他孩子都太坏了。"我问他们都做什么坏事了，她说："我不知道。他们只是太坏了。"

苏珊娜插话说："亲爱的，你想告诉医生公交车上的那个女孩做了什么吗？"听到她这么问，格雷丝立刻把两只胳膊抱在胸前，扁起嘴说："不想！"当我请妈妈详细说明情况时，苏珊娜说："如果格雷丝不想谈这个问题，那我们就不谈了。"

听到这句话，我立刻猜到了格雷斯如此挣扎的原因。于是，我问了一些关于格雷丝的朋友和社交的问题。杰里米说："其他孩子有时说格雷丝爱哭。"他解释说，格雷丝是独生女，不擅长分享和妥协。

杰里米承认，当事情不遂她意时，格雷丝有时确实会有些苛求。听他这么说，格雷丝怒视着他说："不是这样的！"这时，苏珊娜提议把格雷丝送进候诊室几分钟，好让杰里米单独跟我交谈。

母女俩出去后，杰里米解释说："格雷丝是个敏感的孩子，学校似乎并不了解。她的朋友们好像也不理解她。这对格雷丝来说太难了。"

觉得其他孩子对她不好的时候，格雷丝经常找校医寻求安慰。而校医也经常打电话给杰里米或苏珊娜，让他们来安慰她。但是最近，校医开始告诉格雷丝回去跟她的朋友们一起解决问题。

杰里米和苏珊娜对学校很失望，因为在格雷丝需要他们的时候，学校没有联系他们。他们向学校反映情况，可老师说，其他孩子不会一不好受就打电话给父母，格雷丝要知道，她也不能那么做。

这一回应令人沮丧，杰里米和苏珊娜于是为孩子买了一部手机。如果格雷丝想要说什么，她就可以去卫生间偷偷给他们打电话或发信息。如果她心情很不好，他们就可以早点把她接回家，这样她就可以"放松"了。

"我总能发现格雷丝什么时候想回家，每当这时，我就会给学校打电话，让他们早点放她出来。上车后，她总是显得很沮丧，于是我带她去吃冰激凌，然后聊聊是什么事情让她心烦。一说到这些，她就会马上平静下来。"杰里米解释说。

杰里米说完他的看法后，格雷丝和妈妈走了进来。

问题看来是这样的：

1. **格雷丝缺乏情感和社交技能。**格雷丝不知道如何处理悲伤、愤怒或失望的情绪，进而影响了她的人际关系。

2. **格雷丝的父母充当了她的救命稻草。**他们给她贴上了“敏感”的标签，并认为尽可能不让孩子感受到不适是他们的职责。

我的建议是：

1. **格雷丝要学习情绪调节技能。**格雷丝需要掌握与她的年龄相适应的应对技能。她还需要在感受各种情绪方面增强自信。
2. **格雷丝的父母要转换角色。**格雷丝的父母需要把他们的角色从“救火队员”转变为“教练”。他们每天都有机会帮助格雷丝学习如何处理自己的情绪。

我解释说，对孩子的治疗通常要双管齐下，格雷丝跟我聊新技能的学习，她父母可以跟我聊如何指导格雷丝把这些新技能运用到现实生活中去。当我建议开始进行每周一次的治疗时，苏珊娜说：“好吧，那就取决于格雷丝了。这要看她是不是觉得这样做对她有帮助。”幸运的是，格雷丝同意继续做治疗。

对格雷丝和她父母的治疗开始后，我发现她父母显然非常惶恐，生怕做出任何让格雷丝感到不高兴的事。如果格雷丝不想做某件事，他们就会拼命证明，这件事没必要。所以，很容易理解她在学校里为什么会遇到问题——其他孩子不会像她父母那样惯着她。

格雷丝所处的年龄正是同伴关系对成长至关重要的时期，而她与其他孩子的友谊却每况愈下。她父母想把她从不舒服的情绪中解救出来，结果却阻碍了她的情绪发育。她的情绪成熟度大约只相当于四五岁孩子的水平。

他们从来没有把情绪调节视为一种可以学习的技能。一旦他们看到，格雷丝能够学会控制自己的愤怒，冷静下来解决自己的烦恼（就像她能学会系鞋带或者铺床一样），他们就会以不同的眼光看待他们之间的互动。

每当她心烦意乱的时候，他们都意识到，他们可以抓住机会帮助她学会如何应付不舒服的感觉。他们开始意识到，让她快乐并不是他们的责任。格雷丝需要为自己的感受负责。

确信这样做对孩子最有益后，杰里米和苏珊娜同意不会再在她感觉糟糕时去学校接她。在家里，他们也不得不开始说“不”，要她负起责任，并且让她承受打破规则的后果。他们不能再用“敏感”一词来为她的情绪爆发开脱。

我们花了几个月的时间来教格雷丝掌握最基本的技能，比如如何辨别自己的感受，以及如何通过有益的方式表达这些感受。慢慢地，格雷丝认识到，感受到悲伤或愤怒是允许的，但是大喊、尖叫和噘嘴并不能让她赢得其他孩子的喜爱。

随着格雷丝了解自己情绪的能力越来越强，她对他人的共情能力也有所改善。她开始意识到，自己在蛮不讲理或大发脾气的时候，别人会是一种什么感受。慢慢地，格雷丝学会了她所需要的与其他孩子发展真正友谊的技能。

你是否认为你要为孩子的情绪负责?

想在孩子心情不好的时候让他开心，或者想在孩子难过的时候让他平静下来，这都是非常正常的表现。但是，如果你想改变孩子的情绪状态，他就不会学着自己来做这件事了。你是否经历过以下这些情形?

- 我不会花太多时间和孩子谈论感受。
- 如果孩子感到无聊，我觉得我有责任来让他高兴起来。
- 孩子心烦的时候，我会努力让他平静下来。
- 如果孩子感到焦虑、悲伤或难过，我会非常不安。
- 每当孩子难过时，我都会想尽办法让他高兴起来。
- 有时候，我会小心翼翼对待孩子，以免让他不快。
- 只有孩子快快乐乐，我才觉得自己是个好父亲（或母亲）。
- 当孩子生我气时，我觉得自己一定做错了什么。
- 我告诉孩子“冷静下来”，但我从来都没有花时间教他如何才能做到这一点。

父母为何觉得他们要为孩子的情绪负责?

跟大多数父母一样，杰里米和苏珊娜也想让孩子快乐。但是，他们怀疑格雷丝没有能力管理自己的情绪。所以，他们一有机会就站出来帮她。

在第 8 章里，我们讨论了允许孩子体验痛苦的重要性。但是，仅仅让他们经历痛苦是不够的，你还要让他们承担起用有益的方式处理自身负面情绪的责任。如同你自己做家务通常更容易，而教孩子做家务却非常困难一样，直接帮助孩子调节情绪通常做起来也更容易。然而，从长远来看，这种做法实际上弊大于利。

交出主动权并不容易

让一个婴儿冷静下来不会让他停止哭泣。要想让他不哭，你很可能要抱起他或给他喂奶。由于他不会调节自己的情绪，所以你要创造环境来给他一些安慰。

但是，当你的宝宝已经开始蹒跚学步时，他就开始有了识别自己感受的能力。在一定程度上，他已经学会如何改变自己的处境。他渴了会要水喝，热了会脱外套。到学龄前阶段，他已经开始学着在无法改变处境时调整自己的内心。他能够在不立即改变处境的情况下自己处理一些情绪。

如果他感到难过或害怕，他能学习如何冷静下来。如果他感到无聊或悲伤，他能学习如何应对这些情绪，而不是依靠你来为他做这些事。通过指引和教导，他可以认识到，哪些做法对他来说是最有用的，以及哪些方式在处理自身情绪方面是最有益的。

至少，这就是父母积极引导孩子注意和调节自身情绪时会发生的事情。但是很多父母都很难把这件事交给他们的孩子去做。在孩子早就不需要他们这样做之后，他们还在为孩子的情绪承担责任。因此，有些孩子已经很大了，他们的父母却还在人为地营造为孩子的情绪服务的氛围，比如他们会这样说："别告诉比利我们吃比萨饼时没带他，他听了会不高兴的。"或者："别带奥利维娅去商店了，因为如果我们不给她买东西，她就会哭。"于是，这些父母的孩子从来都没有机会学习如何对自己的情感负责。而要教一个 14 岁的孩子冷静下来要比教一个 4 岁的孩子冷静下来更难。

父母不能接纳自身的情绪

我的诊室可以说是一个情感实验室，在这里，我可以亲眼见证人们如何对待自己的情绪。对疑难病例的治疗也让我更好地理解了各个家庭如何在家中解决情绪问题。

例如，凯文有一个 11 岁的女儿罗茜。罗茜在学校受到欺负，当她重述孩子们对她说的难听的话时，边说边哭了起来。但是，看着泪水顺着她脸颊上滚落下来，她父亲却开始对她做鬼脸，逗乐子。罗茜转向他说："爸爸，我说的是严肃的事情，别把它当笑话！"凯文说，他这么做只是想"缓和气氛"。跟许多父母一样，他受不了孩子哭，于是便想把这个问题解决掉。

但是，罗茜当时可完全笑不出来，她需要的是支持和肯定。分散她对痛苦的关注只是治标不治本。

罗茜爸爸的反应十分常见。大多数父母都想伸出援手，让孩子们感觉好一点。然而这么做意味着，父母正在为孩子的情绪承担责任。

孩子需要知道如何处理内心的烦乱

正如你所看到的格雷丝的例子，如果孩子没有学着为自己的情绪承担责任，他就很可能出现情绪和行为问题。格雷丝的坏脾气导致她找不到朋友。在她哭闹或发脾气的时候，别的孩子不愿意跟她待在一起。

由于父母总是在她难过的时候迎合她，所以她从来没有机会独自面对不舒服的感觉。失望、沮丧、愤怒和悲伤等都是生活的一部分，然而她的父母却总想帮她摆脱这些情绪。

所有父母都会在某一时刻试图改变孩子的情绪状态，但经常这样做可能会有害无益。

缺乏情感能力可能会危害孩子一生

你有没有遇到过为了一点小事而跳脚的人？或者，你有没有过很容易小题大做的朋友？他们很可能都没有学过该如何有效地管理自己的情绪。

如果人们不学习这些技能，表现就会很糟糕。为了满足自己的需求，他们会变得咄咄逼人、傲慢任性。

宾夕法尼亚州立大学的研究者们花了20多年的时间，跟踪研究了小时候学习过亲社会技能和情感技能的孩子和没有学习过这些内容的孩子，从这些孩子上幼儿园一直到他们25岁左右。研究发现，在幼儿园学习社交技能与成年后取得成功之间存在正相关。

在5岁时表现出更多亲社会技能（比如分享和友好相处）的孩子更容易读完大学，也更容易在25岁时获得全职工作。被试者在幼儿园时的社交能力评分每增加一分，他们获得大学学位的可能性就会增加一倍。到25岁时，他们获得全职工作的可能性也会增加46%。与之相对，那些不擅长合作、倾听和解决冲突的孩子们很难完成高中和大学学业。此外，他们更有可能出现犯罪、酗酒和吸毒等问题。

幼儿园社交能力评分每降低一分，孩子在成年后被逮捕的概率就会增加67%，同时也意味着酗酒率高52%，以及居住公共房屋的概率增加82%（至少在等候者名单上）。现在是不是觉得有些讽刺？我们花了那么多时间和金钱来担心孩子的学业，却对他的情感和社交技能方面关注甚少。显然，情感能力可能比我们传统上认为的与成功和幸福相关联的其他技能更加重要。

如果你想让孩子成为伟大的篮球运动员，你就不会花所有的时间来教他如何罚球。虽然他有可能成为全世界最好的罚球手，但是如果他欠缺其他基础技能，比如运球和防守，他就不会获得成功。但是，我们正是这样对待孩子的。我们只关心学习成绩，即使他们缺乏除此之外的其他技能，我们却还是期待他们能获得成功的人生。

如果你的孩子是世界上最聪明的孩子，却承受不了悲伤，那他永远都不愿冒失败或被拒绝的风险。或者，如果他是一名有天赋的运动员，却无法控制自己的愤怒，那么当他认为对方在比赛中作弊时，他就无法让自己保持冷静。

控制不了情绪的孩子会努力控制他人

在大学做兼职讲师的第一个学期里，我的班上只有一名同学成绩不及格。他很多作业都没有交，学期论文也写得一塌糊涂。但是，只要他能在期末考试中发挥得好，他这门课依旧可以通过。

但是他没有。他考得很差，他的成绩离及格线还差好几分。

把成绩上传后不久，我收到了他的一封电子邮件。他要求我重新检查他的成绩。他确信他应该及格了。我给他回了邮件，并向他保证，我已经复核了他的成绩。他的学期论文成绩、未完成的家庭作业，以及糟糕的期末考试成绩，都意味着他这门课不可能及格。

大约 4 天后，我再次收到了他的电子邮件。那时，圣诞假期已经开始了。他说："我假期过得很难受，这门课没有通过让我感到非常不安。我吃不下饭也睡不着觉。恳请你给我一个及格分数吧！"这是我第一次遇到有学生跟我"要分数"，即学生要求老师改判分数，却没有任何正当理由。对这名学生来说，他要我这样做的理由是他感到很痛苦。

不用说，我没有更改他的成绩，否则对其他学生不公平。当然，这么做会给他带来打击。他一门课不及格，心里肯定会感到不舒服。希望这些不舒服的感受能激发他下次做得更好。

不幸的是，“我很痛苦，所以你就要……”的心态在时下的大学校园里非常普遍。当大学生感到被得罪时，他们会试图说服他人别再得罪他们。他们想要控制他人，却不知道感到悲伤、难过或生气也没什么大不了。“不要在报纸上刊登”或者“不要放过我的教授”，这都是因为，他们不喜欢他们所听到的事情。

因此，学校很难界定言论自由和政治正确之间的界限，例如耶鲁大学的万圣节服装事件。

2015 年，耶鲁大学的管理人员群发了一封电子邮件，提醒学生不要穿容易冒犯他人的万圣节服装。随后，该校寄宿校区的讲师艾丽卡 · 克里斯塔基斯用私人电子邮件做了回复。她这样写道：“难道没有一点空间能让某个孩子或年轻人做一点惹人讨厌的……不得体的或让人生气的——是的，冒犯人的事了吗？”

她的电子邮件点燃了学生们的怒火。他们开始抗议，数百人签署了一封致克里斯塔基斯的公开信，宣称她无视他们的感受。一名学生甚至在视频中与她对质，说她制造了一个不安全的空间。当克里斯塔基斯表示不同意的时候，这名学生用下流的语言做了回应。

事发几个月后，克里斯塔基斯辞去了耶鲁大学的教职。事件发生后，她的丈夫尼古拉斯 · 克里斯塔基斯也辞去了耶鲁大学西里曼学院院长的职务。

讽刺的是，校方试图采取政治正确的做法，结果却引发了巨大的争议。对于一个小孩子的节日里应该穿什么衣服的问题，一些来自常春藤盟校的最聪明、最优秀的年轻人竟然发生了如此激烈的争执，这难道不可怕吗？

但这不是一起孤立的事件。美国各地的大学都遇到了类似的问题。随着越来越多的学生声称“我的情感受到了伤害，所以你需要改变”，校方正在考虑如何行动。如果他们不改变，他们就会有冒犯他人的风险。但如果为了不伤害他人的情感，他们真的改变了，那他们又会冒扼杀言论自由的风险。

我敢肯定，这些年轻人当中的许多人从小就认为，如果他们感到不舒服，就是其他人侵犯了他们的权利。正如我在讨论受害者心态的第 1 章里所说的那样，他们当中的许多人认为，他们有责任确保没人说出他们不想听的话。

对成长中的孩子们来说，重要的是知道，他们的情感受到伤害，并不意味着其他人要做出改变。别人跟你有不同的看法和选择，这是无可厚非的。对于家长，重要的是要教导孩子，他们需要把更多的精力放在控制自己的感受上，而不是放在控制别人的行为上。孩子们需要知道，他们对自己的情绪负有完全的责任。他们也必须认识到，他们能够在一定程度上控制自己的感受。他们还需要知道，他们能消化不好的感受。

如果孩子不理解“我的情绪要由我来处理”，他就会试图控制其他人。虽然蛮横、粗鲁和苛刻有时可能也会帮他得到想要的东西。但最终，别人是不会喜欢他的。而且，他可能会变成一个不断指责别人、不顾他人感受或政治不正确的人，因为他无法应对与自己的认识相反的观点。

孩子们不会理解他们的情绪

当切尔西把她 11 岁的儿子马克斯带到我的诊室时，她说的第一句话是："我不知道我们为什么要来这里。但是他的医生说，我们必须来找你，因为他们检查不出任何问题。"马克斯因为肚子痛和头痛而缺了很多课。他的医生给他从头到脚做了多次细致的检查，都没有发现任何异常。于是，他认为这可能是心理问题。令他母亲感到吃惊的是，医生的判断是对的。

听到更多关于马克斯的症状和他所经历的问题之后，我发现，马克斯的压力明显非常大。他总是处在焦虑和紧张当中。从自己的学习成绩到祖母的健康问题，他都很担心。但他不太了解自己的感受，也无法用语言表达自己的感受。

我毫不怀疑他真的经历了一些身体上的疼痛。身体和心理之间有很强的联系。压力可以激活身体内的生理反应，导致胃痛和头痛。多项研究表明，缺乏情绪调节技能的儿童倾向于表现出更多的身体病痛。范德比尔特大学于 2009 年所做的一项研究发现，在复发性腹痛的患儿当中，67% 患有焦虑症。身体病痛也常见于有潜在焦虑、抑郁或其他精神健康问题的儿童和青少年。

因此，虽然抗酸剂和止痛药暂时缓解了马克斯的痛苦，但只有在他潜在的心理问题得到医治后，他的问题才能真正解决。当我们开始处理他的心理问题时，他的身体问题也减少了。如果他想在身体上感觉更好的话，他必须学会如何表达他的情绪，以及如何通过有益的方式处理这些情绪。

教会孩子分辨和管理自己的情绪后，他将能够更好地认识自身的焦虑或抑郁情绪。早期发现可以预防将来出现问题，并有助于孩子们尽早得到治疗。

怎么做才好?

一旦格雷丝的父母开始进入教练的角色，他们就能帮助孩子学习如何管理自己的情绪。他们的实际指导帮助她把治疗中学到的技能运用于实际生活。当她心烦意乱时，她的父母及时提醒或暗示她，告诉她如何才能让自己冷静下来。

随着时间的推移，父母逐渐减少了他们所给予的支持，好让格雷丝全权管理自己和自己的情绪。在她完成治疗的时候，她已经完全相信，自己有足够的内心力量来管理自己的感受，不论她的感受有多么强烈或多么不舒服。

你可以教孩子学习管理情绪和忍受负面情绪的技能。然而，与其他技能的学习一样，孩子们也需要持续的指导和实践。

教孩子表达自己的感受

如果孩子能分辨他的情绪，他就会想方设法为自己的情绪负责。一个不会说“我受不了了！”的孩子很可能会通过他的行为来表达他的愤怒。发脾气、尖叫和咄咄逼人往往源自孩子无法告诉你他的感受。

如果你跟大多数人一样，那你很可能不会在日常谈话中听到很多表达感受的词语。通常，人们更倾向于说“他是个混蛋”，而不是“我感到愤怒”。甚至，当人们确实提到自己的感受时，他们也经常会这样说，比如：“我的手心里全是汗。”或者：“我的嗓子眼很难受。”因此，除非你有意识地教孩子使用表达感受的词语，否则他不大可能掌握很多这类词语。

如果孩子绊了一跤，你就可以这样说：“你现在看起来好像很生气。”以此来教他使用表达感受的词语。或者，在他跑去取鞋子的时候，你说：“你看上去好像很兴奋。”随着孩子对情绪的理解一步步加深，你可以进一步使用更为复杂的表达感受的词语，比如焦虑、失望、欣慰和沮丧。

以下是教孩子表达感受的一些方法：

- 平时谈话中多分享你的感受。跟孩子说话时，大量使用表达感受的词语。比如：“今天奶奶不舒服的时候我感到很难过。”或者：“当那个男孩把女孩从操场上的秋千上推下来的时候，我真的很生气。”
- 问你的孩子：“你今天感觉怎么样？”养成每天询问孩子感受的习惯。

选择一个特定的时间询问他的情绪状态，比如在你们吃晚饭的时候，或者在他准备睡觉的时候。看看他能不能说明白，他为什么会有特定的感受。

- **通过孩子的话语了解他的情绪。**当孩子跟你说起他一天的生活时，你可以问一些问题，比如："你在比赛中进球时有什么感觉？"或者："老师说你不能出去玩时，你有什么感觉？"如果孩子很难说出具体的感受，你就可以说这样的话："如果我是你，我就会感到很生气！"

确认孩子的感受

冲进去帮孩子解决问题意味着你要对他的情绪负责，而确认孩子的感受则意味着你虽然理解他，但同时也放手让他去处理自己的情绪。有时候，在确认孩子的感受和听上去像是漠不关心之间有一条细微的界线。"很抱歉，我们不去看电影让你感到很难过"这类话显得缺乏共情力。

把你的话说得再深入一些，以此来表明你接纳孩子的感受。你可以这样说："你特别想做一件事，但是却不能做，这肯定让你特别失望。所以，我们完全理解，我们今天不去看电影让你感觉很不好。"

下面是一些确认孩子感受的示例：

- "我知道你真的很生气，因为我说你不能去朋友家。我看得出来，你待在这里哪儿也不能去，心里肯定特别失望。"

- “输掉比赛确实非常难受，换了我也会一样难受。”
- “我能理解那种特别生气，想要骂一些难听的话的感受。”
- “我觉得，很多小朋友在第一天上学的时候都会感到紧张。第一次做没做过的事情可能会让人感到很害怕。”

即使你不理解孩子的感受，或者孩子似乎反应过度，你也要确认孩子的感受，这很重要。孩子需要知道，他们的感受是没问题的，而且你尊重他们的感受，即便你的感受跟他们不一样。

纠正行为，而不是情绪

有时候，孩子分不清想法、感受和行为之间的区别。下面就是一个例子：

父母：当你的朋友说你不能和他玩时，你心里是什么感觉？

孩子：我觉得他不想再跟我做朋友了。

父母：这听起来像是你的想法，而不是感觉。你觉得他不想跟你做朋友了。你对这件事有什么感受？

孩子：难过。

父母：哦，你觉得很难过。说得很好。那你当时是怎么做的？

孩子：我生他的气。

父母：你也觉得很生气。生气也是一种感觉。换了我，我也可能会非常生气。你生气的时候做了什么？

孩子：我走开了，我说我要找个新朋友一起玩。

父母：在生气的时候走开是很明智的选择。

向孩子解释，想法是你在脑子里说的话和“看到”的画面。感觉是你的心情，比如高兴和难过，而行为是你行动起来真正去做的事情。

当你的孩子理解了这三件事之间的区别时，他就会更好地理解他可以做什么。例如，生气是可以的，但打人是不允许的。同样，感到难过是可以的，但是尖叫和大发雷霆是不允许的。

告诉孩子，你不会限制他的想法和感受，但是，他做事不能够不守规则。

制定清晰明确的家庭规则，说明你所能接受的表达情绪的方式。把你的规则写在纸上，贴在家里的某个地方。如果你说“不要大喊大叫”，那你就要确保，你也能遵守同一条规则。如果你管不住自己的大嗓门，那么孩子也会跟着效仿。如此一来，你制定的规则就成了废纸一张。

下面是一些能够帮助孩子管理情绪的简单规则：

- 尊重他人的身体和财物。不可以打人，不可以伤害他人的身体，也不可以损坏他人的财物。
- 跟别人说话要友好。不可以骂人或嘲笑别人。
- 小声说话。不可以大喊大叫。

对于什么样的行为可以接受、什么样的行为不可以接受，不同的家庭有不同的想法。因此，虽然摔门对一些家庭来说不是什么大事，但有的父母却不允许孩子这样做。所以，你列出的每一条规则都必须是家里的每个人都能遵守的。当然，你也可以根据需要改变规则，只是要确保孩子理解，你希望他怎么做。

让孩子体会不舒服的感受

你的职责不是要让孩子充满笑容，而是帮他学会独立面对不舒服的感受。

以下是你的孩子需要体验的几种不舒服的感受：

- 愤怒。孩子需要学会分辨自己的愤怒，以及在生气时如何冷静下来。
- 焦虑。重要的是要让孩子意识到，他可以忍受紧张和焦虑，而且就算他有这样的感受，他仍然可以做他想做的事。
- 内疚。当孩子说对不起的时候，不要立即说：“哦，没事的。”让他体会内疚的感觉。告诉他，他让你伤心了。
- 悲伤。不要孩子一难过，你就想要哄他开心。让他学着自己从悲伤中走出来。
- 失望。如果事情没有按照孩子的设想发展，不要立即去补偿他。让他不时感受到一些失望。
- 无聊。不要仅仅因为孩子抱怨无聊就想办法给他找乐子，生活中会有太多无聊需要他去忍受。

- **挫折。**在面对一项困难任务时，孩子感到沮丧是没问题的。这并不意味着你要去帮他或解救他。

让孩子充分体会各种各样的情绪和感受。伴随着他的学习，为他提供应对情绪的各种指引。随着时间的推移，他将能够对自己处理情绪的能力充满信心。

如何教孩子对自己的感受负责

虽然一些孩子确实比较敏感，但格雷丝的父母却用这个标签来作为不让格雷丝去处理不舒服的感受的借口。在他们开始教她对自己的情绪负责之前，他们必须相信她能够处理不舒服的感觉。如果你像对待脆弱的孩子一样对待你自己的孩子，他就会逐渐相信自己无法应对困难。但是，如果你能帮他看到，他有足够的力量来处理不舒服的感受，他就会觉得自己有能力应对这些感受。

帮助孩子掌握改善情绪的方法

你的孩子需要知道，一个人感受到各种各样的情绪是非常正常的。当糟糕的事情发生时，悲伤也是可以的。事实上，感受悲伤也可以是治疗的组成部分。

但是，这并不意味着孩子必须停留在坏心情当中。他可以掌控自己的感受。如果他心情不好，或者在学校过得很不开心，他就可以做一些能让自己高兴的事。

人们很容易按照感觉行事，比如心里难过时选择一个人待在家里，可这么做只会让自己更加难过。做与感觉相反的事能改变人的情绪，所以难过时和朋友一起出去会让你开心些，出去散步也可以改善你的心情。

关键在于，你要帮助孩子找到有益的方式来处理他的情绪。如果你不这样做，孩子就可能会找一些不好的方式来排遣自己的情绪。感到悲伤的孩子可能会借助暴饮暴食来安慰自己。或者，感到孤独的青少年可能会上网交友，以此来获得关注。

主动教孩子一些有益的方式来改善情绪，让他平静下来或振作起来。记住，改善情绪的方法因人而异，不能一概而论。在外面玩几分钟可以帮一个孩子平静下来，但是对另一个孩子来说，最有效的做法可能是安静地画画。

下面这个例子告诉我们该如何寻找能帮孩子改善情绪的方法：

父母：我们来列一个清单，写下你在高兴的时候想做的所有事情。告诉我，你高兴的时候喜欢做什么事情？

孩子：我喜欢去海滩，还有，我喜欢在公园里玩。

父母：嗯，这些都是好玩的事情。那如果你在家里呢？比方说，你从学校回来，你感觉很高兴，那会儿你可能想要做什么？

孩子：和猫一起玩，和我的朋友聊天。

父母：做这些事情能让你高兴是吗？

孩子：是的，这些事情很好玩，我会笑得很开心。

父母：太好了。让我们再想想，在你觉得高兴的时候，你还想做什么事情？

孩子：我喜欢出去散步，我喜欢给爷爷打电话，给他讲笑话书里的笑话。

父母：没错！你肯定喜欢做这些事情。

把孩子所说的他高兴时想做的事情都写下来。然后，在他心情不好的时候，你可以让他从这份清单里挑选一些事情去做。告诉孩子，在他心情不好或感到孤单的时候，清单里面的事情可以让他高兴起来。

你也可以准备一个改善情绪用的工具箱。找一个小盒子，里面装上能让孩子想到他在高兴时喜欢做的事情的物品，比如他的笑话书和画画用的东西。你也可以把能逗他笑的东西放进去，比如爷爷的搞怪照片。通过练习，他会知道哪些事情对他帮助最大，并且能够自动去做那些事情。

帮孩子找到平复心情的方法

正如孩子需要知道如何在自己难过的时候改善心情一样，他也需要知道如何在自己生气的时候平静下来。不论孩子为解不出数学题而沮丧，还是为自己输棋而生气，他都需要知道如何在感受不佳的状况下继续努力，实现自己的目标。调节愤怒和沮丧情绪的关键之一是自我意识。

教孩子察觉他正在变得烦躁不安的征兆。聊聊那些能够表明他即将“爆发”的生理信号。也许是心跳加快了，也许是脸发烫了，这些都是他变得越来越生气的征兆。如果他能学会识别这些信号，就能在“爆发”前做出调整，让自己的心情平复下来。

问你的孩子：“你在安静的时候喜欢做什么？”孩子可能会回答涂色、玩彩泥或听平静的音乐，这些活动都有助于平复他的心情。

与改善情绪用的工具箱类似，你也可以准备一个平复心情的工具箱。把相应的物品放到一个盒子里。然后，在孩子感到焦虑或生气的时候，你就可以说：“我们去拿你的冷却箱吧。”然后，孩子就可以自己来挑选能帮他调节情绪的工具。

锻炼孩子的情绪调节能力

用有益的方式处理不舒服的感受或许是你能教给孩子的最重要的技能。但是，你不能仅仅告诉他如何管理他的情绪。你要多加引导，他也需要反复练习。随着孩子逐渐长大，他将面临新的挑战，甚至更加困难的处境，也会继续需要你的指导和支持。

跟所有优秀的教练一样，你也需要多多给孩子正面赞扬和鼓励。你要肯定孩子付出的努力和行动，比如这样说：“你今天心情不好的时候决定回你的房间待一小会儿，让自己冷静下来，你这样做我真的很高兴。”

你的赏罚规则也要保持前后一致。告诉孩子，你会帮他从错误中学习。经常跟孩子聊聊，下一次怎样做会更好。比如这样说：“打妹妹不可以，想一想你下次要怎么做。”帮孩子找到能帮他在生气时平复心情的新方法。

教学龄前儿童冷静下来

学龄前儿童最严重的情绪问题是愤怒。不管你的孩子是因为朋友抢了他的玩具而生气，还是因为你说现在要离开操场可他还不想走而愤怒，他都很可能通过大喊大叫、跺脚或哭闹来表达不高兴。

让孩子画一画他生气时的样子，这样他就更容易注意到自己生气的征兆。让孩子告诉你，他的身体发生了哪些变化。也许是他的脸涨红了，也许是他把小拳头紧紧攥了起来。画完后，跟孩子聊聊愤怒对我们的身体和行为的影响。但是，如果他能在生气时发现那些信号，那么平复心情就是他自己的事情了。

让学龄前儿童冷静下来的一个简单方法是教一些能够帮他们放松下来的呼吸练习。缓慢地深呼吸不仅能使身体平静下来，还能平息愤怒的情绪。

这里有一个教孩子做深呼吸的简单方法：

- 用鼻子吸气，就像闻到一块比萨饼的味道一样。

- 然后用嘴把气吐出来，就像你想把比萨饼吹得凉一点。
- 慢慢重复这个练习，让身体和心情平静下来。

如果你发现孩子心情烦躁，那就提醒他“停下来闻一闻比萨饼的味道”。随着时间的推移，他会学会自己做这件事，而你也越来越不需要提醒他这么做。而且，他还将学会如何让自己平静下来。

另一种方法是教孩子做“泡泡呼吸”，即到外面吹泡泡。让孩子告诉你，怎么做才能吹出最大的泡泡。他很可能会大吸一口气，然后慢慢地吹出来。

向孩子解释，“泡泡呼吸”为什么能让他的身体安静下来。当孩子心情不好的时候，你可以提醒他“做几个泡泡呼吸吧”。

教学龄儿童转移注意力

很多孩子在想到一件令人不安的事情，或者担心将来可能发生的事情时，往往心事重重。这时，想一些开心的事情能改变他的感受。但是，只告诉自己“不要去想那些坏孩子今天所说的话”通常并没有什么作用。事实上，你的孩子越是告诉自己不要去想它，他就越会陷在他的负面想法里不能自拔。想让他忘掉一些事情，关键是改变他的行为。

在著名的“白熊实验”的基础上，我在诊室中经常教孩子用下面的方法来转移注意力，你也可以把这个练习教给你的孩子：

- 告诉孩子，在大脑里想象白熊，为时30秒。这里的白熊既可以是北极熊，也可以是毛绒玩具。

- 保持安静，让你的孩子想象白熊。时间到了，喊停。
- 让孩子在接下来的 30 秒内想象他想要的任何东西，同时告诉他不能想白熊。
- 等待 30 秒，问他想得怎么样。大多数孩子都会说，白熊一直在他们的脑海里盘旋。如果你的孩子说他没想白熊，那就问他是怎么做到的。
- 然后，交给孩子一个能够在 30 秒内完成的简单任务。我经常会递给孩子一副扑克牌，让他把扑克牌按照大小或花色分类。无论你给孩子什么任务，你都要确保，他必须全神贯注才能在 30 秒内完成任务。
- 时间到了，叫他停下来。然后，问问他在完成任务的过程中有没有想到白熊。大多数人都会说完全没想到，你的孩子呢?

这个练习的目的是要让孩子亲身体验，忙碌可以帮助他转移注意力。因此，如果孩子正在因为一些事情而烦恼，那么让他有事可做就是帮他改善情绪的关键。这就像是换电视频道，如果现在的节目不好看，他就需要转移注意力，去关注更有意义的事情。

如果孩子在学校过得不顺心，或者心情不好，你就可以问他：“你怎么做才能换个频道，让自己高兴起来呢？”或者当孩子说“我很无聊”时，你可以这样问他：“你觉得，你能做点什么来让自己换个频道呢？”然后，让孩子去找能振作精神或改善情绪的事情。如果他觉得这么做比较困难，你可以给他一些想法或建议。通过训练，他就能学会自己来完成这些事。

不过，你要确保不流露出他必须自始至终都要保持好心情的意思。有时，孩子可能会想聊聊他难过的心情或者让他感到难过的事情。只有在孩子长时间心情低落或在他的情绪对他有不良影响的时候，你才需要提醒他转移注意力。

教青少年稳定情绪

遇到不顺心的一天，你家十几岁的孩子很可能会变得暴躁易怒。考试不及格、和朋友争吵、被篮球教练训话，这些经历都会让你的孩子阴沉着脸回家。也许只需要一点小小的刺激，他就会“爆炸”。

教你的孩子如何稳定情绪。和朋友聊天，听喜欢的歌曲，或者做瑜伽都可能减轻他的压力。帮他分辨那些能帮他以有益的方式处理压力的事情。或者，跟他聊聊你在类似情形下的应对之策。

跟孩子聊聊，如何在他暴躁易怒的时候察觉到这一点。也许征兆是他在别人跟他说话时表现得不耐烦，或许是他开始使劲砸拳头或者来回踱步。谈谈在你暴躁易怒的时候，你会有哪些反应。然后，跟孩子解释，其他人在紧张、疲倦或不走运的时候会怎么做。所有人都可以采取措施来稳定自己的情绪。

更稳定的情绪意味着他不大可能冲动地说话或做事。经常跟孩子谈谈，如何在他暴躁易怒的时候认识到这一点。但是，如果你注意到他似乎特别紧张和暴躁，那就建议他采取措施稳定情绪。

如果他最终还是爆发了，就在他平静的时候谈谈这件事。问问他，有没有什么迹象表明他就要控制不住自己了，并且讨论下一次他怎样做出更好的选择。

情商高的孩子敢于面对生活的挑战

洛根是一个 9 岁男孩，他的学校推荐他来找我做治疗，因为他的脾气特别大。当他感到生气或沮丧时，他会打翻课桌，或者把东西四处乱扔。洛根“发作”时，为安全起见，老师会让其他孩子离开教室。当其他同学可以“安全”返回的时候，洛根通常会被暂时带离教室，要么到校长办公室去，要么接受一对一的帮助。

洛根来到我的诊室，他说的第一句话是：“我控制不了我的脾气。我真的疯了，做了很坏的事情。”我猜他可能听其他成年人这么说过他。他的父母也说，他有时在家里也难以控制自己的脾气。但是据他们所说，孩子在学校里的情况似乎更糟。

我花了一些时间跟洛根交谈，很明显，他是个聪明的孩子，对他的问题有很好的认识。所以，我详细询问了更多关于他发脾气的细节，比如发生的时间和原因。然后，我们谈到，他把桌子弄翻，还变得那么暴躁，这是一个大问题。他打断了课堂教学，导致其他孩子不得不离开教室，等等。于是我问他：“你觉得我们能做些什么来帮助你解决这个问题？”

他说：“为什么不是让我离开教室，而是让其他人离开？”据此，洛根想出了自己的解决方案。我们和他的老师和校长一起制订了一个计划。洛根将得到一张红色通行证，平时放在他的书桌上。当他感到自己生气时，他会把通行证放在老师的办公桌上，告知他需要离开，然后径直走向校长办公室。他会坐在里面，在一个成年人的看护下独自冷静下来。

一旦这个计划付诸实施，洛根的老师就再也不用让其他孩子躲到教室外面了。与此同时，洛根也开始为自己的情绪负责。他静静地消化情绪，让自己平静下来，之后再回到课堂上。

当洛根意识到他能控制住自己的情绪时，他的自信增强了。当我们继续讨论如何管理他的愤怒时，他要求更少地使用红色通行证。他开始在课桌上练习应对技巧。最终，他的态度改变了。他开始认为，自己是一个已经学会如何克制脾气的孩子，而不是一个经常发脾气的坏孩子。

情绪管理能力将让孩子在成年后大受其益。一些研究者研究了成年人在理解情绪如何影响自身想法和行为之后所获得的竞争优势。他们发现，情商高的人往往工作效率更高，婚姻更美满，身心也更健康。

内心强大的人不会把精力浪费在他们无法控制的事情上。希望环境改变或试图强迫别人改变的做法毫无益处。内心强大的孩子从小就懂得把精力花在正确的地方。当他们无法控制自己的处境时，他们就会专注于改变自己的态度。

常见问题与陷阱

很多父母在培养孩子的情绪管理能力上非常吃力，因为他们自己从未学习过这些技能。因此，尽管有些父母出发点良好，但他们却给孩子提供了坏的建议。我见到的最大的误解是，有的父母认为，孩子必须释放愤怒，以免愤怒累积起来并最终爆发。于是，他们会善意地告诉孩子在生气时可以捶打枕头。

但研究表明，鼓励孩子“发泄怒火”会适得其反。他可能会变得更愤怒，更具攻击性。因此，更好的做法是教给孩子平复心境的技能，让他自己冷静下来，这是更加得体的方式。

另一个常见陷阱是，父母经常认为压抑情绪是内心强大的标志。一位父亲带着他 8 岁的儿子来到了我的诊室。此前不久，孩子的祖母刚刚去世。这位父亲说：“我为他感到骄傲，他一直很坚强。虽然他和他的祖母非常亲近，但他只哭了两次。”

然而，坚强与你的孩子哭过多少次完全没有关系。相反，坚强是认识自身的情绪，并且知道如何用有益的方式处理这些情绪。

不能告诉孩子不要表现出情绪，这毫无帮助。重要的是教孩子如何以富有成效的方式来处理他的情绪，以此来治愈他内心的创伤。

有帮助的做法

- 教孩子识别自己的情绪。
- 肯定孩子的感受。
- 制定行为规则和限制。
- 帮孩子找到改善情绪的有效方法。

- 帮孩子找到有助于平复心情的事情。
- 指导孩子管理情绪。
- 教给孩子具体的情绪管理技巧，比如呼吸练习和如何稳定情绪。
- 纠正孩子的行为，而不是感受。

没有帮助的做法

- 尽量减弱或消除孩子的情绪。
- 总是解救处于痛苦中的孩子。
- 在孩子的成长过程中人为营造安全环境。
- 孩子一伤心难过就想方设法改善他的心情。
- 孩子一心烦意乱就不断地安慰他。
- 孩子一感到无聊就想办法逗乐子。
- 低估孩子处理不舒服感受的能力。
- 鼓励孩子主动释放愤怒情绪。

第 10 章

他们绝不防止孩子犯错误

虽然 14 岁的泰勒跟爸爸非常亲近，但她尤其亲近妈妈玛丽亚。玛丽亚是一位全职妈妈，她抓住一切机会培养泰勒。她为泰勒挑选课程，监督她的功课，还花钱让她上暑期辅导班，以此来确保她的成绩名列前茅。

玛丽亚也非常支持泰勒参加体育运动。她花费大量时间寻找最好的篮球训练营，并下大力气为泰勒提供超越其他孩子所需的一切条件。玛丽亚自信地认为，她已经为泰勒一生的成功铺平了道路。

然而，有一天晚上，泰勒问了一个奇怪的问题。那天晚上上床睡觉后不久，泰勒突然叫玛丽亚过去。玛丽亚于是走到泰勒房间门口，看她需要什么。泰勒说："我想我得去趟洗手间，但我不知道我该不该起床。"一开始，玛丽亚以为她在开玩笑，但泰勒坚持说这件事让她很头痛。玛丽亚意识到，她是认真的。泰勒说："是这样，我可能只是觉得我得去趟洗手间，但是如果我起来把灯打开，我就会完全醒来，然后我就睡不着觉了。你觉得我该怎么办？"

玛丽亚呆住了。她说:“嗯,你为什么不继续睡觉呢?”泰勒说:“好的,谢谢妈妈。”玛丽亚下楼,跟丈夫肯说了刚才发生的事情。肯说:“玛丽亚,我不觉得奇怪。你帮她做所有的决定,现在她14岁了,她不先问你就没办法做任何决定。”

就在那一刻,玛丽亚意识到,她给泰勒的不仅仅是指导,她其实一直在巨细无遗地设计泰勒的生活。现在,她十几岁的女儿甚至都无法抛开犯错的恐惧来决定要不要去洗手间。

玛丽亚马上预约了我的咨询,并带着泰勒来到了我的诊室。不过,泰勒却不像她母亲那么担忧。她说:“我妈妈帮我做事情,而且我们一起做得很好。我不知道她为什么这么担心。”玛丽亚说:“泰勒,如果你自己都决定不了要不要去洗手间,那显然我们做得并不好。”

了解到更多情况后,我发现问题出在这里:

1. 玛丽亚不让泰勒做任何决定。玛丽亚的角色更像是泰勒的个人助理,而不是她的母亲。她为她安排日程,整理物品,并代替她做各种决定。
2. 泰勒缺乏基本的决策技能。泰勒凡事都要问她母亲,她母亲怎么说,她就怎么做。她从不需要自己解决问题。

我的建议是:

1. 玛丽亚要抽出身来,停止插手泰勒的日常生活。即使她认为泰勒做得不对,她也必须让泰勒自己做。

2. 泰勒要学着不依赖母亲的意见做决定。平生第一次，泰勒要对事情发表自己的看法。而且，她得相信自己有能力做出决定，并且能够在犯错后及时改正。

在接下来的几周里，我们探讨了玛丽亚为防止泰勒犯错而做的所有事情，比如修正泰勒的家庭作业、建议她如何穿衣，并帮她安排日程。

回头看去，她发现不管做任何决定，泰勒都要征求她的意见。她意识到，没有她的意见，泰勒根本不知道该如何管理自己的生活。现在，她想抽出身来，但她不确定该怎么做。她怕自己一旦不提供帮助，泰勒就会茫然无措。

她的担心不无道理。从为女儿做所有的决定到完全放手，这样的转变对泰勒来说过于突兀。于是，我们想了一些方法来让玛丽亚循序渐进地鼓励泰勒独自做决定。

起初，即使是做很小的决定，泰勒也觉得非常困难。她会问这样一些问题，比如："妈妈，我应该穿这件衬衫还是那件粉红色的？"玛丽亚则学着回答说："哪一件都好。你更喜欢哪一件？"泰勒问问题不仅是让母亲提供意见，她还需要得到肯定和确认，然后，她才敢做出哪怕最简单的选择。

玛丽亚也不再仔细检查泰勒的所有作业，而泰勒的成绩也史无前例地下滑了一点点。尽管这是玛丽亚非常不愿见到的事，但她知道，防止犯那些错误最终会给泰勒带来更多的问题。

幸运的是，玛丽亚的态度非常坚决，她也反复告诉泰勒，她不介意那些错误。慢慢地，泰勒发现，犯错已经不再那么可怕了。

随着玛丽亚鼓励泰勒做出尝试，泰勒也越来越相信，自己有能力面对错误。泰勒确实犯了一些错，但她也能亲身了解到，她可以面对错误，甚至可以从错误中吸取教训。

你会防止孩子犯错误吗？

很多父母坚持在孩子的生活中扮演驾驶员的角色。他们认为，如果他们能控制孩子的每一个动作，他们就能确保孩子永远不犯错。你认同下面这些说法吗？

- 我帮孩子检查作业，以免让他得低分。
- 我受不了看孩子陷入一团糟的境地。
- 我认为，我有责任在孩子犯错之前介入，以免让他承受犯错的后果。
- 我认为应该不惜一切代价避免犯错。
- 我想让孩子避开犯错带来的尴尬和伤害。
- 我担心孩子犯错后不会努力改正。
- 如果我的孩子犯了错，我会担心我可能会承受犯错的后果。
- 我认为自己有责任让孩子摆脱犯错的痛苦。
- 如果我发现孩子做得不对，我就忍不住要跳起来告诉他正确的做法。

◎ 我觉得，防止孩子在学习上犯错，是为他在高中毕业后的大学生活做准备的最佳途径。

为什么父母会阻止孩子犯错误？

玛丽亚认为，她一直在通过防止孩子犯错来引导孩子走向成功。她以为，如果她能帮孩子一开始就把事情做对，孩子就能表现得更好。她认为帮助孩子是让孩子获得竞争优势的最佳方式。

一方面，这么做是有效果的，泰勒的学习成绩不错，体育运动也开展得很好，但这都是玛丽亚在背后指挥她的结果。

虽然玛丽亚的做法过于极端，但许多父母都在做类似的事情，只是没有那么夸张罢了。比如在孩子上小学前，他们紧紧围绕在孩子左右。孩子上小学，他们在一旁提供指导。孩子十几岁了，他们又干涉孩子交朋友，这些都是更为常见的直升机式养育[①]。想一想，你有没有像玛丽亚一样，没等孩子有机会犯错就从中干涉，从而剥夺了孩子学习的机会？

直升机式父母大行其道

过去，很少有父母对孩子的成长参与得巨细无遗。很少有哪位

① 直升机式教育，形容望子成龙、望女成凤的父母像直升机一样盘旋在孩子上空，时刻监控孩子的一举一动。——译者注

母亲会坚持在足球赛期间为坐在板凳上替补的儿子披一件运动衫，也很少有哪位父亲会在孩子选课前要求与辅导员会面，讨论课程安排。做这类事情的父母常常引人侧目。

但是今天，直升机式父母已经成为常态。他们总是侵犯孩子的生活，却不认为自己的行为已经超越了界限。由于直升机式父母对孩子的过度保护，孩子甚至失去了犯错的能力。他们事无巨细地安排孩子的日常活动，一心确保孩子获取成功。

这种直升机式父母已司空见惯的变迁，很可能是许多因素综合作用的结果。20 世纪 80 年代那些胸前挂着家门钥匙的孩子可能想给他们的孩子付出比他们小时候更多的关心。但是，更多的关心一不小心就会变成过多的关心。

直升机式育儿的普遍也可能源于科技的发展。7 天 24 小时接触新闻的父母可能会觉得这个世界比过去更加危险。而且，虽然你可能会认为，手机能给孩子更多的自由，可我们实际看到的情形却刚好相反。与从前相比，父母管孩子管得更频繁了。

父母也比以往任何时候都更加以孩子为中心，并且更加重视大学教育和取得成功。结果，许多父母都定下目标，要确保他们的孩子不做任何有可能影响他们美好前程的事情。

直升机式育儿似乎也有传染性。一旦一些父母开始围绕在他们的孩子左右，其他父母也会开始认为，好的养育就是这样的侵入式养育。而且，他们也感受到压力，认为要想确保他们的孩子保持优秀，他们就得过度参与孩子的生活，而这也正是我们今天所看到的情形。

当侵入性养育还不常见时，所有的孩子都会不时犯错。比如，他们会忘记做家庭作业，他们会无法按时完成任务，他们也会在练习曲棍球时迟到。但是，由于这些事情会发生在大多数孩子身上，所以这并不是什么大问题。

但是，一旦一些父母开始极其细心地安排孩子的生活，他们的孩子就获得了竞争优势。这些父母成了孩子的个人助理，让孩子随时都能以最佳的状态上学和参加课外活动。这时，那些正常父母就会感受到压力，随即也去帮助他们的孩子赢得竞争力。

父母认为犯错有害

一些父母认为，防止孩子犯错既能教给孩子“正确”的做事方式，也能让他们免于承受失败的痛苦。这种想法有时是对的。毕竟，你不想让孩子把手放在热锅上，以此来让他了解锅是烫的。这么做可能会给孩子留下永久的疤痕。但是在许多父母那里，这种想法已经渗入了孩子生活的方方面面。他们努力确保孩子的作业能得到 100 分，孩子从不忘记学校布置的任务，并且他们的衣服总是干净整洁的。

很多时候，父母在他们的童年时期就产生了这样的想法。比如，一个小时候因为学习成绩不好而被嘲笑的妈妈可能会努力防止她的孩子蒙受同样的羞辱。或者，一个认为自己因为对学业不上心而未能充分发挥潜能的父亲可能会密切监督孩子做作业，以防他在其中犯任何错误。

他们也可能曲解错误的真正含义。他们不把错误看作错误本身，而是认为犯错的人愚蠢。所以，如果你考试不及格，那就意味着你很愚蠢。或者，如果你没有被雇用，那就意味着你是一个失败者。在这种心态下，难怪有些父母会阻止孩子犯错误。他们不想让孩子的自尊遭受沉重打击。

父母不想承担犯错的后果

曾经有一位母亲来找我做治疗，她特别想让她的儿子学会控制愤怒情绪。她的儿子塞思当时 12 岁，脾气非常暴躁。每当他的母亲要求他做家务，或者他因为违反规则而被拿走游戏机时，他都会大发雷霆。有时，他会威胁搞破坏。有时，他会扔东西，比如他的手机，或者用拳头砸门。她的母亲担心他每次生气都会破坏一些东西。因此，为了防止他搞破坏，只要他一生气，她就会去安抚。

当我问她，如果不去安抚他会发生什么事时，她说："他会破坏一些东西。"于是我问她，如果他破坏了又怎么样？她说："那我就得去修。"可是塞思既没有钱，也不会修东西，所以她认为她有责任去修理他破坏的任何东西。

我建议她在孩子发脾气的时候任由他破坏一些东西。如果他破坏的东西是他自己的，那就让他承担失去那些东西的后果。如果他破坏的东西是别人的，那就让他负责修理。这可能意味着，她要为他分配更多的家务，这样他才能赚到更多的钱来换掉被他损坏的东西。

在破坏东西后，塞思很可能不愿意去修理。这时，做母亲的要让他承担不修理的后果，并帮助他从错误中吸取教训。

几天后，塞思摔坏了他卧室里的电视遥控器。事情的起因是，他的母亲让他打扫自己的房间，他生气了，但她没有让步，于是他就把他的遥控器摔坏了。

他的母亲拒绝给他买新的遥控器，塞思心里很不高兴。但是，品尝过好几周不得不站起来走到电视机前换频道的滋味后，他第一次开始学着控制自己的愤怒情绪。当他生气时，他不再想破坏东西了，尤其是他自己的东西。他的母亲允许他在生气时犯错，于是他认识到了自己的问题。

你要允许孩子在你的眼皮子底下犯错。现在就让他学习重要的人生经验要比他将来再补上这门课更好，那时的代价可能会更沉重。当孩子有可能犯错时，你需要克制自己不去介入。犯错不仅需要孩子承受相应的代价，你也需要付出耐心、时间和精力。

与防止孩子犯错相比，教他从错误中吸取教训以使他不再犯那些错误，往往需要花费更多的时间。但是，在你的帮助下，孩子将能把那些错误转化成为宝贵的人生经验。

防止孩子犯错的潜台词——犯错是可怕的

泰勒很难独立做出简单的决定，原因在于，她的母亲总是为她做所有的决定。泰勒并不觉得母亲在干涉她的生活，反而觉得她们是一个整体。但是，当泰勒尝试独立生活时，她的缺乏独立就可能给她造成巨大的麻烦。

有时，父母防止孩子犯错的做法可能会以某种微妙的方式伤害到孩子。你要时刻警惕不要让自己对孩子的指导突破从有益到有害的边界。

不犯错的孩子可能会付出终身的代价

有一天，一些学生在课后留下来讨论如何成为一名治疗师。讨论到最后，还有一名学生没有离开。她给我看她的选课表，并且问我哪些课程对她最有帮助。我向她详细解释了部分课程能给她的未来带来怎样的帮助，她把我建议的课程名称做了标记，并且做了笔记。

谈话结束后，她向我表达了感谢，并且问道：“如果我忘记了你说的某些话，我父母能给你发电子邮件吗？他们可能会问一些关于给我选什么课的问题。”

一开始，我以为她不明白选课的程序。（有时，大一新生还不太明白现在需要自己完成选课。）我提醒她，她可以在网上注册，而且并不需要征得父母同意。可她说：“哦，我知道。但是我的父母要做最终的决定，好确保我选了正确的课。”

我不认识这名新生的父母，但是我猜，他们一直在竭力防止她在生活的各个方面犯错。现在，她已经成年了，可他们仍旧没有放手，而她似乎也很乐意让他们这样做。

这并不是说，他们不应该过问她的大学生活，特别是，如果他们还为她交学费的话。拒绝一年花 6 万美元给孩子学艺术史专业是一回事，但插手她具体选什么课就是另一回事了。这名学生觉得父母必须为她做决定，因为她害怕自己独立做决定会犯错。如果你告诉孩子要防止犯错，而且你就是防止他犯错的那个人，那么当你不在他身边的时候，他就很难做出决定。他害怕冒险，害怕走出他的舒适区。

然而讽刺的是，大多数直升机式父母却认为，他们正在为孩子提供优良的养育。他们认为，他们将以优异的成绩把孩子送进大学。他们还认为，他们已经通过让孩子避免陷入尴尬和代价高昂的失误减轻了孩子的压力。但研究表明，防止孩子犯错的父母实际上是在伤害他们。

研究表明，不被允许犯错的孩子：

- 更容易罹患各种心理疾病。弗吉尼亚州的玛丽·华盛顿 2014 年的一项研究发现，拥有直升机式父母的大学生更容易感到沮丧和生活不如意。
- 更可能需要精神类药物。田纳西大学 2011 年的一项研究发现，有父母围绕左右的大学生更可能服用抗焦虑和抗抑郁的药物，也更可能滥用止痛药而成瘾。
- 执行力较差。科罗拉多大学 2014 年的一项研究发现，那些在时间不够灵活的刚性环境中长大的人，往往缺乏有助于他们达成目标的自我管理技能，还缺乏自控和自我调节技能。

- 患病风险较高。佛罗里达州立大学 2016 年的一项研究发现，由直升机式父母养育大的年轻人更容易生病。这很可能是因为他们的自理能力比较差。如果没有父母来告诉他们该吃什么、该怎么运动、该何时睡觉，他们就可能疏于照料自己的身体。

错误有时是好老师

一个星期一的下午，我接到了一位初中生来访者的母亲的电话。我已经给她的孩子梅森做了几周的咨询，主要解决的是他跟别人相处的问题。但是现在，梅森的母亲开始担心他的成绩。

梅森的期中学业报告显示，他在家庭作业方面得了好几个零分。梅森的母亲感到很奇怪，不知道为什么会发生这样的事。每天晚上，她都陪在梅森身边，帮助他完成家庭作业。她满以为梅森已经完成了作业，于是很少上网查看他的成绩。

我建议她和老师们谈谈，也问问梅森，把事情弄清楚。而且，我也同意当天随后与梅森交谈。梅森走进我的诊室时，我把他母亲打来电话的事告诉了他。他说："哦，我知道她看到我的成绩会受不了。"他承认，他有好几次作业都没写，还说有时会忘记把课本带回家。没有课本，他就没法写作业。他知道他这么做会惹母亲生气，所以就告诉她晚上没作业。

他也没有完成一项社会研究的大作业，他一直在拖延。随着截止日期越来越近，他不敢让母亲知道他过了这么久才告诉她。于是他干脆只字不提，因为他不想惹她生气。他谈了他在各个科目上遇到的问题。他说，随着学期临近结束，他觉得问题越来越多，越来越严重。但他不敢告诉母亲他在学习上遇到了问题。他说：“她会说我不负责任，会非常生气，所以我觉得还是不要告诉她为好。”

与被教导“不要犯错”的许多孩子一样，梅森把更多精力放在了掩饰自己的错误上，而不是从错误中学习。他的母亲也只关注把所有的事情都做对，以至于当问题发生时，梅森不知道该如何应对。

如果孩子得到的信息是，犯错是不好的（不管是他们认为犯错很尴尬，还是会让别人不高兴），他们往往都会倾向于掩饰错误。除非他们能够直面这些错误，否则就无法从错误中学习。

怎么做才好？

为了不让泰勒出错，玛丽亚对泰勒的人生大包大揽，结果泰勒自己连一点小事都无法决定。为了改变这一情形，玛丽亚不得不抽出身来，放手让泰勒为自己做决定。即使她不同意泰勒的决定，她也只能静静地等待结果的到来。不过，她必须确保她已经把面对错误所需的情绪和认知技能教给了女儿。作为一个十几年来从未犯过错的孩子，泰勒的抗打击能力非常差，玛丽亚必须教会她跌倒后如何爬起来。

幸运的是，玛丽亚在这方面做得很好。她告诉泰勒："我犯了为你包办一切的错误。现在我得告诉你，你自己得犯一些错误。"

仅仅允许孩子犯错是不够的，你还必须教他如何从错误中学习。

了解你的养育目标

花时间想一想，你的养育目标是什么。如果用一句话来概括，你会怎么说？

如果你认为自己的角色更像是保护者，那么你的养育目标就是帮助孩子生存。如果你认为自己的角色更像是引导者，那么你的养育目标就是帮助孩子茁壮成长。把自己视作保护者的父母往往会防止孩子犯错误，他们不希望任何不好的事情发生在孩子身上；把自己视作引导者的父母知道错误有助于孩子学习，他们愿意让孩子四处探索，也不会试图给他们灌输什么成功学。

不论你认为自己是什么样的角色，你防止孩子犯错都可能是因为，你想让自己或孩子免遭痛苦。花时间想一想，什么类型的错误可能也是学习的良机？

想一想，你在下列情形中可能会做出什么样的反应：

- 你 6 岁的孩子从房间出来，身上的衣服有点古怪。衣服颜色很亮，搭配也非常奇特，肯定会招来他人的侧目。你会让她这样去学校，还是帮她找别的衣服穿？

- 你 10 岁的孩子自豪地给你看他的科学展览作品。它应该是一座火山，但是看起来非常粗糙，而且不像是喷发的样子。你会让他继续使用这个作品，还是帮他重新造一座更好的火山？
- 你 15 岁的孩子向你介绍她的新朋友。你从其他父母口中听说过这个女孩，她因不尊重父母和老师而名声在外。你会告诉孩子别交这个朋友，还是会允许她们一起玩？

你最了解你的孩子，所以这里并不存在绝对正确的回答。但是，重要的是要了解你为什么这样回答，并且问自己："从长远来看，这么做对孩子有利吗？"

防止有害的错误

当然，并不是所有错误都能成为好老师。有时，你要避免孩子犯确实对他自己或对别人有害的错误。

以下是你应该防止孩子犯的三类错误：

- 存在安全风险的错误。如果你家蹒跚学步的孩子太靠近游泳池，不要让他通过落水来吸取教训——在他掉进去之前拦住他。同样，不要因为想让你十几岁的孩子从中吸取教训就对他吸烟、饮酒或超速视而不见，他可能还没学会吸取教训就没命了。
- 对他人有害的错误。如果你的孩子说，他要告诉一些孩子，他不会邀请他们参加他的生日聚会，不要让他这么做。同样，如果你看到或听说你十几岁的孩子在社交媒体上发表挑衅或冒犯的言论，要让他停止这么做。

- **不会让孩子吸取教训的错误。**如果你的孩子不会承受任何负面结果，他可能就不会认为自己所做的是错的。但是，事情进展顺利并不意味着这么做就是对的。如果他从桥上跳下去，但是没有受伤，他可能就会认为他应该再做一次。告诉孩子，没有产生不好的结果并不意味着这么做就是对的。

克制插手的冲动

我见过的最夸张的直升机式父母并非来自我的诊室，也并非来自我教课的大学，而是来自我写作的经历。

当时，我正在为《福布斯》写一篇文章，标题碰巧是《10位首席执行官认为从错误中学习的最佳做法》。我联系了几位给我提供想法的首席执行官，但是在完成这篇文章之前，我还想求助更多的企业主。

于是，我提出了一个一般性问题来邀请首席执行官们向我反馈他们所认为的最佳做法。其中一条反馈来自一位名叫马克的年轻人，他说他是自己创立的制衣企业的首席执行官。与我收到的其他反馈相比，他反馈的内容有点长，所以我把它暂时放在了一边。

几天后，我收到了一封给我留下深刻印象的电子邮件。邮件是这么写的："马克还没有收到回信，不知他的回答能否被收入你那篇《福布斯》的文章，所以我正在补充更多的内容，以防他所说的不是你想要的。”发件人是马克的母亲。

一方面，这位年轻人试图将自己描绘成一位称职的首席执行官。然而与此同时，他的母亲所发出的信号却是，他一点儿也不称职，他母亲还得跟在他后面，以防他把事情搞得一团糟。

尽管这是一个极端的例子，但很多父母都在做类似的事，比如每天帮孩子修正家庭作业中的错误。虽然关心孩子的学业是一件好事，但大多数父母把错误指出来了还不算完，他们还要帮孩子改正错误，因为他们受不了孩子带着有错的作业去学校。

帮孩子改正错误表明，你更在乎的是他的成绩，而不是他的学习能力。而且，这么做还会让孩子把成功等同于最终的分数或比赛成绩，而不管他们在这个过程当中学到了什么。

老师不想知道你会不会做那些题，他们想知道孩子记住了什么、有没有理解。因此，你要允许孩子有时带着有错的作业去学校。另外，问问自己，如果你的老板在你的面前指手画脚，说你这里也不对、那里也不对，那你还能好好工作吗？

虽然有些孩子需要大量的帮助才能完成任务，但大多数孩子都需要一点点空间。而且，给他们一些自由也对你们之间的亲子关系有好处。你可以成为提供帮助的引路人，而不是被视作吹毛求疵的挑剔者。

将错误转化为学习的机会

12 岁的康纳总是因为在学校打架而惹麻烦。但是，他的父亲更关心的是学校的规定是否合理，而不是如何教孩子更好地处理冲突。他找校方会谈，写信，并且把他对校长的厌恶发泄在社交媒体上。当校方建议康纳接受治疗时，他的父亲同意了。但是，他的意图是借助对康纳的治疗来抱怨学校。他问了这样一些问题，比如："你认为不让孩子上学真的公平吗？"而且，他还跟我说了一位老师的做法，然后问："是不是老师故意在惹康纳生气？"

这位父亲从未问过如何帮助康纳更好地控制愤怒情绪。他并没有教给儿子解决问题的更适合的方法，而是告诉儿子，学校是一个不公平的地方。难怪康纳的表现完全没有好转，反而越来越糟糕。

我经常能在父母那里听到这种事。他们把精力放在了错误的地方，不是帮孩子从错误中吸取教训，而是指责他人。听到对孩子的负面反馈确实让人不好受，但是死不承认还大搞阴谋论毫无助益。这么做不会帮助孩子从错误中成长。

有的父母试图说服校方让他们的女儿参加演出，即使女儿在试演中表现很差。有的父亲为给女儿的超速罚单鸣不平而走上法庭，即使她超速多达每小时 30 多公里。他们都带着孩子来我的诊室咨询，逐步认识到了他们的问题。

虽然为孩子出头有时是一件好事，但让孩子承受犯错的后果也很重要。如果你总是帮孩子解围，你其实是在害他。告诉孩子，犯错是不可避免的。而且，虽然犯错有可能带来不好的后果，但这样的后果也是学习的机会。

如何教孩子认识错误

泰勒的母亲玛丽亚必须教给泰勒从错误中振作的技能。她必须告诉女儿，犯错并不可怕，而且可以采取措施面对错误，并从错误中学习。通过指引和练习，泰勒学会了独立做决定。当泰勒做了错误的决定或者得到了不好的结果时，她知道这不是灾难，她还可以继续为实现目标而努力。

告诉孩子，他心里有足够的力量直面他的错误。教他承认自己的错误，并尽力向前努力。

跟孩子一起回顾

仅仅做出“你的朗诵很棒”，或者“你的科学展作品很棒”这样的评论，不会让你的孩子有更大的收获，而与他们进一步谈论和回顾则可以。研究表明，无论孩子表现如何，事后回顾都是学习的大好机会。因此，你要花一些时间来让孩子回顾自己的决定并从中学习。下面是一些有效的做法：

- 当孩子成功时。跟孩子讨论哪里可以做出改进。发现不足是促使他下次做得更好的关键。但是，你要确保对他的成功之处表示赞扬，过分关注错误可能会适得其反。
- 当孩子失败时。跟孩子谈论积极面还是消极面都没有关系，重要的是沟通。所以，问问孩子从中学到了什么，以及他怎么看待失败。虽然在失败的时候，孩子可能特别不愿意再提起这件事，但回顾能把失败的经历转变为学习的机会。

让孩子回顾自己的表现，而不是指出他的错误。看看他是否对自己的表现感到满意，看看你能否帮他找到下次可以做得更好的地方。例如：

父母：“看得出来，你这场篮球赛打得非常努力。你觉得自己表现怎么样？”

孩子：“我觉得我表现得很好。”

父母：“你觉得你表现最好的地方在哪里？”

孩子：“我得了 4 分，而且我的防守很好。”

父母：“我发现你防守起来确实很积极。你有没有下次想改变或者想做得更好的地方？”

孩子：“嗯，我的罚球都罚丢了，而且我还忘了一个动作。”

父母：“你觉得你怎么做可以做得更好？”

孩子：“我可以在后院多练罚球，还有多练习我不熟悉的动作。”

无论他能否实现自己的目标，你都要教孩子肯定自己的学习精神。告诉孩子，不管表现如何都要努力改进，只要尽力而为，他都值得为自己竖大拇指。

谈谈你犯过的错

孩子们喜欢听你讲有关失败和犯错的事，所以谈谈你小时候犯过的错误和遭遇的失败。告诉孩子，你从犯错和失败中学到了什么，后来又是如何改进的。还有，你要让孩子知道，不完美很正常，没什么大不了。

跟孩子讲讲你幼时的经历，无论是你打进了乌龙球，还是在拼字比赛中首轮出局。但是，你要确保你做过的这些事没有造成严重后果，比如："我考试没考好，所以没有被哈佛录取。"你要讲这样的事："我当时感觉特别差，但是最后，事实证明也没什么。"或者："我现在已经知道，即便我在科学展上得奖也没什么大不了，真正重要的是我尽了自己最大的努力。"

还有，跟孩子聊聊你最近犯的错。比如："我今天和一个人握手问好，结果把他的名字叫错了。"或者："我昨天错过了一个我本打算参加的会，以后我得密切留意我的日程安排。"让你的孩子看到，你也仍然在不断改进当中，而且你并不介意自己永远都达不到完美。

教学龄前儿童放飞他们的想象力

学龄前儿童很喜欢学习和探索，有些父母会忍不住通过不断纠正孩子的错误来尝试加快学习的速度。但是，父母的过多干预会扼杀孩子的想象力和创造力。当孩子们在我诊室的地板上玩玩具的时候，我经常看到这种情况。

有些父母见不得孩子把浴缸放在娃娃屋的屋顶上。他们会说：“不，浴缸要放进浴室。”或者，如果他们看见孩子在给大象涂紫色，他们就会说：“不对，大象是灰色的，不是紫色的。要用这支蜡笔。”但是，孩子们这么做并没有错，这仅仅是学龄前儿童想象力丰富的体现。而且，我们得承认现实，孩子们的创造力要比大多数成年人强得多。

很可能，孩子知道大象是灰色的，浴缸也应该放进浴室，至少在成人世界是如此，所以，你没有必要把游戏时间变成课堂。虚构游戏中没有错误。他们可以和神奇的独角兽一起玩，也可以和会飞的人、会说话的五颜六色的动物一起玩。描述孩子正在做的事，以此来促进他熟练掌握语言。你就像是一个电台播音员：“你正在把马放到船上。你看那边，小猪正在谷仓里看电视。”

在学龄前阶段，你所应当纠正的错误大部分都应集中在安全和人际交往方面。你要防止孩子跑到马路上，也要在他骂人时纠正他。

允许你家的学龄前儿童做一些他不容易做到的事。比如他可能会把牛奶泼洒在鞋子上，或者把鞋子穿反，但这些错误有助于他学习。

教学龄儿童批判性思考

过去人们普遍认为，我们不应该让孩子犯错，因为错误的答案会永远铭刻在他们的大脑中，而影响他们接收正确的信息。所以老师会直接说“5加5等于10”，而不是先问全班的孩子:“5加5等于多少？”然而研究表明，实际情况恰好相反。当孩子们有机会自己寻找答案时，他们会记得更牢。即使他们得出了错误的答案，他们也更可能在以后记住正确的答案。

给孩子现成答案会损害他们的学习能力。不管你的孩子在做数学作业，还是在修理自行车，允许他犯一些错误对他来说都是件好事。他需要有机会独立做事，这样才能提升重要技能，比如批判性思维和解决问题的能力。所以，如果你的孩子不知道答案，那就退后一步。记住，孩子向你寻求帮助并不意味着这么做真的对他有帮助。

鼓励孩子再试试，或者说：“先自己想想看。”让他知道，即使他没有做对，你也确实希望他做出尝试。

孩子遇到困难时，可以问他一些问题。例如：

孩子：妈妈，我打算穿我的红色衬衫和这件短裤，但是我的衬衫在洗衣机里。

母亲：那你觉得应该怎么做?

孩子：我不知道。

母亲：嗯，我打赌你肯定能想到办法。

孩子：我想，我可以换一件衬衫。或者我可以穿我的牛仔裤，然后穿橙色衬衫。

父母：对呀，橙色衬衫和牛仔裤，这搭配不错。

冲过去提供建议会阻碍孩子学习如何解决问题。先让他自己找出一些解决方案，然后在必要的时候提供指引。但是要记住，你要允许他在这个过程中犯一些错误。

教青少年面对社会压力

青少年在经历一场既想要融入社群又渴望彰显个性的拉锯战。他们当中的很多人都在掩饰自己的错误和不完美，担心自己遭到苛刻的评判，并因此承受着巨大的压力。社交媒体上呈现出这样一派氛围，你应该外形靓丽，要有丰富的社交活动，同时还要善于运动。

虽然你不想让孩子在社交媒体上曝光自己的丑事，但你也要确保他能在上面承认自己的错误。有时，适度自嘲能帮他认识到，犯一点错误并没有什么大不了。

在网上贴出他出汗的照片，然后加一个标题：“哎呀，这么热的天真不该穿运动衫”。或者发一张膝盖擦破的图片，同时解释：“穿高跟鞋也不总是一件好事。”这么做可以帮助他看到，承认自己的错误没那么可怕。事实上，他的同龄人还可能会被这种坦率所吸引。

经常和你的孩子谈谈保持真实的重要性。聊一聊一些人为何试图掩饰自己的缺点或错误，然后指出这样做会伤害他们建立真正友谊的能力。你也可以和孩子聊聊著名人物所遭遇的失败，比如托马斯·爱迪生这样的大发明家。虽然他的成功发明让他家喻户晓，但是他也有许多不成功的发明。

据报道，他曾这样讲过：“我没有失败一万次，我只是成功地找到了一万种不起作用的方法。”

同样，在迪士尼乐园取得成功之前，沃尔特·迪士尼经历过多次失败。他的许多动画片吃了多年的闭门羹，比如《米老鼠》，他的想法也大多不受欢迎。你还可以在运动员、企业家、音乐家和其他历史人物中找到更多成功地从失败中奋起的例子。

从错误中吸取教训的孩子会成长为明智的人

我的丈夫史蒂夫在明尼苏达州长大，从小打曲棍球。在他上三年级的时候，有一次，他训练完回到家说：“爸爸，我今天一次都没有跌倒！”他的父亲罗布回应说：“好吧，不过我猜你当时并没有尽力。”这句话让史蒂夫从小就认识到，犯错并不是一件坏事。相反，犯错是他试图发挥最大潜力的证明。

罗布还帮史蒂夫的妹妹卡丽认识到，犯错并不见得有多么糟糕。卡丽要换新的大床了，她的父母非常兴奋，可是卡丽却害怕自己会从上面摔下来。罗布没有在床四周加装木条，也没有向卡丽保证她不会摔下来，而是跟她玩起了“从床上摔下来”的游戏。他在地上铺了枕头，让卡丽练习故意从床上滚下来。这个游戏告诉卡丽，如果她不小心从床上掉下来，结果也会安然无恙。

当你允许孩子犯错时，你就给了他强大内心的机会。犯错会让人心生沮丧，想法负面，行动乏力。但是，犯错也可能是孩子重新振作和再次尝试的机会。如果当孩子犯错时，你能给予他足够的指引，你就能教会他把错误转化为他将一生拥有的宝贵人生经验。

内心强大的人不会反复犯同样的错误，他们承认自己的错误，然后从中学习。接下来，他就能运用新学到的知识再次向目标发起更加猛烈的冲击。

常见问题与陷阱

虽然传达“犯错没什么大不了”这一信息很重要，但同样重要的是，你不能让孩子在做错事后仅凭一句“哦，对不起，我不是故意的”就逃避后果。不小心踩到你的脚趾和把他弟弟故意推下楼梯是有很大区别的。你要区分犯错和蓄意做坏事。不要让孩子在成长过程中认为，只要道歉就能弥补错误。有时，错误可能会对人际关系或人们的生活造成不可挽回的损害。

有时候，父母会过于看重与竞争性活动有关的错误，比如学习成绩或体育运动。一个不及格的分数或一场输掉的比赛可以清楚地表明改进空间很大。但是，很多错误都与待人接物有关，你要教孩子认识和改正这类错误，这一点非常重要。

跟你的孩子谈谈他和其他孩子的相处情况。做完游戏，组织完生日聚会或家庭活动后，跟孩子一起做事后的回顾。

指出那些伤害他人感受的错误。记住，错误并不总是因为孩子做了什么，也可能是因为他没做什么。没邀请某个孩子加入游戏或者看到有人被欺负却没有站出来，这些错误你都应当指出来。

另一个常见陷阱是“我告诉过你”现象。如果你的孩子不想穿夹克，不要在他回来想多穿一件衣服的时候说：“我告诉过你，外面很冷。”相反，你要问他发现了什么，从这次经历中学到了什么，或者下次打算怎么做，只是不要唠叨太多。提醒他你是对的、他是错的，这么做会突显错误。你想让孩子从这段经历中得到领悟，而不是让他从中感到羞耻。

最后，你要确保孩子不再依赖你来帮他改正错误，而是独立面对错误。有些孩子草草完成作业就不再多看一眼，因为他们知道，父母会把他们因为粗心所犯的错误一一指出来。他们失去了在交作业前检查错误的动力。因此，与其让孩子依赖你帮他找出错误，不如这样问他：“你检查过你的作业了吗？”要让他自己发现并改正错误。

有帮助的做法

- 了解你应该防止出现哪种错误。
- 如果孩子自己不能从错误的后果中吸取教训，那就建立惩罚机制。

- 认清犯错和故意做坏事之间的区别。
- 跟孩子一起回顾他的成功和失败。
- 教孩子把错误转化为学习的机会。
- 谈谈你犯过的错误，以及名人犯过哪些错。
- 把自己看作引导者。

没有帮助的做法

- 不给孩子适当的指引，任由他失败。
- 关注结果，而不是学习的过程。
- 不让孩子犯错误，把孩子拉上成功的快车道。
- 传递“犯错是不好的”的信息。
- 把自己看作保护者。

第 11 章

他们绝不把管教与惩罚混为一谈

杰夫和海迪带着11岁的儿子迪伦来找我治疗，他们已经受不了迪伦的表现了。迪伦一直都不是个乖孩子，但是随着年龄的增长，他现在更不听大人的话了，连惩罚似乎也不再管用了。

杰夫和海迪你一言我一语地大谈起了迪伦不听话的种种表现：不做家务，不按时上床睡觉，还总跟他哥哥打架。海迪说："今天就发生了这么一件事，他把葡萄汁洒在了地毯上。平常我们不让他在客厅喝饮料，所以他害怕被发现，不仅没有喊我们去清理，反而用椅子把弄脏的地方遮住了。"

她一说完，杰夫又紧接着说道："昨天，我告诉他做完作业才能离桌。可我刚一转身，他就进了他哥哥的房间，想去拿他的电子游戏机，被我及时发现了。"

只要他不听话，他们就会拿走他喜欢玩的东西，并且告诉他，只要他"好好表现"，他们就会把东西还给他。然而，孩子从来都没有坚持到父母兑现承诺的那一刻。于是慢慢地，他所有的东西都被拿走了。“他的房间里只剩下一张床和几条毯子，能拿的都拿走了。”杰夫解释说。他们不让迪伦碰电子设备，也不准他放学后跟朋友们一起玩。

海迪说：“我们以前经常打他屁股，可他现在长大了，我们就不知道该怎么办了。”杰夫插话说：“我父亲以前总是用皮带打我，我一直跟迪伦说，我没有那样打他已经是他的福分了。但如果他不思悔改，我可能就不得不这么做了。”

在父母说话的时候，迪伦一直默默地盯着地板。为了能让他能参与谈话，我问他在学校有没有遇到过什么困难，他说：“没有吧。”海迪说，他偶尔会因为上课说话被老师训斥，有时还会因为没完成功课而在课间被老师留下来，但是从不需要严厉管教。我问杰夫和海迪，孩子为什么在学校表现良好，海迪说：“我猜他喜欢上学，所以他听老师的话。”

经过一番细致的评估，我对杰夫和海迪解释道，迪伦没有抑郁症、焦虑症、多动症等心理问题。听我这么说，他们起初感到非常失望，因为他们想要找出孩子不听话背后潜在的原因或根源。但我告诉他们，好消息是，他们可能只需要在养育方式上稍加调整，孩子的问题就可以迎刃而解。由于他们解决问题的欲望非常强烈，便同意了我的意见。

迪伦在学校表现良好的事实证明，他有能力在集体中管住自己。所以，我并不需要迪伦改变什么，我也不会劝他听父母的话，但我可以说服他的父母来激发他好好表现。

我主要想解决两个问题：

1. 迪伦缺乏听从管教的动机。他的父母拿走了所有的东西，而且他们并没有说清楚，要怎样做才能把东西拿回来，于是他放弃了尝试。
2. 杰夫和海迪对迪伦的负面看法不利于他们对孩子的养育。他们给他贴上了“坏孩子”的标签，因此也从不期待他能听从管教。

我向他们提出了 3 条建议来解决问题：

1. 用心陪伴迪伦。一开始，他们完全不打算跟孩子一起玩，或者做其他有趣的事情，因为他不听话。但是，我建议他们主动陪陪孩子，这样他才有动力听从管教。每天用心陪孩子玩 15 分钟抛接球或棋盘游戏就可能让他更听话。
2. 赞扬迪伦的正面表现。我鼓励杰夫和海迪一看到孩子表现好就多夸他。而且为了巩固成果，他们还应该当着迪伦的面夸他懂事，或者把这样的话说给孩子的祖母等任何其他人听，并且故意让迪伦听到。如果迪伦发现父母在夸他听话懂事，他就更有动力继续如此表现。
3. 不要翻旧账。为了增强迪伦守规矩的意愿，父母需要让他知道，他每天都能赢得他想要的东西。如果他在学校表现不错，回家就可以看电视，或者写完家庭作业就可以去玩电脑。

杰夫和海迪本以为，他们要用更严厉的惩罚来让他“长记性”。但是，通过改变父母与孩子的互动方式，而不是一味惩罚，孩子的情况一天天好了起来。

杰夫认为，积极关注迪伦是最有效的干预措施。迪伦的许多行为问题都源自他希望吸引他们的关注（尽管如此吸引来的关注是负面的），只要他们每天都能主动关注孩子，他通过惹父母生气来吸引眼球的行为就会减少。

慢慢地，杰夫和海迪越来越相信迪伦有能力遵守规则。这一信任建立后，迪伦也在这方面对自己有了信心。

你会严厉惩罚孩子吗?

如果孩子不守规矩，你就要给他有效的管教，这很重要，但过于严厉的惩罚又可能适得其反。你是否同意下面这些说法?

- ◎ 我曾经用羞辱的方式来让孩子守规矩。
- ◎ 我把注意力放在控制孩子上面，而不是让他学会自我控制。
- ◎ 我绝不容忍任何不守规则的行为。
- ◎ 我对孩子不守规矩的惩罚远多于对他良好表现的夸奖。
- ◎ 当孩子问我为什么要制定某一项规则时，我经常说：“我说这样就这样！”

- 我不相信孩子能守规矩。
- 孩子经常通过撒谎来逃避惩罚。
- 我的主要管教方式是体罚。
- 我认为让孩子吃点苦头是让他守规矩的最有效方式。
- 我生气时经常会说出事后会后悔的话，做出会后悔的事。

为什么父母容易把管教和惩罚混为一谈？

杰夫和海迪过去认为，他们必须严厉惩罚才能让迪伦学会守规矩。孩子越不听话，惩罚就越严厉，如此形成了难以打破的恶性循环。

为教导而惩罚和为惩罚而惩罚有时很难区分，可要是搞不清两者的区别，事情就可能变得更加不可收拾。

父母认为惩罚最管用

几乎每一天，我都能听到有父母说“我管不住孩子了”，或者“不知道是什么原因，惩罚孩子总是引出更多的问题”。你或许听到过这样的抱怨，也或许这就是你的心声。诚然，今天的很多孩子并没有得到足够的管教，但解决方法并不是施加更严厉的管教，而是使用更正确的管教方式。

惩罚和管教非常不同。管教是训练和教育孩子为未来做准备，而惩罚只是让孩子感受痛苦。

惩罚的关注点是错误，目的是让孩子为自己的过错而感到痛苦。相反，管教关注的是让孩子下次做得更好。

惩罚既可以是体罚，比如罚站和打屁股，也可以是口头的责罚，比如训斥和辱骂。

公开的羞辱或侮辱也属于惩罚，例如为了让孩子难堪而在社交媒体上公布孩子的糟糕成绩。

惩罚有时源于绝望

2016 年春天，迪士尼乐园的一条短吻鳄叼走了一名两岁的小男孩。当时，全世界的人都在评判小男孩的父母是否称职。那对父母刚刚因为一场可怕的意外而失去了他们的孩子，可随后又遭到了很多人的诋毁，那些人声称永远也不会像他们那样“不管”自己的孩子。此后不久，辛辛那提动物园又发生了幼童掉进大猩猩围栏区的事件。让人难过的是，由于害怕大猩猩伤害孩子，动物园的工作人员只好射杀了大猩猩。孩子躲过一劫，身上并没有受重伤。

随着迪士尼乐园两岁男童被短吻鳄袭击的视频在网络上疯传，社交媒体上充满了人们对这对“糟糕父母”的口诛笔伐。虽然人们对意外发生前的信息知之甚少——比如父母离孩子有多远、孩子是怎么摔倒的——他们还是要求法办这对父母。即使调查人员宣布不会以危害儿童罪等罪行起诉这对父母，他们在众人眼中也仍然有罪。

这类新闻故事充分说明，我们到底生活在一个怎样的世界。互联网似乎鼓励了一些人在公共空间评判父母，而这类评判又让后者感到颇为紧张。如果孩子在杂货店里发脾气，那么别人会怎么看待你的教养方式呢？或者在棒球比赛中，你想给孩子提供一些建议，结果却被他直接拒绝，那么其他父母会怎么想呢？这时，感到绝望的父母有时就会不择手段逼迫孩子就范，而不是耐下性子教他控制自己的情绪。

惩罚有时十分“诱人”

让孩子感到恐惧和痛苦有可能在短期内解决问题。但不幸的是，惩罚往往也会引发长期的问题。不过，对那些只想让孩子马上听话或安静下来的父母来说，惩罚可能是管用的。

为什么父母更喜欢惩罚而不是管教？以下是一些常见的原因：

- 惩罚对父母来说更省事。打孩子可能只需花费你 20 秒的时间，但是没收孩子的电子设备 24 小时则可能意味着，你必须一整天面对一个烦人的孩子。
- 惩罚让一些家长更有掌控感。不管是用眼神威吓还是动手打，只要能逼迫孩子就范，你就会产生掌控感。
- 惩罚可能会让你好受些。为了让孩子安静下来，不再让你心烦，于是你冲他大喊大叫；或者，你打孩子屁股，因为他让你在杂货店里难堪了，这些做法都可能帮你释放一部分压抑已久的情绪。

混淆管教和惩罚可能伤害孩子的自尊

随着杰夫和海迪对迪伦的惩罚越来越严厉，他们与迪伦的关系也逐步恶化，以致迪伦不再想遵守他们制定的任何规则。迪伦的不服从让他们无计可施，但惩罚性的环境又让他的脾气变本加厉。

类似的情形我见过很多，父母总是想尽办法逼迫孩子服从管教。不过，我也见过很多惩罚并不严重的情形。但是，即使是轻微的惩罚有时也会对孩子造成伤害。

体罚会适得其反

1979 年，瑞典成为第一个禁止体罚儿童的国家。一开始，反对者认为，孩子不打不知礼，禁止体罚最终会让这个国家陷入一片混乱。但是，在这一政策的庇护下长大的孩子，犯罪率却没有上升。而且，偷盗和与毒品有关的犯罪实际上还有所减少，酗酒和青少年自杀率也有所下降。

继瑞典禁止体罚儿童之后，许多国家也纷纷效法。然而在美国，打屁股仍然是合法的。实际上，有 19 个州仍然允许学校教师打孩子。在另一些州，用木制品打孩子则属于虐待儿童。但是，体罚和虐待之间的界限并不清晰。单亲妈妈的男朋友能打孩子的屁股吗？你能用皮带打你的孩子吗？体罚留下印痕算不算虐待？一些州的法律清楚地列明了允许的做法，而另一些州则没有明确的法律条文。

虽然父母是否打孩子与许多文化和宗教方面的因素有关，但是，我想几乎所有专家都同意，因为无法控制自己的脾气而打孩子无论如何是不对的。

包括美国儿科学会、美国儿童与青少年精神病学会和美国心理协会在内的很多大型机构都反对体罚儿童。多项研究（如美国得克萨斯大学奥斯汀分校一项为期 50 年的研究）发现：

- 体罚会让孩子更具有攻击性。遭到体罚的孩子更有可能使用武力解决问题。
- 打孩子会让孩子更不听话。体罚虽然在短期内有效，但研究表明，体罚从长远看是无效的。随着时间的推移，遭到体罚的孩子行为问题会越来越严重。
- 体罚降低孩子智商。孩子被打得越频繁，发育就越迟缓。即便体罚较少，孩子的智商也会低于常人。
- 严厉的惩罚会增加罹患心理疾病的风险。遭受体罚的儿童更容易出现心境障碍、焦虑障碍、人格障碍和药物滥用等问题。从童年期直至成年期都是如此。

几乎没有哪项关于体罚的研究最终发现这么做有任何益处。不过，2005 年发表于《临床儿童与家庭心理学评论》的一项研究确实发现，在应对 2～6 岁的孩子拒绝面壁思过的情形时，偶尔实施体罚要比其他方式更有效。将孩子强制隔离一分钟也是有效的做法。

但是，即刻有效并不代表孩子将来就能免于遭受体罚的负面影响。

对孩子大吼大叫也可能有害

有些父母会向别人夸耀：“我从来都没有打过孩子。”但是，其中一些父母却经常责骂他们的孩子，冲他们大吼大叫。

研究表明，严厉的言语惩罚，如咒骂、吼叫和侮辱孩子，可能和打屁股一样有害。在一项发表于 2013 年的研究中，匹兹堡大学对 967 名中学生进行了为期两年的跟踪调查。结果发现，那些受到严厉言语惩罚的孩子更有可能出现行为和心理问题。

此外，研究人员也发现，对孩子大吼大叫并没有效果，孩子们还是会胡作非为。即使在充满关爱和温暖的家庭里，大人的严厉责骂也会让家中的孩子降低听从管教的意愿。

严厉的惩罚会导致孩子说谎

一位妈妈气愤地跟我说：“我女儿现在谎话连篇，连她自己也分不清真假了！”她说，她 10 岁的女儿奥利维娅一天到晚撒谎：“她会说‘没有，我没吃纸杯蛋糕’，可她脸上却分明沾着蛋糕屑。”前一周，奥利维娅的父母问她的房间为什么那么乱，她说一定是小偷闯了进来，把屋子弄得一团糟，因为她上学前已经收拾过了。“你会相信吗？”她父亲激动地说。

奥利维娅满嘴跑火车，她的父母已经没办法再相信她说的话了，然而他们却对她无可奈何。

然而，当我了解到她父母的管教方式时，奥利维娅不说实话的原因就很清楚了。她的父母脾气很暴躁，一生气就大吼大叫。从前，在奥利维娅淘气的时候，他们还打她的屁股。

她的父母在实施惩罚的时候也非常随意。今天拿走奥利维娅的电视，明天又罚她做家务。有一次，奥利维娅说她在打扫房间，但实际上是在看电影，她的父亲非常生气，直接把她的卧室门拆了下来，而且再也没有装回去。

奥利维娅撒谎成性一点儿也不奇怪，如果孩子的父亲一言不合就要拆门板，哪个孩子敢告诉父母“嘿，今天我又闯祸了”呢？奥利维娅知道诚实和撒谎的区别，但她也知道，诚实只会带来严厉的惩罚。于是她早已学会，要想不让父母大动肝火，最好的办法就是编个谎话。

2011 年，加拿大麦吉尔大学所做的一项研究发现，受到严厉管教的孩子会撒更多的谎，而且他们也非常善于撒谎。早在三四岁的时候，他们就已经能讲非常老到的谎话来逃避责罚。这意味着，在严厉的惩罚下，孩子对自己的不当行为所承担的责任不是更多，而是更少了。他们的心思更多地花在避免被逮到上了，而不是把注意力放在改变自己的行为上面。

当众羞辱孩子会伤害孩子的自尊

当前，在想方设法让孩子听从管教的父母中间盛行一种很不好的做法——通过羞辱来逼迫他们服从。许多父母甚至开始利用社交媒体，想通过公开羞辱的方式给孩子点“教训”。

一位来自加利福尼亚州的母亲用这种方式惩罚了她未满10岁的女儿，逼她站在街角举着牌子，牌子上写着：“我在学校舞会上跳电臀舞，我不尊重我的父母。”还有一位科罗拉多州的母亲，得知自己13岁的女儿在脸书上假装19岁，气愤地录制了一段视频发布到了社交媒体上。视频中，她逼迫女儿承认自己还在看迪士尼频道。

另一些父母用怪异的发型羞辱他们的孩子。佐治亚州的一名理发师甚至提供“谢顶发型”服务，专门把不听话的孩子剪成老头儿的样子。

有趣的是，那么多父母担心孩子在学校遭到霸凌，可最终霸凌孩子的却是他们自己。与孩子被同龄人欺负一样，孩子被父母“欺负”也可能引发严重后果。

显然，上述例子比较极端，但许多家长在图片分享网站上发布孩子卧室脏乱的照片，或者在脸书上公布孩子的不当行为，这些方式同样有害。拿“羞辱孩子”这个关键词搜索某视频网站，结果能得到超过14万条视频。视频中，有的父母让孩子举着牌子，上面写着“我是爱欺负人的孩子”之类的话。

公开羞辱孩子有可能造成严重的心理创伤，这么做可能会让行为问题变得更为严重。想象一下，假设有两个孩子面对毒品，一个孩子认为自己是好孩子，而另一个孩子认为自己是坏孩子，那你觉得哪一个孩子更可能因为自尊而对毒品说“不”呢？

而且，羞辱孩子显然还会损害亲子关系，你在孩子眼中变成了给他带去痛苦和折磨的恶魔。难道你不想获得孩子的尊重吗？

怎么做才好？

杰夫和海迪不得不打破他们与迪伦的消极互动模式。在父母的用心陪伴下，迪伦变得更愿意遵守父母的规则了。只做了一些小小的改变，父母就开始见到孩子在行为方面的显著改善了。

在养育方式上稍做调整，就有可能使孩子的行为和父母的关系得到相当程度的改善。好消息是，使用有效的管教方式永远不晚。

评估你的领导才能

回想你遇到过的最糟糕的上司，也许你高中打第一份工时的上司很糟糕，或者你现在的老板很差劲。花几分钟想想，他们身上有什么特点？找一张纸，写下你能想到的所有能代表他们的形容词，比如“粗暴”“反复无常”或“苛刻”。

然后，回想你遇到过的最好的上司，也许他非常善解人意，或者总是给你鼓励。在纸的背面，再把尽可能多的形容词写在上面。

写完后，再花几分钟想一想，两位上司各自对你的工作方式有什么影响。你在谁的手下工作效率更高？然后，再花点时间想想，纸上有哪些词语适合用来描述你的养育方式？“好上司”清单里有多少个词能用在你身上？“坏上司”清单里又有多少个词能用在你身上？

不管在家里还是在职场，优秀的领导者总是能激发他人表现出最好的状态。如果你是孩子的“好上司”，你就能让他展现出最好的一面。但如果你缺乏领导才能，他就没那么乐意听你指挥了。

建立明确的规则

想象一下，如果公路上的限速牌突然全部消失了，你开起车来是不是会心里没底？如果你开得太快，警察就会给你开罚单，他可不管你看没看到限速牌。

限速多少要自己来捉摸，这是不是很荒谬？但我们却经常对孩子这么做。我们期望他们能通过观察找出规则，可不同的情境有不同的规则，这就让孩子们犯了难。

你家 4 岁的孩子可能很难理解，为什么他可以在操场上和朋友高声讲话，可在图书馆里面对同一个朋友却不行；或者，为什么回到家可以跑过去跟奶奶拥抱，可在去医院看她的时候却不能这样做。

如果情境发生变化，你就要事先把规则说清楚。比如：“在图书馆，我们只能走，不能跑，说话要小声。”或者：“在飞机上，我们必须坐在自己的座位上，系好安全带，并保持安静。”

建立明确的家庭规则，写下来张贴在显眼的位置。切记，规则要简单——不要弄成 200 页的规则手册。

下面是所有孩子都需要的 5 类规则：

- 道德规则。比如“说实话”和“拿别人的东西要经过允许”。
- 健康规则。比如“起床后和睡觉前要刷牙”和“饭前洗手”。这类规则会成为孩子的纪律，帮助他们养成健康的生活习惯。
- 安全规则。比如保障人身安全的“骑自行车要戴头盔”，以及保障情感安全的“跟别人说话要友善”。
- 社交规则。通过告诉孩子一些注意事项来教他们尊重他人，比如“进门前要先敲门”，以及“先等别人说完，然后再说话”。
- 生活规则。制定能让孩子更好地承担生活责任的规则，比如“把你零花钱的 1/4 存起来”，以及“做完作业和家务才能看电视”。

列出所有家庭成员都必须遵守的家规。每个孩子的规则很可能会稍有不同，比如有关睡觉时间的规则。而且，你也没有必要把所有的细小规则都写出来（除非你觉得这么做确实有意义）。但是，你要确保让孩子知道，违反规则会有什么后果。

创造支持性环境

当我建议里克对他 12 岁的儿子卡梅伦多一点关心，少一点苛责时，里克大声说：“如果他能给我一点点尊重，我就能尊重他！”在此前的几个月里，里克和卡梅伦一直不和，他们的关系已经坏到了彼此几乎不说话的地步。卡梅伦几乎无时无刻不在争论和抗拒，现在局面完全搞僵了。卡梅伦不改变，里克就不愿意让步。但是卡梅伦不太可能改变，除非里克能给他一个这样做的理由。

我没有建议里克给卡梅伦更严厉的惩罚，相反，我建议他对卡梅伦表达更多的关爱和理解。起初，里克拒绝这样做，因为他认为卡梅伦必须首先改变。但是，我随后给他看了相关的研究成果，并鼓励他关心和理解孩子，因为这样做反过来能让孩子获得改变的动力。

我见过的很多父母都认为，树立权威和严厉惩罚能改变孩子的行为，但实际情况往往不是这样。正如多动症专家拉塞尔·巴克利在他所写的《过动儿父母完全指导手册》(*Taking Charge of ADHD*)一书中所说的那样，“最需要爱的孩子会用最不像爱的方式来要求爱”。在支持孩子努力管理自己的行为方面，提供关爱和温暖是最快速和最有效的方式。

研究表明，父母给予孩子温暖（比如帮孩子培养良知）能够产生一系列积极效果。此外，当孩子感受到巨大压力时，父母的温情和慈爱也会缓解他们在心理上遭受的冲击。

培养亲子关系应当是行为管理方案的第一步。下面是向孩子表示温情的一些方式：

- **提供安慰。**在孩子心情不好的时候倾听他的心声，在孩子面对困难的时候给他拥抱，在孩子难过的时候表示理解和同情。
- **给予鼓励。**在孩子已经付出最大努力或在他怀疑自己的时候给他打气；

在孩子心里出现消极想法时，向他传递积极的信息。

- **给予高质量的陪伴。**要想与孩子建立并维系健康的关系，唯一的办法就是去陪伴他。尽可能多陪孩子接触新事物，或者参加有意思的活动。
- **捕捉孩子的良好表现。**不要只是告诉孩子哪里犯了错，哪里违反了规则，你还要夸奖并正面强化孩子的良好表现。

当孩子知道，你对他的爱并不以他的良好表现为前提时，他就会知道，家是一个可以讲实话的安全的地方，这样你的管教会有效得多。他会非常愿意从你对他的惩罚中吸取教训。

用规则来教导孩子

安迪和他的妻子有三个孩子，他工作非常努力，所以他的妻子能全职在家带孩子。虽然他的工作很费体力，晚上回到家总是筋疲力尽，但他知道，妻子需要在他回到家时休息一下。所以，他每天晚上都陪孩子一起玩耍，给他们读故事，帮他们洗澡。他来找我咨询是因为他 8 岁的大儿子有一些行为问题，他想知道该如何帮忙。对他来说，尽一切努力做最好的爸爸是非常重要的事。

谁知咨询几周后，安迪告诉我，大儿子的问题让他感到更失望了。他的管教措施似乎都不起作用。他说："就在这周，我给他讲了两个小时，告诉他为什么要尊重妈妈。讲完后，我问他学到了什么，他说，'我学到，你特别生气的时候，你的脑门上就会暴起一条青筋'。"

当你给孩子的惩罚超越了他的发育阶段的时候，比如面对一个8岁孩子一讲就是两个小时，这么做无益于问题的改善。同样，如果你的惩罚过于严厉，孩子就会把注意力放在他对你的愤怒上，而不是放在他自己犯的错误上。

你要使用能够让孩子下一次表现更好的管教措施。所以，与其因为他打弟弟而揍他，不如借此来教他点新东西。“暂停法”可以让他学会在烦躁的时候安静下来；“赔偿法”可以让他学会弥补过错，比如把他最喜欢的玩具给弟弟玩24小时。

问问孩子：“下次再遇到这种情况，你除了打弟弟还可以做什么？”或者：“在排队等待的时候，你能做点什么事来让自己更有耐心一些？”确保孩子拥有管理自己行为的能力，如果你从没教过他如何用健康的方式沟通，或者如何用安全的方式管理自己的愤怒，那么不管你如何实施惩罚，孩子的问题都无法改善。

如何让孩子改善行为问题

在迪伦和他的严厉父母那个案例里，迪伦需要一点动力来改变他的行为方式。要实现这一点，他的父母只需在养育方式上稍加调整。

一定要让你的管教成为有效的教育工具。投入时间和精力帮孩子学习更好的行为方式，日后你就不用再花大量精力来惩罚他了。

教孩子自律

与其坚持控制孩子，不如给孩子需要的工具来控制他自己。告诉他如何管理自己的行为。如果他能够独自做出好的选择，他就能做出有益的决定，即使你没有在他身边监督他。问问你的孩子："在守规矩这方面，你觉得自己最近做得怎么样？"用开放的态度跟他聊聊有关他行为方面的问题，告诉他哪里做得好，哪里还要继续努力。

请看下面这个例子：

父母：我发现你最近对你弟弟好多了。你觉得你做得怎么样？

孩子：我觉得我做得挺好的。我没跟他打过一次架。

父母：你是怎么做到的？有没有什么秘诀？

孩子：嗯，在他烦我的时候，我就告诉他，我想一个人待着，或者我就走开。

父母：嗯，这主意不错，想一个人待着就躲开他。我还发现，在他惹你生气的时候，你会直接告诉他。这一点做得很不错。

孩子：是的，我生气的时候就会想办法告诉他，所以我就不会打他了。

父母：那太好了。不过还有一件事我们得讨论一下。早上，你似乎在按时上学方面有点问题。你在做准备的时候不够专心，耽误了时间，导致我们只能急急忙忙地去学校。你觉得这个问题怎么解决呢？

孩子：我不知道。

父母：我想我会给你定个时，这样你就知道什么时候该吃完早餐，什么时候该穿好衣服了。你觉得这么做有用吗？

孩子：可能会有用吧。

父母：那我们明天早上就试试。如果你把那些事情都按时完成了，那么在出门前，你就还有几分钟时间可以玩。

孩子：好的。

有时，你只要告诉孩子你正为他设定新目标，就能使孩子的行为得到转变。问问孩子，他觉得怎样做能帮他做得更好，也许你会为他的奇思妙想而感到惊讶。

使用前后一致的奖励和惩罚教孩子自律。如果他做得好，你就要提供积极的强化。这样的奖励包括击掌、表扬和给他额外关注等。仅仅对孩子的良好表现表示肯定、说声谢谢，就能起到非常大的作用。孩子们喜欢你能注意到他们做得对，而且，给予认可也能鼓励他们继续保持下去。

我们还需要对孩子的问题行为实施有效的惩罚。搬走电视机可能对这个孩子管用，对那个孩子就未必管用。所以，你要想想，你的孩子最在乎什么，哪种惩罚最有效。

用奖励制度激励孩子

有时，孩子缺乏学习新技能或做家务的内在动力。这时，激励他们可能是改善表现的最佳方法。但是，心理学领域长期存在一种谬误，即奖励表现好的孩子反而会削弱他们的内在动力。胡萝卜没有了，孩子们也就不在意守规矩这件事了。

但是研究已经证明，这种说法是不对的，只要你奖励孩子的方式是健康的，他就更有动力继续努力。

下面是一些有效奖励的小窍门：

- **设定具体的行为目标。**与其笼统地告诉孩子，他可以凭借“表现好”而得到奖励，不如选一种具体的行为，比如“不要随便碰别人”。
- **一次选不超过三种行为来奖励。**对于学龄前的孩子，一次只关注一种行为就好。对于学龄儿童，你可以同时关注两到三种行为。
- **把奖励说清楚。**提前告诉孩子他可以得到什么，此外还要让他清楚如何才能得到。
- **奖励要持续。**较小的孩子可能需要每小时奖励一次（比如贴纸），而较大的孩子则可以等待一周来获得奖励。制订一份能够让孩子保持动力的奖励计划。
- **帮孩子早日获得奖励。**如果孩子觉得获得奖励太难，他就会早早放弃。确保他能获得初步的成功，然后他才有动力继续努力。
- **强调你希望经常见到的行为。**与其说“不要大叫”，不如说“小声说话”，用积极的方式表达，然后奖励孩子的良好表现。
- **用积极的方式引入奖励体系。**不要说，“除非你表现好，否则就不能玩电子游戏”；而要从积极的角度说，“我想帮你，让你跟哥哥融洽相处。如果你能尊重他，你就能获得玩电子游戏的时间”。

下面是几个有效的奖励体系的举例：

- 4 岁孩子。如果整晚在自己床上睡觉，早上就能获得一张贴纸。
- 6 岁孩子。如果晚饭前完成家庭作业，就可以选一个游戏和父母一起玩。
- 8 岁孩子。如果在没人催促的情况下赶上早班校车，放学后就能玩一个小时电脑。
- 10 岁孩子。如果连续 5 天自己铺床，周末就能去公园玩一次。
- 12 岁孩子。如果表现良好，就可以得到能够换取特定奖励（如周末晚睡一小时或看一场电影）的筹码。

这并不是说孩子违反了规则不该罚，但如果知道有奖励存在，他就会更少地违反规则。记住，奖励可以不需要花钱。你可以通过允许他做一些事情，比如玩电脑，来奖励他的良好表现。

用暂停法改善学龄前儿童的行为问题

暂停法是教学龄前儿童管理自己行为的有效方法。如果你的孩子有打人等过激行为，你就要把他送到安静的走廊或房间，让他在那里冷静几分钟，他可以让自己逐渐平静下来。暂停的时长取决于孩子的年龄，1岁对应1分钟。也就是说，3岁的孩子暂停3分钟，而5岁的孩子可以暂停5分钟。别忘了告诉孩子，只有在他安静下来之后，计时才会开始。

暂停法的最终目的是让孩子在自己失控和表现过激时认识到这一点，并且在惹麻烦前停下来。暂停法只对拥有大量关注的孩子有作用。否则，离开其他人几分钟并不能对他产生什么影响。所以，你要尽可能地多陪孩子，给他一对一的高质量关注。

如果你的孩子不接受暂停法，那就收回他的某项权限。不要动用强力逼迫孩子接受暂停法。你可以告诉孩子："如果你不去冷静一下，你今天下午就不能再玩布娃娃了。"

用合理惩罚改善学龄儿童的行为问题

合理惩罚是指与不当行为直接相关的惩罚。如果你的孩子用塑料剑打他哥哥的头，你就把他的剑没收24小时。或者，如果你明确告诉过孩子不可以注册社交媒体账户，他却偷偷这样做了，你就收回他使用电脑的权限。

告诉孩子，他能在什么时间、通过什么方式重新获得被你取消的权限。"等我再一次信任你时就会还给你"这样的说法太过模糊，你要明确告诉孩子如何才能重获权限。比如你可以这样说："做完了我布置的那两件家务，你就可以把你的平板电脑拿回去了。"或者："写完家庭作业，我就把你的电子游戏机还给你。"

下面是关于合理惩罚的更多示例：

- 如果一个 8 岁孩子在房间里扔球，打破了一盏灯，他就必须做很多家务，直到挣够新买一盏灯的钱。
- 如果一个 9 岁女孩在公园发脾气，父母就带她提早离开公园。
- 如果一个 10 岁孩子没经过姐姐同意就拿走了她最喜欢的玩具，他就要把他最喜欢的玩具借给姐姐玩 24 小时。
- 如果一个 11 岁的孩子骑自行车离开了住宅区，他就会失去在 24 小时内骑自行车的权限。

锻炼青少年解决问题的能力

当十几岁的孩子出现行为问题时，你要跟他一起想办法解决。如果孩子多次违反同一规则，这么做就更加必要。问孩子你们怎么做能解决问题，比如你可以这样说：“这是你第二次上学迟到了。我们怎么做才能让你按时起床、按时出门？”进行头脑风暴，把各种解决办法都汇总在一起，比如把闹钟设置得更早些，或者晚上早点上床睡觉。

当然，你可能仍然需要取消他的一些权限来帮他学会承担更多责任。但是鼓励他思考解决方案能促使他避免下次犯同样的错误。这么做还会让他变得更加独立，以后即便没有了你的监督和惩罚，他也仍然可以靠自己解决问题。

遵守纪律的孩子会成长为目光长远的人

作为一名身兼治疗师的养母，我经常会遇到一些令人头疼的领养孩子。克洛艾就是这样。她 13 岁，多年来一直生活在领养家庭里，已经换了数不清的家庭，却没有一个欢迎她。这些领养人大部分都是她的亲戚，这说明很多亲戚都愿意做她的养父母。然而由于她的行为问题，她在哪儿都待不久。

在克洛艾来跟我们一起住之前，我和史蒂夫见过她一次。她一直在一些远房亲戚家里住，可没人受得了她的行为问题。于是，当她的养父母需要休息时，克洛艾就来到我家过周末。

在克洛艾跟我们相处的周末里，她的表现非常好。当时，我们家里还住着一个比她大一些的孩子，克洛艾跟她相处得也非常好。实际上，她是一位模范宾客。但是在星期天晚上，当她的养母来接她时，克洛艾就像换了一个人。她一进门，克洛艾就从一个平静、善良、体贴的孩子变成了一个桀骜不驯、大喊大叫、说什么都不答应的孩子。

不到一个月，我接到了克洛艾的指定监护人打来的电话。她说，克洛艾不能继续待在她现在的收养家庭里了。养父母说他们管不住她，她需要一个地方过夜——就是今晚。我跟史蒂夫商量后决定让克洛艾搬进来，不过只是短期。一个其他州的亲戚想要接她过去，但是涉及的法律程序需要花费好几个月，所以不能接她走。

于是，我们的目标是帮她解决当前的行为问题，以便她能在下一个领养家庭里长久地住下去。她需要一个稳定的家。

我们设计了一套规则。克洛艾可以通过良好的表现来赢得筹码，然后，她可以用筹码换取特殊权限和奖励。

我们根据她在行为方面的常见困难，设置了 3 个日常目标：

- 我会客客气气地跟别人说话（她有时会骂人）。
- 我只会友好地触摸他人（她发作起来会打人）。
- 我会开口借东西，而不会未经许可拿任何东西（她有时会偷东西）。

每天晚上，我们都会回顾她一天的表现。每达到一个目标，她就能得到一个筹码。这意味着她每天最多可以得到 3 个筹码，而每周最多可以得到 21 个。

然后，我们设置了她感兴趣的权限和奖励以及相应的兑换条件。例如，在第二天不上学的晚上晚睡半小时需要花掉 1 个筹码，而去她最喜欢的餐馆需要花掉 30 个筹码。

我想确保她每天都能得到她想要的奖励，只要她想这么做。但是，我也希望她能把筹码攒起来，以换取更大的奖励。克洛艾也在设置奖励项目方面提出了很多想法，而且她设置的兑换条件十分合理。但她突然问起要多少筹码才能见她哥哥。这时，我的心里感到一阵酸楚。我发现，这一点在过去很可能被用作了惩罚她的手段。

我向她保证，跟她哥哥（住在另一个领养家庭）见面一个筹码也不需要，因为筹码是用来获得特殊权限和奖励的。我们用了一些像硬币一样的游戏币来充当筹码。克洛艾把得到的筹码放进床边的罐子里。每天，她都会数她得到了多少筹码，并且谈论她想用它们来兑换什么。

那年夏天，克洛艾的转变之大是出乎我意料的。她几乎得到了所有的筹码，只有一个没有拿到。很难想象，她先前是住不了几周就会被赶出领养家庭的。

这套筹码规则告诉克洛艾，也告诉她身边的所有成年人，只要奖励方式正确，她就能做到守规矩。她只是需要一点点额外的动力来做出良好表现。而且，她想要的很多奖励都是她在先前的家中已经得到过的，比如使用电子设备的时间。

几个月后，克洛艾搬到了那个先前有意收养她的亲戚家里。最终，那个亲戚同时收养了克洛艾和她哥哥。

当你专注于教孩子如何做得更好，而不是紧盯着他过去所犯的错误时，他就会拥有发挥最大潜能的工具。他会更加相信自己有能力做出正确的选择。而且，他也会努力一步步变得更好。

内心强大的人不会沉溺于过去。虽然他们确实在反思（这样他们才能从中吸取教训），但他们不会用过去的错误来惩罚自己。相反，他们关注的焦点始终是下一次要做得更好。

常见问题与陷阱

通过给孩子贴上“古怪”“小偷”或“白痴”的标签来侮辱孩子的人格，可能会给孩子造成巨大的伤害。当我谈到辱骂可能会十分有害时，一些家长不以为然地问：“为什么？因为我可能会伤害他的自尊？”但实际上结果要更糟。辱骂孩子会影响他对自己的核心信念。

假如你开始骂孩子蠢，那么过一段时间后，他就真的会开始认为自己蠢。而一个自认为蠢的孩子是不会在学校里好好表现的。然后，当他取得糟糕的成绩后，他认为自己蠢的信念就又强化了。这是一种恶性循环。

不要说：“我对你太失望了。”相反，你要发出这样的信息：“很遗憾，你做了一个错误的选择。”告诉孩子，就算他表现不好，你也依然爱他。

注意你的情绪，以及它们对你所做决定的影响，这么做能帮你做出最佳的管教选择。如果你感觉良好，你可能会有精力去有效地解决某些行为问题。但是，在你疲惫、压力巨大、茫然无措的时候，你可能就会倾向于放过某些细微的行为问题，直到有一天，你终于开始大声呵斥孩子。

如果你感到烦恼、沮丧和愤怒，那么此刻就是为孩子示范如何以有益的方式处理这些情绪的大好时机。如果你因为无法控制自己的情绪而大吼大叫、动手体罚，或者恶语相向，那么你也会把同样的应对方式教给孩子。

必要时，给自己也使用暂停法。或者，如果孩子的表现让你抓狂，以至于你都忘了该如何惩罚他，你就可以说："过几分钟，我会告诉你将得到什么样的惩罚。"然后花些时间冷静下来，以便接下来能够实施有效的惩罚。

有时，父母会误入一个陷阱，让所有的管教措施都围绕有形的物品展开。孩子表现好就给他买玩具，表现不好就把他的玩具拿走，这么做就过于看重有形的物品了。研究表明，过分强调有形物品可能会使孩子过于看重他们的东西。物质至上的成年人更有可能大手大脚、挥霍无度，更有可能沾染赌博恶习、遭遇经济拮据，婚姻满意度也更低。所以，尽管把孩子的自行车或电子产品拿走是一种很好的惩罚方式，但你也要防止孩子把它们当作生活中最重要的东西。你可以不时地寻找一些涉及感受或劳动的惩罚方式，比如更早上床睡觉或做更多家务。

有帮助的做法

- 做孩子的好上司。
- 创造充满爱的环境。
- 控制你的情绪。
- 制定明确的规则。
- 借助奖励鼓励良好行为。

- 借助惩罚督促孩子自律。
- 运用奖励制度。
- 确保惩罚的目的是教导。

没有帮助的做法

- 给孩子制造痛苦。
- 通过大声责骂或惩罚孩子来缓解你的沮丧和愤怒。
- 体罚。
- 试图控制孩子，而不是教他控制自己。
- 不告诉孩子何时恢复权限。
- 惩罚过于严厉而使孩子失去改善的动力。

第 12 章

他们绝不偷懒走捷径

妮科尔给我的诊室打电话说:“我甚至都不确定应该先带哪个孩子来。他们三个都不听话。”我建议她自己先来,这样我们可以一起制订计划。她同意了,并在接下来的一周里安排了咨询。妮科尔做兼职工作,是三个孩子(年龄分别是9岁、7岁和4岁)的主要照顾者。她的丈夫布赖恩工作很忙,有时晚上回到家后,孩子们已经上床睡觉了。

妮科尔每天下午都要带着几个孩子辗转于体育场和童子军。当他们坐下来一起吃晚饭的时候,所有人都筋疲力尽。两个儿子争吵不断,4岁的女儿哭闹不停,没有人听得进妮科尔一句话。然后,妮科尔还得催孩子们做作业、洗澡,而自己在一旁帮这帮那。

我问她孩子淘气时如何处理,她说:“我总是太累,没办法跟他们理论。如果他们自己不收拾,我就帮他们收拾。如果他们哭着要东西,我就把东西给他们。”

“不过布赖恩在家的时候,情况会好一些,”她说,“孩子们更听他的话，可能是因为他不像我那样一天到晚跟他们在一起。”

但是在了解了更多的情况后，我发现问题是：

1. 妮科尔的孩子们经常违反规则。妮科尔的孩子们很难遵守规则，虽然妮科尔给他们立了规矩，可他们根本不听她的话。
2. 妮科尔没有按照规则实施惩罚。到了晚上，忙了一天的妮科尔总是非常疲惫。就算孩子们违反了规则，她也不想实施相应的惩罚。

我的建议包括：

1. 妮科尔夫妇共同制定明确的规则。他们需要协力制定家庭规则。
2. 制定违反规则后的惩罚措施。妮科尔夫妇需要制定惩罚措施，孩子不听话，他们就必须做出惩罚。
3. 妮科尔需要想办法休息。妮科尔需要想办法让自己精力更充沛，即便是在一天结束的时候。这样一来，她才能在孩子们违反规则后实施惩罚。

妮科尔同意了我的建议。她和布赖恩为孩子们制定了明确的规则和惩罚措施，而且她也做好了实施这些规则和惩罚的准备。

妮科尔想了一些办法来让自己休息。布赖恩答应每周争取有两个晚上提前回家，以此来减轻妮科尔照看孩子的负担。妮科尔也决定为自己留出一些时间。她会每周至少找一个下午和朋友一起喝咖啡，或者做点自己的事情，而不是直接去托儿所接女儿。她在自己的日程表上留出一点独处的时间，好让自己感到轻松一些。

一旦她开始把纪律作为一项长期投资，她就不再想走捷径了。她知道，如果她现在就教孩子们如何自理，她将来就不需要再花那么多时间帮他们做这做那了。

慢慢地，孩子们的表现发生了改变。妮科尔也不再觉得需要借助走捷径来应对困难了。

你有没有图省事而把麻烦留给将来?

采用最省事的办法有时是必要甚至有益的，但是如果你不小心，这种图省事而走捷径的做法就会制造更多的问题。你是否有下面这些情况?

- ◎ 孩子哭闹时，我会让步。
- ◎ 有时我没有实施惩罚，因为我觉得太累了。
- ◎ 局面不好收拾时，我就选择放弃。
- ◎ 我让孩子玩了太长时间的电子游戏，因为我怕他发脾气。
- ◎ 我太忙或者太累，没时间解决孩子发脾气的问题。
- ◎ 我避免和孩子谈论感觉不舒服的话题。
- ◎ 如果孩子的表现让我感到尴尬，我就会想尽一切办法让他停下来。

- 在坚持原则方面，我不是孩子的好榜样。
- 我有时会用有害的方式舒缓压力，比如暴饮暴食。

为什么父母们会走捷径？

和许多父母一样，妮科尔在一天结束时也失去了精力和耐心，所以她在晚上总是对孩子们得过且过。

人的时间和精力是有限的。当你觉得自己有心无力时，你就可能会走捷径，尽管这么做长期看是有害的。

走捷径会让生活立即变轻松

今天的世界到处充满了诱人的捷径，能够让你简单而快速地达成目标。减肥药能让你迅速减重，增肌药能让你迅速强壮，致富经能让你一夜暴富。所有人都会在某些时刻选择走捷径，以此来避免麻烦。也许，你没等达到减重目标就离开了跑步机，因为你觉得累了。也许，你申请了一笔贷款，这样就不必存钱去度假了。

不仅“普通”人会被有害的捷径所吸引，许多运动员也试图通过这一路径来获取成功。他们使用非法药物，以便快速取得竞争优势，这样就不用刻苦训练了。

还记得田径明星玛丽昂·琼斯吗？她是2000年夏季奥运会的大英雄。当时，她获得了三枚金牌和两枚铜牌。然而在2006年，她的类固醇测试显示为阳性。结果，她被取消了奖牌，并被禁止参加 2008 年奥运会。还有兰斯·阿姆斯特朗，他是一名世界闻名的自行车手。他在战胜癌症后重返自行车运动，被世人称作英雄。他在许多年里一直否认有关他使用兴奋剂的指控，然而在连续 7 次参加环法自行车赛后，他终于承认，他一直在使用兴奋剂。

富有的名人有时也会在财务上走捷径，最终成为快速致富项目的牺牲品。导演史蒂文·斯皮尔伯格和演员凯文·贝肯把他们的钱投给了伯尼·麦道夫，后者向他们承诺了巨额的投资回报。尽管他的承诺“太过优厚以至于很难兑现”，斯皮尔伯格和贝肯还是把他们的钱交给了他。最终，他们的钱在麦道夫的庞氏骗局中全部打了水漂。

新闻中充斥着人们试图以有害的方式解决问题的报道。不论是为了得到更多的钱、更大的成功，还是为了变得更美，凡事都有捷径。很多父母都在抚养孩子的问题上走捷径。在高档餐厅用餐时，你可能会给尖叫的孩子吃糖果，以此来让他安静下来。或者，你可能会让孩子没完没了地玩电子游戏，以此来让你当下的生活轻松一些。虽然有些育儿技巧很有道理，但另一些育儿技巧则可能给孩子造成巨大的伤害。

大多数父母都身心疲惫

你可能会觉得，别人都有干净的房子、熨烫整齐的衣服，以及教孩子做运动的大量时间。如果你觉得一天的时间不够用，你或许就很乐意去走你所能找到的任何捷径。你可能会让孩子看 5 个小时的电视，只要他保持安静，这样你就可以完成一些工作。或者，当孩子伸手去拿另一块曲奇饼干时，你可能会假装没看见。毕竟，他在嚼东西的时候肯定能不去烦你。

为了能够在疲惫的生活中获得一些掌控感，一些父母（尤其是妈妈）开始滥用处方兴奋剂。不管他们是在寻找快速减肥的方法，还是希望获得更多的精力，这个问题已经广泛存在，以至于兴奋剂已经被称为“妈妈们的小帮手”。在合法使用时，例如治疗多动症，兴奋剂可能是有益的。但是，如果滥用兴奋剂，就可能导致一系列躯体疾病（更不用说导致法律问题了）。

虽然你可能永远都走不到这一步，但你很可能会选择另一些有害的捷径。想一想，你可能会做哪些事情来立即缓解疼痛，即使这么做会在未来产生更严重的问题。

走捷径会引发长期的不良影响

更聪明地工作，而非更努力地工作是很好的做法。偶尔走捷径也没什么坏处。早上着急出门的时候给孩子吃个甜甜圈不是什么大问题，只要你不经常这样做就可以。但是，如果你每天都这样干，你的孩子就可能遭受不良的影响。虽然在孩子第 5 次问“我能再吃一块饼干吗？”之后，你更容易做出妥协，但这么纵容他是有害的。下一次，他会学着更大声、更长时间地纠缠你。而你要花双倍的努力才能让他知道，他这么做是没有用的。

有两种有害的捷径。一种是问题捷径，一种是情绪捷径。两种捷径都能让你暂时解脱，但最终会酿成更大的苦果。

下面各举一例。

过去一周，莫莉一直试图让她 13 岁的儿子打扫他的房间，房间里衣服四处散落，垃圾到处都是，餐具和杯子遍布地面。但是，她已经懒得再跟他争论下去了。

- 问题捷径：她可以帮孩子打扫房间，当天解决问题。
- 情绪捷径：她不再和他争论，也不去看满屋子的狼藉，她可以带着一家人出去吃饭，以此来逃避问题，这会让她暂时感觉好些。

这两条捷径都能帮莫莉度过这一天，但是，它们都可能产生长期的不良影响。

如果莫莉选择走问题捷径并为孩子清理房间，儿子就会以为，不负责任也是可以的。如果她选择走情绪捷径，儿子就会知道，他的母亲会用带他出去吃饭的方式来奖励他把房间弄乱。无论哪种方式，他都学不到任何重要的人生启示。

父母走捷径，孩子也会走捷径

凯茜带着她 6 岁的儿子萨姆来接受治疗。凯茜说：“他晚上不睡自己的小床。”在过去几年里，萨姆都不在他自己的房间睡觉，凯茜和她的丈夫已经不堪其扰。“如果我试图让他在自己的小床上睡觉，他就会又哭又闹。即使我把他安顿好了，不到5分钟，他就会重新回到我们的房间。”凯茜说。

第二次咨询时，凯茜没有带萨姆来，于是我们可以讨论如何让萨姆到他自己的房间睡觉的问题。凯茜同意在萨姆房间的地板上放一个床垫，然后在上面陪萨姆睡几个晚上，好让他习惯在自己的小床上睡觉。然而再一次咨询时，她说：“那么做不起作用。当我告诉他必须在自己的小床上睡觉时，他哭了。有没有什么药能开给他，让他一到晚上就睡着？”

与多年来找我咨询的很多父母一样，凯茜也非常渴望改变萨姆的习惯，她愿意尝试任何事情——就是没有耐心。萨姆没有失眠，他只是不想睡自己的小床。这仅仅是因为，他的父母已经放任他在他们的大床上睡了好几年。

我向凯茜解释说，要想成功地让萨姆睡他的小床，只用一两个晚上的时间是不够的。没有任何健康的捷径能让这个结果快速到来。

解决问题的办法只能是坚持和耐心。凯茜必须告诉萨姆，他能在自己的小床上睡。她很可能得一步一步来。

幸运的是，凯茜同意继续尝试。而且，她和丈夫想了很多办法来帮助萨姆适应在他的小床上睡觉，其中包括新的睡前安排和奖励机制。但最重要的是，在告诉萨姆不能再睡他们的大床时，他们必须保持一致。

这意味着，当萨姆试图爬上他们的大床时，他们必须把他送回自己的房间，即使当时是半夜，即使他们非常累。允许他在大床上睡一晚只会让他们前功尽弃，所以，他们必须毫不妥协。一旦萨姆习惯在他自己的房间睡觉后，他们的坚持就会得到回报。

他们对计划的坚持会让萨姆明白，改变需要付出艰苦的努力和坚持。对萨姆来说，这是重要的人生启示。

你的孩子通过观察你来学习如何应对困难。如果你每次遇到困难都选择一条偷懒的捷径，那么孩子也会学着得过且过。

- 有个 10 岁的孩子抄他朋友的作业，因为他自己得写好几个小时。
- 有个 12 岁的孩子拒绝练习弹钢琴，因为他觉得学习那些音符太难了。
- 有个 14 岁的孩子经常在两餐之间吃零食，以此来避免感到饥饿。
- 有个 16 岁的孩子拒绝吃饭，因为她要为参加舞会而减肥。
- 有个 18 岁的年轻人在上班期间从收银台偷钱，因为她想买一台新车。

无论你的孩子弄湿牙刷好让你觉得他已经刷了牙，还是草草完成家庭作业好到外面去玩，走捷径都只能暂时解决问题。长期后果可能需要几周、几个月，甚至几年才会显现出来。而且即便长期后果已经显现，大多数孩子也无法将这些后果与他们偷懒的做法联系起来。

怎么做才好?

在解决孩子不听话的问题上，妮科尔必须认识到，她走捷径的做法如何让问题变得更加严重，而不能解决问题。然后，她必须建立与她的长期目标相统一的养育方式。坚持让孩子做他们该做的事，让他们承担责任，同时拒绝让步，这么做将帮助孩子学到重要的人生启示。

寻找你所走捷径的替代做法。选择长远看对孩子最有益的做法，而不是当下最省事的做法。

看清你所选择的捷径

辛西娅带着她 9 岁的儿子丹尼尔来找我做治疗，因为丹尼尔跟自己 6 岁的弟弟杰克逊合不来。问题变得越来越严重，最近，丹尼尔甚至开始动手打杰克逊。辛西娅说：“我觉得他得学学怎么控制他的愤怒情绪。”但是，当我了解了更多的情况后，我发现，丹尼尔打他弟弟并不是因为生气，而是借此来满足他的需求。

这些年来，只要丹尼尔和杰克逊闹别扭，辛西娅都会从中干预，说：“丹尼尔，给弟弟他想要的东西，这样他就不会哭了。”或者：“丹尼尔，把那个玩具给弟弟，这样他就不会闹了。”现在，丹尼尔已经厌倦了总向弟弟让步。当他的母亲拒绝维护他的需求时，他就自己来做这件事。

丹尼尔不需要学习如何控制自己的愤怒情绪。相反，辛西娅倒是需要为杰克逊设立规矩和相应的惩罚措施。这意味着，她不能再让杰克逊由着性子胡来，即使哭闹也不行。

随着时间的推移，丹尼尔逐渐相信，他的母亲会处理好这件事，而不是每次都要求他让着弟弟。随着这一信任的增加，他对弟弟的脾气也好多了。虽然这并不意味着当弟弟烦扰他时，他会觉得无所谓，但他不会再通过动手打他来解决问题。

辛西娅已经习惯让丹尼尔让着弟弟，以至于她已经意识不到自己在走捷径了。在对丹尼尔不公平的条件下安抚杰克逊已经成为一种习惯。她的做法最终是在告诉杰克逊，只要他缠着哥哥大声哭闹，就能得到自己想要的东西。

想想你有没有类似的走捷径的做法。哪些做法或许能让你在短期内节约时间和精力，但长远来看却会给你带来更多痛苦？

以下是你需要考虑的几个问题：

- 你有没有用惩罚来代替规则，只因惩罚省事？
- 你有没有姑息孩子不听从管教的问题，只因解决这个问题牵扯太多精力？
- 你有没有帮孩子做事，而不是教他们如何自己做那些事？
- 你有没有帮孩子解决问题，而不是教他们如何自己解决问题？

设定规则，避免将来继续走捷径

我不知道有哪个孩子的哭闹声能胜过 7 岁的黑兹尔。她的父母已经拿她束手无策。每当她说“但是妈妈，这不公平”或者“我想现在就走”的时候，她的父母都会立即行动起来。他们会尽一切努力让她停止哭闹。但是现在，他们为此付出了代价。黑兹尔发现，哭闹是满足她需求的有效方式。他们带她来接受治疗，希望我能有一剂灵丹妙药来解决这个问题。但是，这个问题解决起来需要付出一番努力。如果黑兹尔的父母想改变黑兹尔的行为方式，他们就必须改变自己的做法。

我鼓励他们告诉黑兹尔，从现在起，当她提出要求时，她必须“像一个大女孩那样说话”。如果她纠缠、乞求、哭闹，那么他们是不会理睬她的。他们会转过身去，装作看不见她，也听不到她的哭声。然后，一旦她停止哭闹，他们就可以通过称赞她保持安静来再一次给她关注。但是，只要哭闹不停，他们就绝对不能理睬她。

他们同意这么做，之后便离开了我的诊室。但是，在下一周的治疗中，他们说：“黑兹尔不会跟人交流。除了哭闹，她不知道该如何表达。”问过几个问题后，我才知道，当他们试图无视她的纠缠时，她的哭闹声越来越大，时间也越拖越长。他们开始屈服，因为在他们看来，黑兹尔的沟通能力不可能提高。

所以我提醒他们，事情可能会在好转之前变得更糟。黑兹尔长时间地大声哭闹只是为了让哭闹起作用。因为到目前为止，这么做一直是有效的。我鼓励他们尽一切可能对黑兹尔的哭闹不理不睬。只要坚持一周，他们就很可能看到孩子的改变。尽管这么做可能一时效果不好，但只要坚持下去，情况就会逐渐改观。

果然，一旦黑兹尔的父母明确了接下来要怎么做，并且能够坚定地付诸实施，黑兹尔的哭闹就减少了。对他们来说，这么做一开始很难。实际上，他们必须“反向训练”黑兹尔。她已经学会的是，哭闹能帮她得到她想要的东西。他们必须停止走捷径，以防继续强化这一观念。

如果你已经养成了走捷径的习惯，那就要制订一个计划来帮你做出改变。否则，你就很可能深陷过去的行为模式中而无法自拔。

问自己下面这些问题：

- 我要怎么做才能停止走这条捷径？
- 我的做法可以在哪里改一改？
- 遇到困难时，我怎么能坚持按计划行事？
- 我什么时候最容易走捷径？我该采取哪些预防措施？

找到让自己放松的有益方式

我们知道，我们的电子产品需要定期充电。但是，不知道是什么原因，我们却认为自己永远不需要休息。但是，就像我们的智能手机一样，我们有时也必须停下来放松身心，这样才能应对挑战。

如果你感到精力充沛，你就不大可能借助走捷径来应付困难的局面。因此，找到让自己放松的有益方式非常重要。

把照顾好自己设定为优先事项。做到既照顾好自己，又能采取措施让自己成为最优秀的父母，这很重要，并以此为孩子树立榜样。

想一想，哪些事情能帮你恢复活力？以下是一些例子：

- 运动
- 找到一项兴趣爱好
- 跟朋友们共度时光
- 读书
- 晚上出去约会
- 写日志

有些父母说他们没有时间照顾自己，或者觉得做自己的事情太自私。但是，照顾好自己是避免选择有害捷径的关键所在。

想象一下，车快没油了，司机扫了眼地图，发现最近的加油站还远在 80 公里之外。如果他不走高速公路而抄近道的话，他就可以在 30 多公里内到达，但这条路弯弯曲曲、人烟稀少、很少有人开车通过，那么他会怎么做呢？他很可能会走捷径，因为继续走高速公路的话，他不确定能否在汽油耗光前到达加油站。

养育孩子也是同样的道理。你需要在油箱里加满汽油，这样你才能选择通往目的地的最佳路线。如果你的燃料所剩无几，你或许就不得不依赖捷径。而为油箱加油的最佳方式是把自己照顾好。如此一来，你才有能力驶过这条漫长而艰险的道路，培养出负责任的孩子。

如何教孩子抵制诱人的捷径

在妮科尔的案例里，妮科尔是在培养孩子们的坏习惯，让他们以为，他们可以通过哭闹来满足自己的需求。她必须教他们培养更多的好习惯，以此来让他们长大后成为负责任的成年人。

在第 8 章里，我们讨论了不过度保护孩子免受痛苦的重要性。但是，仅仅让孩子经历痛苦是不够的，你还要确保他不会选择有害的捷径来应对痛苦。

帮助孩子设定有一定难度的目标

确保你的孩子总是朝着某个目标而努力。关键在于，你要帮孩子设定既有一定难度，又可能实现的目标。以下是一些例子：

- 健身目标："我希望能一口气跑 1500 米。"（不要把注意力放在体重上，你不想让孩子认为，健康只是体重秤上的一个数字。）
- 教育目标："我想在暑假里读 50 本书。"
- 财务目标："我想攒钱买一个新滑板。"
- 行为目标："在接下来的一周里，我想在吃晚饭前收拾好自己的房间。"
- 社交目标："我想交一个放学后可以一起玩的朋友。"

等孩子有了自己的目标后，帮孩子努力实现它。设定目标后，孩子们往往感到非常兴奋，但他们很快就会失去新鲜感。下面是帮助孩子实现目标的一些做法：

- **鼓励孩子写下他的目标。**写下来的目标更有可能实现。把孩子的目标张贴在他卧室的显眼位置，这样一来，他就会想起他正在努力完成的事情。
- **将大目标分解为小目标。**先考虑大目标可能会让人犯难。帮孩子确定他每天可以实现的小目标，以此来帮他实现大目标。
- **设法追踪孩子的进度。**做一张进度表，在日历上做标记，或者给他一个日记本来记录进度，这些做法都能教孩子为自己负责，并能防止他松懈下来。

在努力实现目标的过程中，孩子有时会感到不适。遇到困难时，他有可能会经不起诱惑而走捷径。

为孩子提供指导和支持，以此来帮助他品尝成功的滋味。每当他克服困难或取得新的进展时，他都会更加自信地勇往直前。

帮助孩子编一条积极的口头禅

无论此刻是为目标努力的第一天还是已经努力了一个月，你的孩子都可能遇到困难。这时，他可能会经不起诱惑而放弃或走捷径。

帮助孩子继续朝着他的目标努力，即使他不再想这样做，你还是要告诉他，他比他想象的更坚强。与困境搏斗的经历越多，他就越能忍受痛苦，继续前行。

如果孩子有一条积极的口头禅，他就更可能打消负面的念头。以下是一些例子：

- “继续迈步。”如果孩子想要跑 1500 米，或者在逛杂货店时，他说走不动了，那就让他用这句话来把注意力放在继续迈出下一步上。
- “我可以等。”如果孩子排长队或者想要打断别人谈话，那就让他用这句话来提醒自己要有耐心，这么做可以帮他忍受漫长的等待。
- “我是个坚强的孩子。”如果孩子要打针，或者要经历一些困难的事情，那就让他用这句话提醒自己他是坚强的，这么做可以帮他变得更勇敢。
- “就一个纸杯蛋糕。”如果你告诉孩子，他只能吃一个纸杯蛋糕，他就可以用这句话一遍一遍地提醒自己，以此来抵挡想吃第二个的冲动。

主动帮孩子编一条他遇到困难时可以反复讲给自己听的口头禅。一条积极的口头禅可以防止孩子出现“我受不了了！”或“这太难了，我不干了！”等可能让他走捷径的念头。

在孩子遇到困难的时候，用这条口头禅来为他鼓劲。如果他听到你说“继续！”，他就会对自己说，他可以继续向前。

教学龄前儿童运用“蝙蝠侠效应”

学龄前儿童喜欢想尽办法走捷径。毕竟，他们生性急躁冲动，所以排队、轮流玩耍、遵守规则对他们来讲都可能是非常困难的事。因此，如果你家的学龄前孩子不时打断你说话，那么不要感到惊讶，因为他等不及轮到自己说话。对学龄前儿童来说，他不顾你的禁止去拿饼干吃也是很常见的现象，因为他等不到晚饭后再去吃饼干。

但好消息是，延迟满足是一种可以传授的技能。通过练习，孩子的自控力会大幅提高。在孩子很小的时候，你就要告诉他，他可以推迟现在的好感觉，这样他就能在将来获得更好的感觉。当他对自己延迟满足的能力充满信心时，他就不大可能去选择有害的捷径了。

这样做的最佳方式之一是运用“蝙蝠侠效应”。2016 年，《儿童发展》杂志上发表了一项研究。研究人员发现，当孩子们假扮蝙蝠侠、探险家朵拉或工程师巴布等意志坚定的人物角色时，他们在完成任务时会坚持更久。在一系列实验中，研究者为孩子们分配了需要他们全神贯注的枯燥的重复性任务。他们可以选择中途停下来玩电子游戏，或者继续工作。扮演上述角色的孩子在枯燥任务上坚持的时间更长。

因此，当孩子面对一项无聊或困难的任务时，你就可以说：“我打赌，大英雄能把这个房间打扫得干干净净！让我看看，超人是怎么打扫这个房间的。”不时去看看，同时问：“超人，打扫得怎么样了？”

当孩子扮作他最喜欢的正面角色时，他会模仿他们的行事方式。由于意志坚定的角色能够抵制有害的捷径，所以孩子也更可能坚持下去。

教学龄儿童做行为实验

自我怀疑可能会导致学龄儿童质疑他们坚持到底的能力。孩子可能会想：“我永远也等不到周五才得到我的奖励。”或者：“不管学多少次我也学不会拼写那些单词，那太难了。”那些经历过自我怀疑的孩子会一直想着自己的不适，直到他们最终放弃为止。他们不再寻求有益的解决方案，而是寻找能够让他们立即获得好感觉的做法。如果孩子一说他一分钟也坚持不下去了，他就放弃（或者你让步），那他就会低估自己的能力。

教孩子通过行为实验来挑战他的消极念头。当你无意中听到他说“我做不到”之类的话时，告诉他稍稍休息一下，或者深呼吸几次，然后再试一次。鼓励他去证明，他的消极念头是错误的。

证明这一点的简单练习之一就是问他觉得自己能跑多远。如果他像大多数孩子一样，他一开始可能会高估自己的能力。但是当他开始感到疲惫时，他可能会立即放弃。

如果可以的话，跟孩子绕着跑道跑步。让他在觉得自己一步也跑不动了，或者觉得自己要喘不上气而必须停下来的时候告诉你。然后，你要鼓励他继续向前跑，只要多跑一点点就可以，以此来证明，他比他想象的更有力量。

过后，再跟孩子谈谈这个练习。聊聊我们的大脑有时是如何让我们提前放弃的。即使孩子没有达到他为自己设定的目标，你也要跟他聊聊如何才能继续努力坚持下去，而不走捷径。

教青少年了解走捷径的危害

孩子的青少年时期充满了选择有害捷径的机会。同龄人的压力可能是青少年养成坏习惯的主要因素之一。你 16 岁的孩子可能会想着马上要开毕业舞会了，于是想减肥而不吃饭。而你 18 岁的孩子可能会忍不住吃朋友的处方药，因为这些药物能帮他通宵学习。

告诉孩子在生活中走捷径会带来哪些危险。但是，诸如“不要吸烟，因为吸烟不利于健康”或“远离酒精，因为喝酒有害”等表达可能会适得其反。因为孩子可能听到过朋友说：“我周末喝醉了，那感觉太好玩了。”于是他可能会觉得你是在胡说，而他的朋友的体验才是正面的。

你要承认，走捷径可以暂时缓解一些压力，然后，你再告诉孩子走捷径的危险。比如你可以这样说：“喝酒有时会很好玩，但你喝酒是违法的。而且，这对你的大脑发育不利，还可能会让你做出一些冒险的决定。”或者你也可以这样说：“整晚玩电子游戏会让你当下感觉很兴奋，因为你不用担心上学的事。但是，如果你今晚不把作业做完，明天只会更加焦虑。”

为孩子提供正反两方面的观点可以让孩子更相信你的话，因为他会发现，你关于走捷径的观点是正确的。然后，他就更可能记住你对他的警告。这么做有利于他为自己做出最有益的选择。

懂得抵制有害捷径的孩子会成长为坚韧不拔的人

今天的孩子都是数码原住民。他们从来都不知道通过目录订购商品，然后等待几个星期才能到货是什么感觉。他们也从不需要等新电影进入音像店后才能观看。他们可以在几秒钟内即时访问从朋友到生活琐事的所有信息。所以，当这些孩子需要在生活中做出决定时，他们总是想走捷径。他们希望所有事情都能在一瞬间完成。

因此，他们必须有个榜样人物来告诉他们即使遇到困难也要坚持到底的重要性。一旦他们知道自己有能力走大道而不是偷懒省事时，他们就会相信自己有能力实现目标，哪怕需要很久。

斯坦福大学著名的棉花糖实验揭示了延迟满足的重要性。研究者让儿童被试者在立刻得到一个棉花糖和 20 分钟后得到更大的奖励（比如两个棉花糖或薄荷糖）之间做出选择。被试者独自在一个房间里等待，以此来测试他们的自控能力。

研究者发现，在 4 岁时表现出足够的自我控制力以等待更大奖励的孩子在长大后通常生活得更好。他们的高考（SAT）成绩更优异，30 年后超重或吸毒的可能性更小。

现在就教孩子坚持到底，能帮他抵制在将来的生活中走捷径的诱惑。一个懂得自我控制重要性的孩子或许能够更长久地坚持自己的目标，在遇到困难的时候也更可能坚持下去。

意志坚定的人不指望立即看到成果。无论是清偿债务，还是改善身体健康，他们都知道改变并非一朝一夕就能实现。他们坚持到底，并且始终抵制有害的捷径。

常见问题与陷阱

虽然这么做有时可能很有诱惑力，但是不要和孩子一起走捷径。即使你能在大约 10 分钟内完成他的数学作业，你也不要替他做。你是一名工程师，并不意味着你应该为他完成科学研究项目。如果你跟孩子一起走捷径，你会向孩子传递错误的信息。他会认为，人有时可以通过走捷径来逃避艰苦的努力。

另一个常见的问题是，在通过给予孩子奖励来诱导他们延迟满足方面，父母并不总是能说到做到。如果你说："月底你能挣到多少零花钱，我就给你双倍的钱。"那你就必须兑现。否则，你的孩子就不会有任何动力去争取你承诺将来要给予他的其他奖励。

有时，我们很难区分我们在第 9 章中谈到的改善心情的方法和有害的捷径。区别在于，它们会给孩子带去什么样的长远影响。例如，如果孩子有一天在学校过得闷闷不乐，回到家心情很不好，那么骑骑自行车就是一种改善心情的有益方式。

当他心情好些的时候，他或许就能更专心地做家庭作业了。但是，如果孩子为了逃避准备第二天让他感到头疼的考试而整晚骑自行车，那就属于有害的捷径了。

所以，你要扪心自问："从长远来看，他现在所做的事情对他有益还是有害？”改善心情的事情将有助于他实现长期目标，而有害的捷径则将给他带去长期的负面影响。

有帮助的做法

- 帮助孩子设定目标。
- 告诉孩子走捷径会带来哪些危险。
- 帮助孩子进行行为实验。
- 照顾好自己，让自己处于最佳状态。
- 帮孩子编一条口头禅。
- 教孩子延迟满足。
- 承认走捷径很有诱惑力。

没有帮助的做法

- 屈服于孩子的不良行为。
- 和孩子一起走捷径。
- 不给孩子提供任何指引，允许他放弃目标。
- 忽视有害的捷径。
- 让自己筋疲力尽。
- 只盯着短期的好处，而不关注长远的目标。

第 13 章

他们绝不忘记自己的价值观

15 岁的凯尔未能入选一个能够让他在高中时上大学课程的特别项目，因为他被抓到作弊了。凯尔的父母带他来做心理咨询出于两个原因，一是他们想找出他们做错了什么，二是他们非常担心凯尔的前途。凯尔的母亲说:“我们非常重视对凯尔的教育，一直告诉他要诚实。”但是现在，他的父母什么都不相信了。他们担心，他能取得好成绩完全是因为他一直在作弊。

我与凯尔谈了几次，以便了解过去发生的事情和凯尔对未来的打算。凯尔说，他知道作弊不对，他不应该那样做。他对自己感到失望，并对自己浪费了获得免费大学学分的机会感到沮丧。凯尔承认，他以前也作过几次弊，但不比同龄人更多。他说，他的大多数朋友经常作弊，而且，他从来不知道有谁被抓住过。所以，他从没想过自己会被抓住。

谈到导致他决定作弊的原因时，他说:“我没有足够的时间把我的论文做好，我那个项目可能会失败。如果我失败了，我的父母会非常失望。”

凯尔的父母已经传达出了这样的信息——成绩必须要好。虽然他们会说“尽力而为”之类的话，但他们的做法却暗示，他的最好并不总是足够好。他们请了家教让他获得竞争优势，并为他报了昂贵的高考预备课程，还花很多时间跟他谈论常春藤盟校。

他们总是称赞他很聪明。他们向朋友和家人吹嘘说，他是一个优等生，总是拿 A。他们对成绩的重视让凯尔认为，他的成绩比其他任何东西都重要。他知道，他的父母希望他在高中时就能得到尽可能多的大学学分。所以，他认为作弊是他最好的选择。

1. **凯尔作弊了。**凯尔无法回到过去改变这个事实，但他可以选择如何处理这件事。他需要为将来做一番打算。
2. **凯尔对父母的价值观感到困惑。**凯尔不确定他应该为自己的成绩付出多大的代价。

我的建议包括：

1. **凯尔和他的父母应该明确他们的价值观。**凯尔的父母需要明确他们对凯尔的期望。凯尔也需要付出一些努力来确认自己的价值观。
2. **一家人应该确保他们的行为符合他们的价值观。**一旦他们确认了自己的价值观，一家人就需要确保他们的优先事项，体现他们的信念。

凯尔的父母参加了他下一次的治疗，我们一起讨论了他们的家庭价值观。尽管他们希望凯尔在学业上取得成功，但他们表示，他们更希望他诚实。我们确信他们可能传达了混淆信息的一些做法。

说到将来，整个家庭都必须密切关注他们的价值观。凯尔的父母更看重诚实而不是成绩吗？我不希望他们只是为了迎合社会价值观而给出特定的回答。在他们自己的生活中，到底什么最重要还是要取决于他们自己。

我鼓励凯尔花一些时间思考自己的价值观。也许，他最看重的东西与他父母的价值观并不一致。

一周后，一家人再次来到了我的诊室。所有人都说，他们确实认为诚实比成绩更重要。但是，他们也看到，多年来，他们的最优事项其实并不能体现这一点。他们一直在谈论好成绩和高成就，却很少提及关于诚实的话题。凯尔的父母发现，他们对好成绩的重视传递出了这样一个信息——如果凯尔失败了，他们就会对他失望。

凯尔的父母承认，如果凯尔的成绩不好，他们就可能会很难过。但是，现在他们已经意识到，成绩糟糕总比作弊要好。

一家人一起调整了他们的优先事项。尽管凯尔再过几年就是成年人了，但他的父母还是想利用这几年来努力按照自己的价值观生活，这样他们就能让凯尔知道，什么是生活中最重要的东西。在接下来的几周里，我帮他们制订了具体的计划。

最后，他们终于意识到，这件事在一定程度上是好事。虽然凯尔无法得到免费的大学学分，而这也将让他的父母花费更多的金钱，但是他们已经意识到，诚实和善良要比金钱更重要。

你在按照自己的价值观养育孩子吗?

你所做的每一件事，从你如何花钱到如何支配时间，都充分说明了什么是你生活中最重要的事。有时，父母对最优事项的安排会与他们的价值观相冲突，于是，他们就会在不经意间向孩子传递错误的价值观。你同意下面这些描述吗?

- 我不确定我的个人价值观是什么。
- 我不知道如何向孩子传递价值观。
- 要优先考虑我生命中的那些重要事项，几乎是不可能做到的。
- 如果我问孩子我们家的价值观是什么，他会听不懂我在说什么。
- 我忙于与其他父母竞争，导致忘记了自己的价值观。
- 对于什么才是真正重要的事情，我给孩子传达的信息是混乱的。
- 我很少反思孩子是否在学习我的价值观。
- 我有时太专注于当下发生的事情，以至于忘记了后退一步，从更宽广的视角看待养育这件事。
- 在做养育决策的时候，我不太考虑我想让孩子学习的人生启示。

为什么父母会忘记他们的价值观?

虽然是无意为之，但凯尔的父母已经让他认识到，名誉比做人重要。他们想让儿子过上幸福、成功的生活。他们认为，请家教和高考预备课程将有助于他在与同龄人的竞争中胜出。但他们从未想过，这么做会给他施加如此大的压力，以至于他会经不住诱惑而去作弊。

如果你没有明确的价值观，你可能就会在生活的重要事项方面给孩子传递混乱的信息。而且，即使你明确知晓自己的价值观，你有时也很难按照自己的价值观去生活。

父母容易被竞争所裹挟

几周前，我的朋友萨拉打电话给我说:“我的孩子被惯坏了。”萨拉给她 8 岁的女儿摩根举办了一场生日会。在生日会上，女儿的一些举动让她非常吃惊。当摩根的一个朋友拿着一张卡片来到现场时，摩根跑过去问他:“你没带礼物吗？你只送我一张卡片？这样太不礼貌了。”那个孩子尴尬地解释说，信封里有一张礼品卡。

萨拉赶忙冲上前去向小女孩和她的母亲道歉，但萨拉知道，仅仅道歉是远远不够的。“摩根不知道，她才是那个不礼貌的人！”她大声说道。她说，她当时很想训斥女儿一通，批评她不懂得感恩，像个被惯坏了的孩子。但是随后她突然意识到，“是我让她变成了这个样子”。她知道，她必须对养育女儿的方式做出一些重大的调整。

萨拉花了几个月策划摩根的生日会。她从互联网上寻找创意，又花了好几个星期购买生日会的用品。她还动手制作了相应的装饰品，把她家的后院变成了一个热带度假胜地。

萨拉说："显然，我应该花更多的时间来让孩子成为一个善良的人，而不是担心生日会的装饰能否让她的朋友们眼前一亮。"她意识到，问题不在于生日会本身，而在于她的养育方式。

当然，存在同样问题的父母并非只有萨拉一个。在养育子女方面，父母们很容易被竞争所裹挟。而社交媒体又把这一切无限放大。

过去有一种说法，讲的是养育一个孩子需要整个村子共同努力，街坊邻里、亲朋好友都参与进来并提供帮助。而且，大多数成年人都拥有某种程度的责任感，确保孩子们得到良好的养育。但是在社交媒体时代，父母们却似乎为了培养"最优秀的孩子"而竞争了起来。他们不停地炫耀孩子们的节日礼物、体育奖杯和学习成绩。

很多时候，父母们不是在说"感谢所有帮我抚养孩子的人"，而是在说"看我的孩子有多棒——多亏了我"。然后，其他父母就感受到了让自己的孩子也获得同等成功的压力。

社交媒体引发了一个有趣的悖论：养育孩子的事情变得公开化了，可人们不是在相互支持，而是在彼此羞辱。如果你发布一张孩子在快餐店吃饭的照片，有人就可能警告你吃加工食品不好。如果孩子在操场上受伤，有人就可能责怪你没有尽到看护的责任。如果你允许孩子自己在外面玩，有人就可能惊呼，让孩子在没有大人看护的情况下玩耍是多么危险的事情！

不幸的是，羞辱和不健康的竞争让一些父母怀疑起他们的价值观来。而且，虽然关注自己的养育方式并做出调整是一件好事，但是，如果你想改变你的养育方式，出发点也应该是你觉得这么做对你的家庭最有益，而不是担心别的父母会怎么想。

你很难在互联网上展示孩子有多么健康的价值观。哪张照片能反映他诚实的品质，或者宽容大度的胸怀？相比较而言，通过展示他举着新得的奖杯或奖状的照片来吹嘘他的成绩则要容易得多。

父母透过玫瑰色眼镜看待他们的孩子

在绝大多数父母眼里，孩子的表现都会好于他们实际的表现。这可能会让父母自鸣得意，因为，他们自认为已经把健康的价值观教给了孩子。

然而研究表明，父母们眼中的孩子实际上并不真实。以下是几个例子：

- 父母高估了孩子的学业成绩。根据父母的报告，高中生的平均绩点在 3.15 至 3.24 之间。但全美数据显示，平均绩点实际上在 2.95 到 3.0 之间。
- 父母不知道孩子有性行为。根据父母的报告，只有大约 17% 的青少年有性行为。但是，美国疾病控制和预防中心的报告显示，42% 的高中男生和 43% 的高中女生有性行为。

- 父母不知道孩子在饮酒。根据父母的报告，只有 10% 的高中生饮酒。然而研究却显示，72% 的高中生曾经喝过酒，42% 的高中生承认在过去的 30 天里喝过酒。
- 父母低估了孩子的体重。根据父母的报告，13% 的儿童“轻度超重”，只有 3% 的儿童“重度超重”。然而，根据美国国家卫生统计中心的数据，超过 1/3 的美国儿童超重，其中 17% 肥胖。

显然，大多数父母都认为他们孩子的能力超过平均水平，尽管这在统计学上不可能是事实。他们认为，他们的孩子比其他孩子更聪明、更健康，并且能做出更好的选择。这幅美化了的图景可能促使父母们认为，孩子已经接受了他们的价值观。

父母们很容易就会认为，只要孩子行为端正，在学校表现优秀，他就一定有一套明确的道德观念。因此，许多忙碌的父母理所当然地认为，他们的孩子已经接受了他们的价值观。但是，孩子在外面表现好，并不意味着他真正认同你的价值观。

忘记你的价值观会干扰孩子的道德指针

在凯尔的案例中，他的父母多年来都在传递相互矛盾的信息。

他们嘴上说着一件事，手里却做着另一件不同的事。凯尔认为，他必须不惜一切代价获取成功，即使这意味着要作弊。而且，他作弊的决定也让他付出了高昂的代价。

所有的父母似乎都会在某一时刻忘记他们的价值观。如果你遇到了这样的情形，那就要采取措施解决问题，这非常重要。否则，你的家庭就可能遭遇某些严重后果。

孩子们不了解父母的价值观

一次，一位父亲带着他的儿子来到了我的诊室，因为这个小男孩每天都撒谎。然而，在解决他的一些行为问题时，我得知，这位父亲经常为他 13 岁的儿子购买 12 岁及以下孩子专用的电影票。我告诉他，为了买便宜电影票而谎报年龄是在向孩子传递这样的信息——不诚实是可以接受的。可他说："是的，但这样的话，每次我们去看电影都能省下 3 美元。"他说的或许没错，但就他给孩子留下的人生启示而言，他付出了更大的代价。

身教对孩子的影响要远远大于言教。而且，谎报年龄以低价购买电影票（以及自助餐券或游乐园门票）与在数学考试中作弊之间，孩子看不出明显的差别。不诚实就是不诚实。

但是，父母很容易受困于当下和他们的个人目标，以至于忽视了他们究竟给孩子传达了怎样的人生启示。

如果你去参加儿童体育活动，你很可能会发现，一些成年人确实把他们的价值观抛在脑后了。他们对比赛中的裁判员大喊大叫，因为他们“做出了糟糕的判罚”。教练们则因为孩子们在足球场上犯错误而大喊大叫。而且，这样的父母并非少数，看台上有很多家长都在抱怨，他们的孩子没有获得足够的出场机会，或者教练的安排糟糕透顶。

尽管这些父母可能会说“只要尽力就好”或“谁赢谁输都无所谓”，但他们的表现恰恰反映了他们的真实想法。

哈佛大学 2014 年的一项调查发现，家长和老师最看重的事情是让孩子学会关心他人。受访者普遍认为，善良比成绩更重要。但是，孩子们所得到的信息却不是这样。大约 80% 的青少年表示，他们的父母和老师更看重成绩而不是善良。十几岁的孩子同意如下说法的可能性要大三倍：“我在学习上取得好成绩，要比我在班上和学校里成为关心他人的人更能让父母感到自豪。”

在这样的每一个当下，你都很容易忘记你的价值观，但正是在这样的点滴时刻，孩子们了解了什么才是你真正看重的东西。

你如何对待犯了错的人？当收银员多找给你零钱时，你会怎么做？当别人对你出言不逊时，你又会怎么做？你的举动胜过你的言辞。

价值观的缺位是很多问题的根源

96% 的家长表示，“良好的道德品质”对孩子的未来非常重要。然而，他们中的许多人却没有花足够的时间来培养孩子做一个好人所需的道德品质。

谈到一些孩子在成长过程中存在价值观缺位时，大多数父母脑海中都是孩子们加入黑帮、吸食毒品，最后被关进监狱的画面。新闻报道中也充满了类似的悲惨描述，经历了不幸家庭生活的孩子们在犯罪和暴力中毁掉一生。但是，缺少道德指针的人并非只有他们。今天，接受过高等教育的青年、明星运动员和“模范家长”的孩子们也在道德方面存在不小的问题。以下是有关当今年轻人的一些统计数据：

- 43% 的 16 ～ 17 岁青少年承认在学校考试中作弊。
- 每一学年，每 4 名学生中就有 1 名遭到霸凌。
- 近半数的初中和高中学生报告说，他们至少遭受过一次来自同龄人的性骚扰。

这些事情发生在孩子们还在读高中的时候，就发生在父母们的眼皮子底下。当他们进入大学或走进职场后，你觉得又会发生什么？

如果孩子们只是因为不想惹上麻烦而遵守规则，那么当他们认为自己不会被抓包的时候，他们就不大可能继续这样做。因此，重要的是要思考，你的孩子是否从内心里真正认同了你的价值观？他遵守规则是因为你告诉他要这么做吗？还是说，在没有人注意的情况下，他也会做同样的事情？

怎么做才好?

凯尔的父母只是嘴上说他们看重诚实，这是远远不够的。他们必须做一些反省，看看事实是否确实如此。多年来，他们的做法所体现的一直是成绩压倒一切。如果他们想按照自己的价值观生活，那就必须做出一些改变。

但这并不是说，他们不能再把学业成功放在第一位。只是他们必须注意，别再继续让凯尔把成绩等同于成功。他们承认，他们已经忘记了自己的价值观，所以需要调整自己的优先事项。如果你想培养出道德高尚的孩子，你就必须积极地向他传递你的价值观。

思考你的价值观

“我想有一个善良和宽容的孩子”——说这样的话是容易的，要让自己的行为符合这些价值观却不是一件容易的事。想一想，遇到下面这些情形，你会如何应对?

- 你家十几岁的孩子说，他把夹克送给了学校里的另一个孩子，因为那孩子家里买不起。你会因为他的慷慨而表扬他，还是会因为他送走了你花钱买的夹克而责骂他?
- 你希望孩子的老师说他是班上品行最好的学生，还是说他是老师认为最有数学天赋的学生?
- 如果你家十几岁的孩子必须选择是为一家愿意付钱给他的公司

割草，还是为一个上了年纪却无力支付费用的邻居割草，你希望他如何选择？

- 如果孩子要求你买一双特定品牌的鞋，因为其他孩子都穿这个牌子的鞋，你会为他买以便让他融入群体吗？还是说，你会鼓励他买别的鞋来让他与众不同？
- 如果孩子正在做作业，他的一个朋友在外面叫他的名字，你想让他出去跟朋友说话，还是想让他先做完作业？

接受你的真实价值观可能不大容易。“我更看重学业成就而不是善良”似乎不符合主流价值观，但对一些父母来说，这却是事实。

反思你给孩子的人生启示

一天，跟我咨询了一段时间的一个 10 岁女孩的父母来到了我的诊室。他们问我，他们是否应该允许他们的女儿退出足球队。赛季刚开始几个星期，她说她不想再踢下去了。她的母亲同意她退出，但她的父亲认为应该让她坚持下去。他们正在寻找第三种意见来“打破僵局”。

我解释说，这样的养育问题并不存在唯一的正确答案。他们应当反思自己的价值观，想清楚他们想让孩子学到什么样的人生启示。如果他们想让她学到，履行承诺和不半途而废是很重要的事，那么他们就可以告诉她，她必须踢完这个赛季。这么做的不利之处在于，她将来可能会在尝试新事物之前犹豫不决，因为她害怕一旦选择就得坚持下去，即使她不喜欢。

但是，如果他们想让她知道，当现实不如意时，她应该转而做新的尝试，那么他们就可以允许她退出。允许她放弃或许可以帮她认识到，生活中充满了机会，她得分辨哪些机会最适合自己。此外，她或许也能学到，年轻人做运动是为了享受乐趣，如果没有乐趣，那就没必要继续了。

这么做的不利之处在于，在她遇到困难的时候，她不会学着坚持下去。或许，她不愿意为了获得进步而进行更多的练习，而这一点反过来却能帮助她更好地享受运动。或者，也许她觉得自己很快就能取得成功，然而当这件事没有发生时，她便选择退出。

大多数养育决策都不会绝对正确或绝对错误。到底要怎么做，取决于你认为孩子需要学到什么样的人生启示。对某一个家庭和某一个孩子适用的做法，可能并不适合所有的家庭和所有的孩子。

想一想，你最崇尚的价值是什么？是善良、友情、服务社区，还是个人成就和精神信仰？显然，这里并没有列出全部选项。但是，你可以以它们为起点来添加你最看重的价值，同时思考哪些事情对你来说最重要。

直到你认清自己的价值观，你才能开始向孩子传递你的价值观。然后，一旦你弄清楚了哪些事情对你最重要，艰难的养育选择就会变得容易得多。

创建家庭使命宣言

各种组织通常都有使命宣言，以此来概述它们存在的原因。这些使命宣言有助于这些组织做出与其目标相符的决定。同样，家庭也需要这样的使命宣言。把它写下来，并且经常回顾它，这么做也有助于你做出重要的人生决定。

家庭使命宣言是让你的家庭与众不同的东西。如果没有明确的目标，你们就是一群碰巧住在同一个屋檐下的人。创建家庭使命宣言后，一家人将能齐心协力为了一个共同的目标和使命而努力。

家里的成年人应该私下讨论，运用头脑风暴法确定你们所认为的家庭使命。然后开个家庭会议，听取孩子们的意见。你可以问下面这些问题：

- 是什么让我们成为一家人？
- 作为一个家庭，我们能做成哪些事情？
- 我们如何利用我们所拥有的东西来让世界变得更美好？
- 我们怎样帮助他人？
- 对我们来说，哪类事情最重要？

记录每个人的看法，然后花一些时间创建一份简短的、包含家庭最重要事项的使命宣言。简单、好记很重要。如果使命宣言太长、太复杂，你们就无法达到目的。

以下是一些家庭使命宣言的示例：

- 我们的使命是为他人服务。我们通过创造爱和学习的氛围来帮助彼此变得更好。我们努力传播希望和喜悦。
- 我们一家人崇尚努力奋斗。我们力求诚实、善良和关心他人。我们对我们所拥有的一切心存感激，我们也始终关爱彼此。
- 我们珍惜往日的美好。我们在任何时候都保持积极的态度，相互尊重，相互支持。
- 我们梦想远大。我们努力工作，爱意满满，笑口常开，快乐地服务他人。

完成你们的使命宣言后，把它张贴在显眼的位置。我服务过的一些家庭曾经用漂亮的字体制作成海报挂在墙上。我甚至见过一些家庭把使命宣言喷涂在了家里的墙上。

不过，也许有一天，你会想要改变你们的使命宣言，这是由孩子长大或家里的情况发生改变带来的。记住，只要有需要，那就随时调整。在一家人做决定的时候，将使命宣言放在首位。想想，你们的下一次家庭出游有助于你们实现使命宣言吗？你们的消费习惯符合你们的价值观吗？你们安排时间的方式有助于你们实现自己的使命吗？

决定如何传递你的价值观

我曾经为一位父亲做咨询，他每天开车送孩子上学。但是有一天，他的儿子抱怨说，他父亲开“旧车”送他让他感到很尴尬。在那之后，这位父亲就让孩子步行上学。他这么做不是为了惩罚孩子没礼貌，而是想让孩子意识到，有人开车送他是一项便利，他想让孩子为搭车而心存感激。

想一想，你希望在家庭中传递什么样的价值观？将来，你希望你的孩子能教自己的孩子些什么？

同样重要的是，你要想想，你自己的价值观是如何习得的，以及你如何向孩子（他将拥有非常不同的人生）传递你所珍视的价值观。或许，你从长时间工作的父母那里学到了努力工作的重要性，所以你想教孩子形成努力工作的价值观。但是与此同时，你又不想整天待在办公室里，因为你想花时间陪伴家人。或者，也许你在很小的时候就失去了父母，而这样的经历让你看到了家人的重要性。可是，你怎么能让孩子在不经历同样困境的情况下学会珍惜家人呢？

承认你过去犯过错

如果你在某一时刻忘记了自己的价值观，那就承认自己迷失了方向。告诉孩子问题出在哪里，并在需要的时候道歉。

以下是父母处理这一问题的一些方法：

- “我很抱歉今晚对你的教练大喊大叫。我发脾气了，这是我的错。我总是对你说，你赢了或者输了都没关系，今晚我忘记了真正重要的事情。我以后再也不会犯这样的错误了。”

- “我想为我最近所做的事情道歉。我责备你饮食不健康，可我并没有给你当好榜样，我午饭一直在吃快餐。从明天开始，我就不会再这样做了。我要更好地照顾自己的身体，也希望我们都能健健康康的，这对我来说很重要。”
- “最近，我们花费了太多的时间在工作上，以至于我们都没有时间与家人共度时光。这是不对的。家人是最重要的。我打算晚上早点回家，回到家后也少做一些工作。”

如果你不去解决言行之间的矛盾之处，你的孩子就会感到疑惑不解。但是，仅仅嘴上说要改变是不够的。如果你想让孩子学到重要的人生启示，你就得身体力行。

如何教孩子按照自己的价值观生活

在凯尔的案例中，他不清楚自己更加看重的到底是成功还是诚实。他的父母从来都没有花时间主动把他们的价值观传递给他。

向孩子传递你的价值观不应该是一种被动的举动，你要有意识地把你想让孩子学到的人生启示教给他。

让孩子了解你如何做出重要决定

你的行为本身可能并不总能向孩子明确传达你的价值观。有时候，你需要告诉孩子，你是如何做出决定的。

考虑下列情形：

- 一位父亲非常爱他的家。为了尽可能地让孩子过上最好的生活，他每周工作 70 个小时，如此一来，他的妻子就可以在家里陪伴孩子们了。他爱他的孩子，想让他们将来有机会上大学。他想告诉他们，努力是打开成功之门的钥匙。
- 另一位父亲也非常爱他的家。他每周只兼职工作 20 小时。他的家里没多少钱，但他们有非常多的时间彼此陪伴。他想让他的孩子们了解，物质财富并不重要。生活中最重要的事情是家人在一起共度美好时光。

外人或许一眼就能看出，谁是真的在爱他的家。尽管有些人可能会赞赏努力工作并以此来确保孩子拥有美好未来的父亲，但另一些人却可能会责怪他丢下孩子不管。一些人可能会认为，做兼职工作的父亲最爱他的家，他在以“正确的”方式养育孩子，但另一些人却可能会说，他太懒了，不关心他的家，因而不愿努力工作。

告诉孩子你做出各种决定的思考过程。你为什么决定换工作？你想赚更多的钱吗？还是说，新工作能让你有更多时间陪伴家人？或者，你仅仅只是更喜欢这份工作？

谈谈他人的价值观

如果你的孩子说，他朋友家的房子更大，或者邻居家的车更高级，那就跟孩子聊聊这件事。告诉孩子你对金钱的看法，谈谈在花钱的时候，你会考虑哪些方面。

在孩子班上，很多孩子所在家庭的价值观都是不一样的。如果你的孩子说，“这不公平！我的朋友们就会参加”，那就借此机会跟孩子谈谈你的价值观。

以下是一些示例：

孩子：妈妈，为什么海登一家不去教堂？

母亲：海登家人的信仰可能跟我们不一样。在我们家，践行我们的信仰是非常重要的事情。而且我们认为，去教堂就是这样做的一种方式。

孩子：亚历克斯的父母没有结婚。

父亲：大人不结婚有很多种原因。不过，结婚对你妈妈和我来说非常重要。我们想在生孩子之前结婚。

孩子：为什么亚历克斯的父母不想这么做？

父亲：我也不清楚。也许拥有合法的婚姻对他们来说并不重要。

孩子：这是不是说，他们永远都不会结婚了？

父亲：不一定。如果有一天，他们开始觉得结婚重要了，他们就可能这么做。

孩子：为什么伊兹家的房子那么漂亮，而我们却没有那样的房子呢？

父母：问得好。她的父母可能比我们赚的钱多。或者，他们可能更愿意从银行借很多的钱。他们也可能认为，住漂亮的房子很重要。

孩子：为什么你们不觉得住漂亮的房子很重要？住在那样的房子里会很好玩的！

父母：如果我们想住更好的房子，我们就得做更多的工作。我们更喜欢一家人待在一起，做我们喜欢做的事情，而不是花更多时间工作。

如果孩子理解了你的价值观，他就会自然而然地结交与他价值观相近的朋友。当然，有时他也会交一两个跟他价值观迥异的朋友。而且，虽然这些朋友可能会在一定程度上影响他，但是，只要你能用健康的方式积极地向他传递你的价值观，他们对他的影响就会非常有限。

教学龄前儿童了解你的价值观

把你做一些事情的考虑告诉孩子，以此来让他了解你的价值观。比如：“我在给老奶奶买花，我们一起把花送给她，因为做人要大方。”或者：“我们今天去帮邻居遛狗，因为她的腿摔伤了，帮助别人是很重要的事。”

尽可能让孩子跟你一起做这些事情。无论你想向孩子传递努力工作还是服务社区的价值观，只要你努力让孩子参与这些事情，他就能逐渐将这些价值观内化于心。

如果孩子的行为符合这些价值观，你要对他加以赞赏。你赞赏孩子不是因为你让他“捡起你的玩具”，而是他展现出了与你的价值观相一致的行为，比如善良、勤劳、诚实和大方。

建立家庭传统是让学龄前儿童明确你们是一家人的最佳方式之一。无论你是只有一个孩子的单亲父母，还是来自子女众多的再婚家庭，你都要准备一些家庭活动来一起参加。这样的传统活动可以小到每周五晚上吃比萨，或者每月找一个晚上全家一起做游戏。你不一定要为这件事花很多钱，重点是一家人一起做一些事。

教学龄儿童按照自己的价值观做事

如果问作弊或欺负人对不对，大多数学龄儿童都会说不对。因为他们知道，大人们想听他们这么说。但是在现实生活当中，很多孩子都会作弊、欺负人，或者违反其他道德标准。因此，你要让孩子有机会学着按照你的价值观去生活，这很重要。他花钱、跟朋友讲话、度过空闲时间的方式都能显示出他正在形成什么样的价值观。

你可以跟孩子这样讲话：

父母：听说你在比赛结束后跟他们一起砸了对方球队的球场，你这么做让我很难过。

孩子：我知道，这么做不对。

父母：你为什么要这么做？

孩子：我也不知道。

父母：你当时心里是怎么想的？

孩子：我的朋友们都这么做，他们也让我这么做，所以我觉得这么做没什么。

父母：你怎么看待毁坏财物的人？

孩子：我觉得他们一般都不是好人。

父母：对。现在告诉我，你当时是不是害怕，如果你不跟朋友们做一样的事情，你就会很没面子？

孩子：是，我觉得就是这样。

父母：有面子和做一个好人，哪一个更重要？

孩子：做一个好人更重要。

父母：这就对了。但是你今天好像没注意这一点，是吧？我知道这有时候挺不容易的，但是一定要记住什么才是最重要的。当一个好人永远要比有面子更重要，是不是？

一旦孩子的行为与你的价值观相冲突，你就要把它看作他在这方面需要更多帮助的信号。给予惩罚（如果有必要），并采取措施来更好地传递你的价值观。

教青少年处理道德困境

孩子不能因为你告诉他某些事情很重要而简单重复你的价值观，这一点很重要。你要帮孩子成为一个批判性的思考者，这样他就能知道该如何面对青春期的诱惑。毒品、酒精、性、霸凌以及在社交媒体上言辞不当，只是青少年可能会遇到的一小部分问题。对他来说，了解自己做事的后果和你的价值观非常重要。

只要告诉孩子“我希望你远离毒品和酒精”就能起到很大的作用。如果父母认为“所有孩子都会在某一时刻吸食大麻”，那么他们的孩子就更容易这样做。但是，如果父母直截了当地说“我不希望你吸食大麻”，那就向他明确地表达了自己的价值观。

十几岁的孩子有时候会有些叛逆，这是很常见的现象。他们有时会反抗权威，但有时只是为了证明自己已经不再是以前那个小孩子了。

你可以在一些小事情上给他更多的自由，以此来防止他在大事情上叛逆。让他选择自己的发型和装扮（只要不太离谱）。如果你允许他以安全的方式在小事情上表达独立，他就不大可能在大事情上叛逆了。

你要承认，有时并不存在绝对正确或错误的答案，因此让孩子了解你的价值观非常重要。例如，如果孩子的一个朋友向他吐露了一件有潜在危险的事情，那么他是否还应替他的朋友保守秘密？还是说，他应该“背叛”

这一信任，把事情告诉大人？如果老师多给了孩子几分，你应该怎么做？如果你的朋友从商店偷东西，你又该怎么做？

结合当下的新闻热点讨论各种社会和政治问题。敞开心扉倾听孩子的看法（即使你不同意），并认真分析他人的观点。

了解自身价值观的孩子会成长为拥抱变革的人

马拉拉·优素福·扎伊是在巴基斯坦长大的。她的父亲拥有几所学校，是一位教育活动家。从很小的时候，马拉拉就很喜欢讨论教育问题。

2009 年，塔利班颁布了一项法令，规定女童不能接受教育，并开始破坏当地的学校。

马拉拉强烈主张女童接受教育，塔利班随后对她发出死亡威胁。但是，她没有退缩。

2012 年，马拉拉 15 岁时，一名持枪歹徒在她放学回家的路上向她开枪。尽管头部受了枪伤，马拉拉还是活了下来。随后，她继续针对教育的重要性而大声疾呼。她的勇气和主张得到了国际社会的关注，她本人也成为年龄最小的诺贝尔和平奖得主。

现在，已经长大成人的马拉拉还在为教育而奔走。她在黎巴嫩为叙利亚难民中的女童开办了一所学校，并继续为世界各地的儿童争取高质量的免费教育。

虽然我希望你的孩子永远也不会面对马拉拉曾经面临的危险，但你要知道，她能挺身而出做正确的事情，这很重要。了解自身价值观的孩子会想在这个世界上改变些什么，即使这么做困难重重。

内心强大的人不会回避改变。相反，他们是变革的缔造者，他们努力为自己创造更美好的生活，也为他人创造更美好的世界。

常见问题与陷阱

有时候，你说的话和你做的事可能会不相一致。至少在你的孩子看来是这样。

例如，如果你去邻居家吃饭，即便食物不好吃，你可能仍然会写信感谢对方盛情款待。或者，如果有熟人问你："你喜欢我的新车吗？"即使你不喜欢他的车，你也仍然会说喜欢。

如果你教过孩子要诚实，这时你就会想要告诉他，这种冷冰冰的诚实是要不得的，因为这么做会伤害别人的感情。让孩子知道，你也重视善良和尊重他人。

另一个常见陷阱是，有时父母会因为孩子表现良好或成绩优异而认为他已经接受了他们的价值观。但是，孩子没有陷入麻烦并不意味着他是在按照你的价值观做事。

例如，如果你教过孩子要善良，那么，他成绩好并不意味着他会在班级里和新来的孩子做朋友，也不能说明他会挺身而出保护那些受人欺负的孩子。他可能还会在考试中作弊，也可能会向你撒谎。

不要简单地认为，没有听到过关于孩子的负面评价就意味着他表现很好。要时刻保持警惕，寻找可以传达价值观的契机。

最后，科技的进步使一些父母忽视了他们的价值观。家人相聚的时光变成了每个人各自捧着手机给友人发信息。或者，一家人一起度假之后，重要的事情成了如何让自己在社交媒体上发布的照片里看起来更完美，而不是真正享受彼此的陪伴。

无论技术如何发展，你都要坚持自己的价值观。定期静下心来，反思自己的所作所为是否与你的信念相一致。

有帮助的做法

- 了解你的价值观。
- 评估你的行为是否符合你的价值观。
- 寻找能向孩子传递你的价值观的契机。
- 跟孩子讨论道德困境。
- 让孩子有机会按照你的价值观生活。
- 举例说明孩子在什么时候的举动符合你的价值观。
- 创建家庭使命宣言。

没有帮助的做法

- 在价值观方面传递相互矛盾的信息。
- 你的优先事项相互冲突。
- 不清楚自己真正看重的是什么。
- 期待孩子自然而然地领会你的价值观。
- 认为孩子表现良好就意味着他接受了你的价值观。
- 在养育孩子方面热衷攀比。

结语

1962年里克·霍伊特出生时，由于缺氧而发生脑麻痹，导致四肢瘫痪。医生建议他的父母迪克和朱迪把他送进社会福利机构，说他没有康复的希望，和植物人没什么区别。迪克和朱迪没有听从医生的建议。他们把里克带回家，决定像抚养一个正常孩子那样抚养他。随着里克一天天长大，他们开始带着他滑雪橇和游泳。他们也教他认识字母和一些基本的单词。最后，他们发现他的眼睛能跟随他们转来转去了。虽然他不会走路，也不会说话，但他们认为他很聪明。

迪克和朱迪想尽一切办法来帮助孩子与人沟通。在里克10岁的时候，塔夫斯大学的工程师们专门为里克制造了一台计算机。屏幕上的光标能够突出显示字母表中的每一个字母，而里克可以通过用脑袋敲击轮椅来选择字母。他打出的第一句话是："去看棕熊队①比赛！"

迪克和朱迪努力帮助孩子进入公立学校。在

---

① 棕熊队，美国波士顿市的一支冰球队。

里克 13 岁的时候，他们终于说服一所学校的管理者准许他入学。

1977 年，里克告诉父亲，他想参加 8000 米长跑，为一名在事故中瘫痪的长曲棍球运动员筹款。当时，迪克已经步入中年，体态肥胖，但他还是同意推着轮椅中的里克参加比赛。虽然两人的成绩仅为倒数第二，但里克当晚说："爸爸，在我参加跑步比赛的时候，我就不觉得自己是残疾人了。"这番话使迪克深受鼓舞，他决定继续跑下去。

迪克特制了一辆轮椅，以方便他推着里克跑步。就这样，两个人开始了共同的奔跑。在 40 年后的今天，他们已经一同参加了 1100 多场比赛。他们完成了各种马拉松比赛、三项全能赛，甚至花了 45 天横穿美国[①]。

现在已经年过七旬的迪克说，他还没有打算停下来。"霍伊特队"还会继续参加美国各地的比赛。

迪克和朱迪本可以放弃他们的儿子，也可以为他包办一切（但这么做对他不利），但他们没有这样做。

他们鼓励里克迎接挑战，让他发挥出自己最大的潜能。而这个曾经被称为与植物人无异的孩子已经长大成人，并且获得了波士顿大学的特殊教育学位。

帮孩子塑造强大的内心并不是要让他擅长所有的事，而是要给予他能够让他发挥最大潜力的技能和工具。

---

① 通过跑步和骑车，两人在 45 天内从美国东部的波士顿到达了西海岸的洛杉矶，全程约 6000 公里。

内心强大的父母养育内心强大的孩子

你对强大内心的热情是让孩子的内心变得更加强大的最重要因素。如果孩子得知你把自我发展放在首位，他也会这么做。孩子总是在观察你在做出什么样的决定。你如何对待他人、如何花钱，以及如何安排时间，这些都能给他带去丰富的启示。当然，他也会看到你是如何面对错误和挫折的。要想做孩子的好榜样，你不必假装自己有超级英雄般的内心力量。相反，你要让孩子知道你不是一个完人。而且，即使你挣扎于消极的想法、负面的情绪和没有成效的行动，你也仍然在努力让今天的你比昨天进步一点点。

成为孩子的内心力量教练

教孩子照顾他的身体很重要，同样，教孩子照顾他的内心也很重要。要做到这一点，最好的方式就是做他的强大内心力量教练，引导他练习，并提供反馈和指导。在他尽力而为的时候鼓励他，在他犯错时纠正他。

你的最终目标应该是让自己从教练的角色中“退休”。所以，随着岁月的流逝，你应该调整自己的角色。你不再告诉他应该做什么，而是开始问他，他觉得自己应该做什么。你不再给他答案，而是鼓励他自己寻找答案。最终，他会学会如何成为他自己的教练。他将能够改变他的消极思维模式，认清他的无效行为。而且，他将能够控制自己的情绪，不再被情绪摆布。

你可能面临的最大挑战是如何找到适当的平衡点。你必须让孩子经历足够的挣扎，才能锻炼他的内心力量。你必须让孩子忍受痛苦，才能让他学会享受幸福。

帮助孩子强大内心是一段没有尽头的旅程。随着孩子一天天长大，他所面临的挑战也会日益复杂。所以，你必须用发展的眼光来看待孩子内心力量的发展，这很重要。

有些时候，你们的进展可能会非常顺利。也有时候，你会觉得举步维艰。但是，孩子的童年生活和内心成长的旅程本来就不是一帆风顺的。如果你看到孩子挣扎，或者觉得自己毫无进展，你就要提醒自己，内心力量的培养是持续一生的旅程。

内心强大并不意味着你能解决所有的问题。所以，当你不确定如何帮孩子处理一个具体的问题时，不要害怕承认这一点。寻求帮助并不是软弱的表现。事实上，寻求支持表明你想要做得更好。

记住，锻炼内心力量并不能让孩子摆脱抑郁、焦虑等心理问题的困扰。如果他的情绪或行为影响了他的教育、家庭生活、友情或生活乐趣，那就要告诉他的医生。你也可以让他接受专业的咨询和治疗。

不要做内心强大的父母所绝不会做的 13 件事，如此可以确保你不会养成损害孩子内心力量的习惯。如果你拒绝做那些事情，你就能帮孩子培养内心力量，孩子也能充分发挥自己的潜能。

致谢

我从来没有想到，我的原创文章《内心强大的人绝不会做的13件事》会成为一本书，更不用说两本。我很感激我的经纪人斯泰西·格利克。他读了那篇文章，并建议我写一本书。

非常感谢来自哈珀–柯林斯出版公司兼具才华与热情的工作团队。在埃米·本代尔、阿里扎·切维穆尔和利萨·夏基等一流专业人士的帮助下，这本书才得以出版。

感谢我第一本书的读者们，感谢你们向我咨询如何培养孩子的内心力量。你们的许多提问和反馈，促使我形成了书中的那些想法。

我还要感谢我这些年来的来访者和领养儿童，你们给了我有关内心力量的宝贵启示。

感谢我的朋友、家人、老师和导师，你们是我生命中内心强大的榜样。